Trierer Schriften
zur Wirtschaftstheorie
und Wirtschaftspolitik

herausgegeben von
Prof. Dr. El-Shagi El-Shagi
Prof. Dr. Eckhard Knappe
Prof. Dr. Hellmuth Milde

Band 8

Umweltökonomik, Umweltpolitik und Marktwirtschaft

Mit einer Betrachtung der bundesdeutschen Verhältnisse

Joachim Hennecke

Centaurus Verlag & Media UG 1999

Zum Autor: geb. 1962, Diplom Volkswirt, 1998 Promotion zum Dr. rer. pol. Er ist tätig als Fachreferent für Wirtschaftswissenschaften bei der Deutschen Bibliothek in Frankfurt am Main.

Die Deutsche Bibliothek – CIP-Einheitsaufnahme

Hennecke, Joachim:
Umweltökonomik, Umweltpolitik und Marktwirtschaft : mit einer Betrachtung der bundesdeutschen Verhältnisse / Joachim Hennecke. – Pfaffenweiler : Centaurus-Verl.-Ges., 1999
(Trierer Schriften zur Wirtschaftstheorie und Wirtschaftspolitik ; Bd. 8)
Zugl.: Trier, Univ., Diss., 1998
ISBN 978-3-8255-0266-9 ISBN 978-3-86226-486-5 (eBook)
DOI 10.1007/978-3-86226-486-5

ISSN 0940-7200

Satz: Vorlage des Autors

Meinen Eltern

Vorwort

Der Gedankengang der folgenden Untersuchung, welche im Sommer 1998 vom Fachbereich IV der Universität Trier als Promotionsschrift angenommen wurde, entwickelte sich während meiner Zeit als wissenschaftlicher Mitarbeiter am Lehrstuhl für Volkswirtschaftslehre mit dem Schwerpunkt „Internationale Beziehungen/Entwicklungsländer" an der Universität Trier.

Dem Lehrstuhlinhaber, meinem verehrten akademischen Lehrer und Doktorvater Herrn Prof. Dr. El-Shagi El-Shagi, der die Arbeit angeregt und ebenso kritisch wie wohlwollend über die Jahre hinweg begleitet hat, gilt mein allererster und herzlichster Dank. Ohne die von ihm geschaffene außerordentliche intellekt uelle und menschliche Atmosphäre, an der ich das Glück hatte, partizipieren zu können, wäre die vorliegende Dissertation nicht entstanden.

Herrn Prof. Dr. Eckhard Knappe danke ich sehr für die Übernahme des zweiten Gutachtens. Beiden, Herrn Prof. Dr. El-Shagi und Herrn Prof. Dr. Knappe, danke ich für die Aufnahme der Studie in die Reihe „Trierer Schriften zur Wirtschaftstheorie und Wirtschaftspolitik", den Mitarbeiterinnen von Centaurus für die verlagstechnische Betreuung.

Für intensive und anregende Diskussionen bedanke ich mich besonders bei Herrn Dr. Hans-H. Bleuel, bei Frau Dipl.-Volksw. Dorothea Witter, Frau Dipl.-Volksw. Astrid Thome, Frau Dipl.-Volksw. Judith Mall und Herrn Dipl.-Volksw. Philipp von Carlowitz sowie bei den Studierenden des Schwerpunkts.

Die Entwicklung der Dissertation profitierte nicht unwesentlich von privaten Ereignissen und Begegnungen. Insbesondere habe ich Margret Laufer, Evelin Streuber, Mathilde Dewes und meinem Bruder, Herrn Dr. Christian Hennecke, viel zu verdanken.

Schließlich möchte ich meinen besonderen Dank und meine Verehrung gegenüber meinen Eltern Christian und Johanna Hennecke zum Ausdruck bringen, die mir nicht nur meine akademische Ausbildung ermöglichten, sondern mich auch in schwierigsten Zeiten immer unterstützt und ermutigt haben. Ihnen widme ich diese Arbeit.

Trier, im Dezember 1998 Joachim Hennecke

Inhalt

EINLEITUNG

1. Problemstellung

Die vorliegende Untersuchung thematisiert den Zusammenhang von Umweltökonomik, Umweltpolitik und Marktwirtschaft. Diesen Zusammenhang heute überhaupt noch als Problem zu empfinden, mag zunächst erstaunlich klingen:

Schließlich setzen sich doch gerade in den letzten Jahren die von Umweltökonomen bereits seit langem empfohlenen „marktwirtschaftlichen Instrumente“ auch in der Bundesrepublik zunehmend durch. Regierung und Opposition[1], Umweltgruppen und Unternehmer[2], sie alle ziehen heute vereint am Strang des marktwirtschaftlichen Instrumentariums. Gestützt wird dieser Vorgang zudem durch eine im Kern bereits Jahrzehnte währende Einheitlichkeit und Einmütigkeit der wissenschaftlichen Umweltökonomik[3]. Wen hätte nicht gar schon - besonders bei der Durchsicht aktueller umweltökonomischer Fachzeitschriften - ein klammheimliches Gefühl der Langeweile beschlichen?

Und doch, bei genauerem Hinsehen tauchen allmählich und oft nur zwischen den Zeilen vermehrt Fragezeichen auf: Wie kommt es etwa, daß gerade während (oder wegen?) des Siegeszuges "marktwirtschaftlicher" Instrumente die Regulierungsintensität und für manche auch der Regulierungsbedarf[4] eher zuzunehmen scheint?

Und ist der häufige Rekurs auf das Komplexitätsargument im Hinblick auf konkrete Umsetzungsvorschläge umweltpolitischer Optionen tatsächlich der umweltökonomischen Weisheit letzter Schluß?

---

[1] vgl. dazu ZITTEL, Thomas, Marktwirtschaftliche Instrumente in der Umweltpolitik, Opladen, 1996, S. 146 f.

[2] hingewiesen sei hier auf die gemeinsame Stellungnahme des „BUNDESVERBANDes JUNGER UNTERNEHMER (BJU)“ und des „BUNDes FÜR UMWELT- UND NATURSCHUTZ DEUTSCHLAND (BUND)“: Plädoyer für eine ökologisch orientierte Soziale Marktwirtschaft, (Bonn), 1993, sowie die im Anhang zu dieser Stellungnahme wiedergegebenen Pressestimmen

[3] in diesem Sinne vgl. bereits WULF, Jürgen, Umweltpolitik: Probleme, Phasen, Forschungsstrategien, in: Jahrbuch für Sozialwissenschaft, 1973, S. 184; auch nach DASGUPTA, Partha, The Environment as a Commodity, in: Oxford Economic Policy Review, 1991, S. 52, war die theoretische Entwicklung der Umweltökonomik Mitte der 70er Jahre im wesentlichen abgeschlossen: „ These issues were the subject of a rather sucsessful research programme among technical economists a decade and a half ago. As subjects for analytical investigation, these topics are now very cold. As research problems they are dead.“; jedenfalls kann man wohl kaum mit GAWEL 1994 behaupten, daß sich die „ökonomische Theorie der Umwelt...in den vergangenen Jahren geradezu stürmisch entwickelt“ hat (GAWEL, Erik, Ökonomie der Umwelt - ein Überblick über neuere Entwicklungen -, in: Zeitschrift für angewandte Umweltforschung, 1994, S. 37)

[4] vgl. z.B. MAIER-RIGAUD; Gerhard, Umweltpolitik mit Mengen und Märkten, Marburg, 1994, S. 11

Die weitgehende Univozität von Ökonomen und Politikern einerseits und gleichzeitig die latente Resignation vor dem Umsetzungsproblem[5] andererseits führen erneut zu der Frage, was denn die Umweltökonomik zur Analyse und Beurteilung umweltpolitischer Maßnahmen eigentlich beizutragen hat.

Im Sinne des aufgeworfenen Problemzusammenhangs von Umweltökonomik, Umweltpolitik und Marktwirtschaft geht es daher darum, das Leistungspotential der Umweltökonomik im Hinblick auf die Umweltpolitik kritisch zu beleuchten: wie bewältigt die Umweltökonomik den Zusammenhang von Theorie und Politik? Wie werden also umweltpolitische Handlungsempfehlungen theoretisch begründet und wie kann die umweltpolitische Realität ökonomisch evaluiert werden?

Die Auseinandersetzung mit der umweltökonomischen Literatur zu diesen grundlegenden Fragen brachte für mich zunächst ein überraschendes Ergebnis: Die Umweltökonomik argumentiert zwar weitgehend einheitlich und einmütig - aber keineswegs auch eindeutig! Es scheint mir vielmehr eher die Regel als die Ausnahme zu sein, daß in jeweils ein und derselben Arbeit verschiedene Argumentationstränge, Legitimationsgrundlagen und entsprechende Implikationen vermischt dargeboten werden. M.E. lassen sich nicht wenige der in der Literatur ausgetragenen inhaltlichen Kontroversen und Begriffsstreitereien mit diesem Befund erklären und in ihrer Bedeutung entsprechend relativieren.

Das Vorhandensein unterschiedlicher umweltökonomischer Deutungsvarianten, die sich zudem alle als "marktwirtschaftlich" ausgeben und sich keineswegs ohne weiteres gegeneinander anwenden lassen[6], führt nun allerdings weiterhin zu der Frage, ob sich nicht von einem übergeordneten Standpunkt aus eine "richtige" Deutung abgrenzen läßt. Dem entspricht die Frage nach dem Verhältnis von Umweltökonomik und Umweltpolitik zur Marktwirtschaft[7].

Nun stellt allerdings diese Frage immer auch auf noch weitgehend ungelöste Probleme einer allgemeinen Theorie der Wirtschaftspolitik ab, die hier nicht mehr zufriedenstellend entwickelt werden könnten. Da es trotzdem m.E. keine sinnvolle Forschungstrategie sein kann, solchen "metaökonomischen" Problemen auszuweichen oder sie an andere Wissenschaften zu delegieren, ist die vorlie-

---

[5]so muß etwa Dr. Manfred VOHRER, MdEP, "nunmehr seit gut zwei Jahrzehnten mit dem Widerspruch leben, daß wir sehr vernünftige umweltpolitische Instrumente und parteipolitische Programme haben, die Marktwirtschaft ökologisch auszugestalten, aber die Kluft zwischen wissenschaftlichen Strategien oder parteipolitischen Programmen und der Realität täglich größer" wird; siehe VOHRER, Manfred, In Brüssel gebremster Umweltschutz, in: Frankfurter Allgemeine Zeitung, Montag, 18. Juli 1994, Nr. 164, S. 6 (Briefe an die Herausgeber); von der beklagten Kluft zwischen Theorie und Realität auf die gepriesene "Vernünftigkeit" der wissenschaftlichen Strategien und parteipolitischen Programme zurückzufragen, kommt ihm allerdings nicht in den Sinn.

[6]vgl. dazu weiter unten, S. 5 f.

[7]natürlich nur dann, wenn man, wie es in dieser Arbeit geschieht, eine marktwirtschaftliche Perspektive als übergeordneten Standpunkt auswählt!

gende Untersuchung bemüht, die offene Frage nach der „Marktwirtschaftlichkeit" unter bewußter Inkaufnahme aller damit zusammenhängenden Unvollkommenheiten in den Blick zu bekommen.

2. Gang der Untersuchung

Entsprechend der Themenstellung gliedert sich die Arbeit in drei Teile. Im folgenden ersten Teil der Arbeit werden zunächst die Leistungsgrenzen der Umweltökonomik ausgelotet. Den Ausgangspunkt der Untersuchung bildet dabei diejenige umweltökonomische Perspektive, die sich wesentlich auf wohlfahrtstheoretische Überlegungen stützt und als Lehrgebiet auch an deutschen Universitäten mittlerweile Tradition hat[8].

Diese "traditionelle" Umweltökonomik weist jedoch, wie ein tiefergehender Blick in Lehrbücher[9] oder entsprechende Monographien[10] zeigt, eine gewisse Ambivalenz auf. Einerseits scheint man sich über die Grundlagen der umweltökonomischen Analyse weitgehend einig zu sein. Danach ist das Umweltproblem vor allem auf die Existenz negativer (technologischer)[11] externer Effekte zurückzuführen, wobei die Umweltmedien[12] selbst wiederum durch ihre Kollektivguteigenschaften charakterisiert werden können, also öffentliche Güter darstellen[13]. Die Entwicklung der Umweltökonomik wird von diesem Befund ausgehend dann zumeist in "linearer"[14] Form präsentiert:

[8]abzugrenzen ist die Umweltökonomik daher insbesondere von den Ansätzen einer "ökologischen Ökonomie", die eher auf naturwissenschaftlicher Basis konzipiert sind; wie noch zu zeigen ist, sind die Übergänge allerdings fließend.

[9]vgl. z.B. CANSIER, Dieter, Umweltökonomie, Stuttgart et al., 1993; WICKE, Lutz, Uweltökonomie, München, 1993[4]; Weimann, Joachim, Umweltökonomik, Berlin, 1991[2]; SIEBERT, Horst, Ökonomische Theorie der Umwelt, Tübingen 1983; ENDRES, Alfred, Umweltökonomie, Darmstadt, 1994; PÄTZOLD, Jürgen und Gerhard MUSSEL, Umweltpolitik, Sternenfels - Berlin, 1996

[10]vgl. die bekannte Monographie von KEMPER, Manfred, Das Umweltproblem in der Marktwirtschaft, Berlin, 1989; diese Arbeit ist in zweierlei Hinsicht bezeichnend: einmal als Beleg für die Einheitlichkeit der Umweltökonomik, denn "der KEMPER" wird häufig als Lehrbuch verwendet; andererseits für die Behandlung des hier zu untersuchenden Zusammenhangs von Umweltökonomik, Umweltpolitik und Marktwirtschaft; dieser wird trotz des verheißungsvollen Titels überhaupt nicht als Problem gesehen.

[11]man kann zwischen "marktmäßigen" bzw. "pekuniären" und "nicht-marktmäßigen" bzw. "technologischen" externen Effekten unterscheiden; vgl. z,B. EL-SHAGI, El-Shagi, Die externen Effekte und ihre Wirkung auf das Marktergebnis, in: WISU, 11/1982; da jedoch die Ableitung umweltpolitischer Handlungserfordernisse wesentlich nur auf die technologischen externen Effekte rekurriert, wird im folgenden oft abkürzend einfach von "externen Effekten" gesprochen; sofern nicht ausdrücklich anders vermerkt, seien damit immer die technologischen gemeint

[12] der Begriff „Umweltmedien" soll hier nicht weiter analysiert werden; immerhin ist er alles andere als klar; und es stellt sich die Frage, ob alles, was als Umweltproblem aufgefaßt wird (wie etwa Belastungen, die sich durch Angst vor Umweltschäden ergeben), sich über Umweltmedien abspielt

[13]in dem Sinne, daß eine Verschlechterung ihrer Qualität negative und eine Verbesserung positive externe Effekte ergibt

[14]die "lineare Form" repräsentiert einen sog. "klassischen" Theorienentwicklungstyp, der sich grob als fort-

Nachdem die allgemeine Problematik externer Effekte zunächst von Pigou erstmals im Hinblick auf die Notwendigkeit von Staatseingriffen dargestellt wurde (Pigou-Lösung), wurde diese Notwendigkeit wiederum von Coase kritisiert (Verhandlungsthese), wobei die weitere Diskussion einerseits eine Widerlegung der Verhandlungslösung ergab, andererseits aber die Coase'sche Interpretation Anlaß für eine Erweiterung umweltökonomischer Forschung hin auf rechtliche und institutionelle Aspekte war (Property Rights, Transaktionskostenökonomik, Neo-Institutionalismus, Neue Politische Ökonomie, Ökonomische Analyse des Rechts).

Diese Interpretation der Umweltökonomik dient nicht immer der Ableitung theoretisch konsistenter Handlungsempfehlungen; sie stellt oft eine Art intellektuellen Steinbruch dar, aus dem je nach Bedarf mehrere unterschiedliche Prinzipien der Umweltpolitik, mehrere unterschiedliche Kriterien zur Beurteilung umweltökonomischer Instrumente und nicht zuletzt die Instrumente selbst herausgebrochen und in bunter Vielfalt zueinander in Beziehung gesetzt werden. Es nimmt angesichts dieser verbreiteten Vorgehensweise dann allerdings wenig wunder, daß gerade an der zu bewältigenden Schnittstelle von Theorie und Politik erhebliche Konsistenzprobleme auftreten, die in letzter Zeit zu einem Verebben der umweltökonomischen Diskussion geführt haben[15]. Eine gewisse Ratlosigkeit, häufig verbunden mit einer Flucht in die Komplexitätsthese, hat sich ganz offensichtlich breit gemacht; die Umweltökonomik steht vor dem umweltpolitischen Problem wie der sprichwörtliche "Ochs vorm Berg"[16].

Vor diesem Hintergrund bezwecken die folgenden Ausführungen eine Dechiffrierung der festgefahrenen umweltökonomischen Diskussion, um den Blick auf die eigentlichen Probleme marktwirtschaftlicher Umweltpolitik überhaupt erst einmal zu ermöglichen.

Im ersten Teil wird dazu eine grundsätzliche Unterscheidung dreier umweltökonomischer Erklärungsansätze vorgenommen, die sich m.E. nicht - wie es in der Literatur oft geschieht - im Rahmen

---

schreitende Hinwendung zur je besseren Erklärung der Wirklichkeit charakterisieren läßt (eine bekannterweise äußerst problematische Vorstellung)

[15]gerade aus dieser Entwicklung wird dann aber fälschlicherweise oft auf eine (m.E. nicht vorhandene) Abgeschlossenheit "der" Umweltökonomik geschlossen; vgl. dazu u.a. die in FN 1 angegebene Literatur

[16] dies belegt wohl hinreichend deutlich die resignierende Schlußbemerkung von FÜRST, Urs Christoph, Umweltökonomik und deutsche Umweltpolitik, Freiburg i. Br., 1996; dort bilanziert er seine detaillierte Untersuchung u.a. so: „Bleibt keine Zeit mehr für „Experimente“, so sind sämtliche Überlegungen obsolet - es muß sofort umfassend und radikal in den wirtschaftlichen Prozeß eingegriffen werden, und dafür sind die von den Wirtschaftswissenschaften vorgeschlagenen Instrumente nur in geringem Maße geeignet. Durch eine solche Entwicklung kann der Konsens über das Marktsystem zerbrechen.....Wäre es um die Umwelt tatsächlich so schlecht bestellt, daß nur ein radikaler Wandel die Existenzgrundlagen der Menschheit erhalten könnte, so gäbe es nur Grund für schwärzesten Pessimismus. Die Mehrheit in den meisten Staaten wird nicht bereit sein, einen solchen zu tragen. Als Auswege blieben Öko-Diktatur oder blanker Zynismus.“ (S. 366); die Frage stellt sich, welche theoretische Grundhaltung derartige Schlußfolgerungen nahe legt; die vorliegende Arbeit ist u.a. darum bemüht, eine Antwort zu erleichtern

einer vermeintlich einheitlichen wohlfahrtsökonomischen Fundierung der Umweltökonomik gegeneinander ausspielen lassen. Und zwar ist eine solche theorieimmanente Diskussion deshalb nicht möglich bzw. nicht sinnstiftend, weil diese Erklärungsansätze eigentlich verschiedene umweltökonomische Theorien bilden[17]. Die grundlegenden Unterschiede zwischen diesen Theorien zeigen sich, wie zunächst herauszuarbeiten ist, in der Verwendung unterschiedlicher Wohlfahrtsbegriffe[18], unterschiedlicher Sichtweisen des Umweltproblems und (daher) nicht zuletzt unterschiedlicher Ansatzpunkte für umweltpolitische Maßnahmen.

Nach Feststellung der Grundlagen dieser umweltökonomischen Ansätze werden in einem zweiten Teil deren Implikationen für umweltpolitische Handlungsanweisungen untersucht.

So ergeben sich aus den verschiedenen theoretischen Ansätzen erstens auch unterschiedliche Schlußfolgerungen für die Bedeutung der Beurteilungskriterien umweltpolitischer Instrumente. Die in der Literatur oft implizierte Gleichrangigkeit dieser Kriterien hat ja nicht zuletzt mit dazu beigetragen, daß eine eindeutige Entscheidung zugunsten des einen oder anderen Instruments nur schwer zu rechtfertigen war. Vor dem Hintergrund verschiedener umweltökonomischer Ansätze erscheinen nun diese Kriterien keineswegs mehr gleichrangig anwendbar[19]. Vielmehr sind einzelne Kriterien überhaupt nicht mit jedem Ansatz kompatibel. Dies betrifft übrigens nicht nur die aus der Literatur einschlägig bekannten Kriterien wie Kosteneffizienz, ökologische Wirksamkeit oder politische Durchsetzbarkeit, sondern auch drei Probleme, die häufig gesondert behandelt werden, nämlich die Frage nach den sog. "Prinzipien der Umweltpolitik", die Problematik der monetären Bewertung und die Wirkungen der Umweltpolitik auf die gesamtwirtschaftlichen Ziele[20]. Nicht zuletzt aufgrund des

[17] das heißt nicht, das es nicht möglich ist, bestimmte Begriffe des einen Ansatzes innerhalb eines anderen zu verwenden; tatsächlich ist dies gerade in umweltökonomischen Untersuchungen oft der Fall, indem z.B. öffentliche Güter und externe Effekte aus Sicht des auf Coase aufbauenden Ansatzes interpretiert werden, oder indem ein sog. Coase-Theorem als Verhandlungslösung in der Theorie der externen Effekte diskutiert wird; wie noch deutlich werden soll, werden aber in jenen Fällen i.d.R. verschiedene Aussagen mit den gleichen Begriffen belegt, was m.E. im Hinblick auf umweltpolitische Erörterungen eher Verwirrung gestiftet hat

[18] wenn hier und im folgenden immer wieder von verschiedenen Wohlfahrtsbegriffen die Rede ist, dann vor allem deswegen, weil es in dieser Arbeit - bei Anwendung des einen wohlfahrtsökonomischen Kalküls - darauf ankommt, die Verschiedenheit der diskutierten Theorien zu betonen; wollte man mehr auf die den verschiedenen Theorien gemeinsame Anwendung des wohlfahrtstheoretischen Kalküls abstellen, dann könnte auch - in Anlehnung an GIERSCH - von unterschiedlich eng gefaßten Versionen des einen, nominal aufgefaßten Begriffes des „sozialökonomischen Optimums“ gesprochen werden; vgl. GIERSCH, Herbert, Allgemeine Wirtschaftspolitik, Wiesbaden, 1961, S. 97 ff.

[19] darauf weist (allerdings eher implizit) auch HACKMANN hin (vgl. HACKMANN, Johannes, Die Überlegenheit einer umweltpolitischen Steuerlösung bei besonderer Berücksichtigung von Informationsgesichtspunkten, Universität der Bundeswehr Hamburg, Institut für Finanzwissenschaft, Disskussionsschrift, September 1993, S. 30, FN 48)

[20] in der Literatur werden gelegentlich insbesondere die Verteilungswirkungen umweltpolitischer Instrumente zur Beurteilung mit herangezogen, so z.B. bei BARTEL, Rainer, Allgemeine Grundlagen der Umweltpolitik, in: Ders. und Franz HACKL, Einführung in die Umweltpolitik, München, 1994, S. 44

unterschiedlichen Stellenwertes, den diese drei Probleme aus Sicht der umweltökonomischen Ansätze jeweils besitzen, bietet es sich an, sie ebenfalls als Beurteilungskriterien zu formulieren. Vor allem bei der Diskussion des Monetarisierungsproblems erweist sich, daß trotz der betonten Differenzen die bewertungsbezogenen Anwendungsprobleme der Theorie externer Effekte zu grundlegend vergleichbaren Instrumentenempfehlungen führen, wie sie sich auch aus der hier betrachteten Theorie öffentlicher meritorischer Umweltgüter ergeben.

Im Anschluß an einen kurzen Überblick über die Grundgedanken wichtiger in der Literatur diskutierter Instrumente werden die darauf bezogenen ("besten") Handlungsempfehlungen abgeleitet.

Nun dienen umweltökonomische Erörterungen aber nicht nur zur Ableitung von in irgend einer Hinsicht normativ "optimalen" umweltpolitischen Strategien, sondern auch - "positiv" gewendet - der Erklärung und Beurteilung "de facto" stattgehabter Umweltpolitik. Am Beispiel der Bundesrepublik Deutschland ist daher zu zeigen, daß die verschiedenen umweltökonomischen Ansätze zwar prinzipiell unterschiedliche Interpretationen der bisherigen Umweltpolitik zulassen, aber trotz unterschiedlichen Ausgangspunkten auch die praxisrelevanten Empfehlungen (und zwar aller drei umweltökonomischen Theorien) stärker konvergieren, als theoretisch anzunehmen gewesen wäre.

Wie oben schon angedeutet, kann allerdings nun noch nicht ohne weiteres eine begründete Entscheidung für oder gegen den einen oder anderen umweltökonomischen Ansatz erfolgen. Begründungen für einen "marktwirtschaftlichen" Ansatz lassen sich vielmehr erst eruieren, wenn man den Zusammenhang zwischen Umweltökonomik, Umweltpolitik und Marktwirtschaft selbst zum Thema macht. Gerade dieser Zusammenhang wird nun in den besprochenen Ansätzen völlig offen gelassen bzw. unbefragt vorausgesetzt. Im dritten Teil soll daher versucht werden, die Frage nach der „Marktwirtschaftlichkeit“, die sich diesbezüglich aus den umweltökonomischen Theorien ergibt, überhaupt als notwendigerweise „offene“ Frage zu formulieren, wobei vor dem Hintergrund der drei umweltökonomischen Ansätze zumindest einige Hinweise auf die Richtungen freigelegt werden sollen, in denen Antworten auf die Frage nach der „Marktwirtschaftlichkeit“ gesucht werden können.

---

ff, STEPHAN, Gunther und Michael AHLHEIM, Ökonomische Ökologie, Heidelberg u.a., 1996, S. 101 ff.; auch regionalpolitische und strukturpolitische Aspekte werden öfters diskutiert, vgl. z.B. MICHAELIS, Peter, Ökonomische Instrumente in der Umweltpolitik, Heidelberg, 1996, s. 54 f. oder FEESS, Eberhard, Umweltökonomie, München, 1995, S. 20; am konsequentesten werden gesamtwirtschaftliche Zielkonflikte berücksichtigt bei SIEBERT, Horst, Analyse der Instrumente der Umweltpolitik, Göttingen, 1976, S. 111 ff.

TEIL I DIE DREI UMWELTÖKONOMISCHEN ANSÄTZE

1. Die Möglichkeit unterschiedlicher umweltökonomischer Ansätze

Bevor im folgenden der Versuch unternommen werden kann, die wichtigsten Spezifika der drei umweltökonomischen Ansätze zu entwickeln, ist darauf hinzuweisen, daß eine solche Unterscheidung in der Literatur nicht häufig explizit thematisiert wird[21].

Die wichtigste Ursache für diesen Befund ist m.E. darin zu sehen, daß die Wohlfahrtsökonomik, auf die sich alle drei Ansätze berufen, oft als weitgehend geschlossenes Theoriegebäude aufgefaßt wird,

---

[21] zwar werden in der umweltökonomischen Literatur z.B. ein Coase- und ein Pigou-Paradigma unterschieden, so etwa bei WINDISCH, Rupert, Coase-Paradigma versus Pigou-Paradigma: Über Information und Motivation als Grundfragen dezentralisierter Umweltkontrolle, in: Zeitschrift für Nationalökonomie, 1975; die paradigmatische Unterscheidung bezieht sich dort allerdings allein auf den Lösungsansatz, nicht auf den Wohlfahrtsbegriff oder die Problemformulierung; MONISSEN, Hans G., Externalitäten und Wirtschaftspolitik: Einige Anmerkungen, in: WOLL, Artur(Hrsg.): Aktuelle Wege der Wirtschaftspolitik, Berlin, 1983, unterscheidet zunächst zwischen "neoklassischer Wohlfahrtsökonomik", "Public-Choice-Theorie" und "Theorie der Eigentumsrechte", um später dann auch von "Pigou-Welt" und "Coase-Welt" zu sprechen; er hält jedoch offenbar die Theorien gerade im Hinblick auf die wirtschaftspolitische Umsetzung für prinzipiell vereinbar und postuliert daher eine "Amalgamation" der verschiedenen theoretischen Ansätze zur "adäquaten Behandlung der wirtschaftspolitischen Aspekte des Externalitätenproblems" (S. 51); ähnlich denkt sich FREY, René L., Der Ansatz der Umweltökonomie, in: FREY, René, L., STAEHELIN-WITT, Elke und Hansjörg BLÖCHLIGER (Hrsg.): Mit Ökonomie zur Ökologie, Basel et al., 1991, S. 9) die Umweltökonomik aus verschiedenen Ansätzen zusammengesetzt; zwischen externen Effekten und öffentlichen Gütern als immerhin verschiedenen "Ansatzpunkten" differenziert explizit auch PFAFFENBACH, Bernd, Theoretische Studien zur Umweltökonomik, Marburg 1974; auch SAMUELSON unterscheidet im Hinblick auf die Begründung von Staatseingriffen explizit zwischen öffentlichen Gütern und externen Effekten, ohne dies allerdings genauer auszuführen; vgl. SAMUELSON, Paul A., Diagrammatic Exposition of a Theory of Public Expenditure, in: BREIT, William und Harold M. HOCHMAN (eds.), Readings in Microeconomics, Hinsdale, 1971[2], S. 545 (original in: Review of Economics and Statistics, 1955); SIEBERT spricht von "drei Erklärungsversuchen" und nennt eine "Theorie der externen Effekte", eine "Theorie öffentlicher Güter" und den "Ansatz der Nutzungsrechte"; die Erklärungen werden jedoch ebenfalls als in ihren wesentlichen wohlfahrtstheoretischen Grundlagen vereinbar angesehen; dementsprechend bleibt die Unterscheidung ohne weitergehenden Einfluß auf seine Ausführungen; vgl. SIEBERT, Horst, Praktische Schwierigkeiten bei der Steuerung der Umweltnutzung über Preise, in: WEGEHENKEL, Lothar (Hrsg.), Marktwirtschaft und Umwelt, Tübingen 1981, S. 29; auch MAIER-RIGAUD, Gerhard, Umweltpolitik in der offenen Gesellschaft, Opladen, 1988, S. 92, unterscheidet u.a. zwischen Property-Rights-Theorie, Theorie der öffentlichen Güter und Theorie der externen Effekte, ohne m.E. diese Unterscheidungen jedoch theoretisch konsistent zu fundieren; schließlich unterscheidet FURGER; Franco, Ökologische Krise und Marktmechanismen, Opladen, 1994, als verschiedene umweltökonomische „Traditionen" die „wohlfahrtstheoretische Diskussion" von der „Property-Rights Diskussion"; FURGER meint jedoch (ebenso wie bereits COASE selbst), die „Property-Rights Diskussion" denke lediglich „einen (in der PIGOU'schen Tradition, J.H.) unterbrochenen Gedanken konsequent weiter" (S. 53); dies trifft aber m.E. nur dann zu, wenn man die PIGOU'sche Tradition von COASE'schen Vorstellungen aus reinterpretiert; eine ähnliche Position vertritt auch PASOUR, JR, E.C., Pigou, Coase, common law, and environmental policy: Implications of the calculation debate, in: Public Choice,

innerhalb dessen unter Verwendung eindeutiger und wohldefinierter Begriffe ebenso eindeutig interpretierbare gesellschaftliche Optimalzustände beschrieben und bewertet werden können. Diese m.E. unzutreffende Vorstellung ist um so erstaunlicher, als doch die Streitereien um so zentrale wohlfahrtsökonomische Begriffe wie den der "externen Effekte" fast jedem geläufig sind und in der umweltökonomisch relevanten Literatur auch als solche konstatiert werden[22].

Gerade die scheinbare Fruchtlosigkeit dieser Diskussionen mag allerdings dazu geführt haben, daß in neueren Abhandlungen einfach und unter Umgehung der inhaltlichen Schwierigkeiten bestenfalls eine Entscheidung für eine bestimmte Begriffsabgrenzung gefällt wird. Und diese Vorgehensweise wäre ja auch genau dann legitim, wenn die unterschiedlichen Abgrenzungen tatsächlich nur ein Spiel mit Worten wären oder (wechselseitig) auf analytischen Fehlleistungen beruhten, d.h. im Grunde auf denselben Wohlfahrtsbegriff abstellten[23].

Die Einsicht, daß dies keineswegs der Fall ist, ist zwar schon alt[24], wird aber nicht zuletzt ebenfalls durch semantische Schwierigkeiten verdeckt. Vor allem wird häufig übersehen, daß der Begriff "Wohlfahrtsoptimum" oder "Pareto-Optimum" unterschiedlich gedeutet werden kannn[25],[26].

1996, S. 243 ff.

[22]so spricht etwa SÄLTER zurecht von einer "'babylonischen Sprachverwirrung'"(SÄLTER, Peter Michael, Externe Effekte: "Marktversagen" oder Systemmerkmal?, Heidelberg, 1989, S. 3); die begriffsgeschichtlichen Verwicklungen werden weiterhin sorgfältig thematisiert bei OCKER, Alfred, Wachstum und Wohlfahrt in isolierter Umwelt, Tübingen 1975, S. 135 ff.; die "Streitereien" resultieren m.E. nicht zuletzt daraus, daß Vertreter der einen wohlfahrtstheoretischen Interpretation den Vertretern anderer Interpretationen jeweils vorwerfen, logische Fehler zu machen, indem der je eigene Ansatz als "einzig wahr" unterstellt wird (letztlich also im Sinne einer petitio principii); vgl. dazu allgemein die Ausführungen bei SCHLICHT, Ekkehart, Grundlagen der ökonomischen Analyse, Reinbek bei Hamburg, 1977, S. 44 ff.

[23]so beruht etwa die Unterscheidung von Pareto-relevanten und Pareto-irrelevanten Externalitäten auf einem Wohlfahrtsbegriff, wie ihn der Coase'sche Ansatz verwendet; die Externalitätenanalyse in Anlehnung an Pigou verwendet dagegen einen anderen Wohlfahrtsbegriff, bei dem die genannte Unterscheidung keinen Sinn macht (vgl. unten, Kapitel I.3.1. und I.4.1.)

[24] vgl. z.B. die langwierigen Ausführungen bei PIGOU, Arthur C., The economics of welfare, London, 1960[4], besonders Teil I, Kapitel I und III; die Schwierigkeiten bei der Abgrenzung eines theoretisch sauberen Wohlfahrtsbegriffes, auf die PIGOU hinweist, werden später noch einmal aufzugreifen sein (siehe Kapitel I.3.1.)

[25]die Begriffe Pareto- oder Wohlfahrts-Optimum werden in der Literatur entweder nur auf die paretianischen Normen, oder aber auf die unter Geltung der paretianischen Normen ein gesamtwirtschaftliches Gleichgewicht bei vollständiger Konkurrenz konstituierenden Marginalbedingungen bezogen; die erstere Begriffsverwendung ist die wirtschaftspolitisch relevante (vgl. auch unten FN 15); die letztere Begriffsverwendung bezieht sich auf das fiktive Optimum bei vollständiger Konkurrenz und ist damit die für formal-analytische Zwecke relevante (wobei man sich klar darüber sein muß, daß die formalanalytischen Ergebnisse deshalb nur eine höchstens tendenzmäßige Übertragung in die wirtschaftspolitische Sphäre gestatten); bedenkt man, daß das Wort "Optimum" eine logisch-formale Klarheit und Stringenz suggeriert, dürfte die formal-analytische Begriffsverwendung auch die korrektere sein; im folgenden werden daher in bezug auf die Wirtschaftspolitik (die in dieser Arbeit im Vordergrund steht) vor allem die abgeschwächten Formen "Pareto-Optimalität" oder "optimaler Situation" usw. verwendet

[26]die folgenden Ausführungen bleiben eher kursorisch und dienen lediglich dazu, die wohlfahrtsökonomische Basis der drei umweltökonomischen Ansätze zu verdeutlichen; so wird hier weder der Nutzenbegriff

So ist bereits strittig, welches eigentlich die grundlegenden - sog. "paretianischen"[27] - Werturteile sind. Den kleinsten gemeinsamen Nenner scheint auf den ersten Blick die sog. "individualistische Norm" zu bilden, nach der „gesellschaftliche" (bzw. „gesamtwirtschaftliche" bzw. „soziale"[28] usw.) Wohlfahrt aus der Wohlfahrt der Individuen ableitbar sein muß[29]. Ein zweiter Blick verrät, warum diese "Norm" so universal akzeptiert wird: sie ist nämlich tatsächlich völlig nichtssagend[30]. Es wird letztlich nicht mehr gefordert, als daß die Gesamtwohlfahrt in irgendeinem Zusammenhang mit der Wohlfahrt der Individuen stehen muß[31]; und dies ist natürlich immer der Fall[32],[33].

---

systematisch untersucht, noch werden die axiomatischen Grundlagen der individuellen Entscheidungen problematisiert; Dreh- und Angelpunkt ist der gesellschaftliche Wohlfahrtsbegriff

[27] das, "was Pareto wirklich gemeint hat", hilft im Rahmen dieser Arbeit nicht weiter; es geht hier ja nicht darum, die aus Pareto's Sicht "korrekte" Interpretation, sondern die in der umweltökonomischen Literatur vorgenommenen Interpretationen zu ermitteln.

[28] die genannten Attribute werden hier, dem überwiegenden Teil der Literatur folgend, synonym verwendet; allerdings teile ich auch das damit verbundene und unterschwellig wohl verbreitete Unbehagen gegenüber diesen Attributen, die letztendlich einen hohen politischen Anspruch artikulieren, ohne ihn vielleicht einlösen zu können

[29] vgl. z.B. MISHAN, Ezra J., Do Economic Evaluations of Allocative Changes Have Any Validity in the West Today?, abgedruckt in: Ders., Economic Efficiency and Social Welfare, London 1981, S. 257; LOHR, Wolfgang, Öffentliche Güter und externe Effekte - eine wohlfahrtstheoretische Analyse, Konstanz 1989, S. 10 f.; HACKMANN, Johannes, Zur wohlfahrtstheoretischen Behandlung von Verteilungsproblemen, Berlin 1972, S. 20; SCHERNIKAU, Frank, Zur Verbindung von Ethik und Ökonomie am Beispiel der Wohlfahrtstheorie, Frankfurt am Main 1992, S. 75 f.

[30] allerdings fordert die individualistische Norm als methodische Konsequenz, die unter ihr gefaßten Theorien jeweils vom „Individuum" her zu konzipieren, was als „methodologischer Individualismus" bezeichnet wird (vgl. dazu z.B. ALBERT, Hans, Methodologischer Individualismus und historische Analyse, in: ACHAM, Karl und Winfried SCHULZE (Hrsg.), Teil und Ganzes, München, 1990, S. 219 ff.)

[31] so betont etwa HACKMANN, a.a.O., S. 20 (FN 19), daß die individualistische Norm nicht mit dem Individualismus gleichgesetzt werden darf, da sie nicht impliziert, daß die Individuen über ihre Wohlfahrt auch selbst entscheiden sollen; dies heißt doch aber - entgegen HACKMANN's eigenen weiteren Folgerungen - wohl nichts anderes, als daß auch die Möglichkeit bestehen muß, von überindividuell gesetzten Wohlfahrtsaussagen auf die individuellen Wohlfahrten zurückzuschließen; dementsprechend fällt eine Abgrenzung zu "kollektivistischen Normen" auch regelmäßig recht vage aus; vgl. ebenda und LOHR, a.a.O., S. 10; auf die Mehrdeudigkeit der individualistischen Norm verweist auch TANGHE, Patrick, Wissenschaft als Resultat der unsichtbaren Hand, Berlin 1987, S. 90 (FN 2); BOADWAY/BRUCE verknüpfen dagegen die individualistische Norm undifferenziert mit einer subjektivistischen Norm, vgl. BOADWAY, Robin und Neil BRUCE, Welfare Economics, Oxford 1984, S. 2; da die Arbeit von BOADWAY/BRUCE in neuerer Zeit als Standardlehrwerk gilt, mag die verbreitete Vorstellung eines eindeutig interpretierbaren Wohlfahrtsbegriffes nicht zuletzt aus einer derartig undifferenzierten Normsetzung resultieren

[32] HACKMANN weist darauf hin, daß die "individualistische Norm" für umweltökonomische Analysen eine anthropozentrische Sichtweise impliziere, aufgrund dieser Norm der Natur also kein Eigenwert zugewiesen werden könne; dies dürfte kaum haltbar sein, denn (Eigen-)Wertsetzungen gleich welcher Art sind natürlich nur in bezug auf menschliches Handeln überhaupt sinnvoll; vgl. HACKMANN, Johannes, Die normative Basis der paretianischen Wohlfahrtsökonomik, in: MÜLLER, J. Heinz (Hrsg.), Wohlfahrtsökonomik und Gemeinwohl, Paderborn 1987, S. 19

[33] es scheint gar nicht so wenige Ökonomen zu geben, die den sog "methodologischen Individualismus" nur auf die individualistische Norm in der hier verwendeten Formulierung gründen (vgl. etwa die Umschreibung bei HORBACH, Jens, Neue Politische Ökonomie und Umweltpolitik, Frankfurt/New

Das gleiche gilt auch für die zweite „weithin akzeptierte" sog. Pareto-Norm, die auch als Pareto-Maxime oder Pareto-Kriterium bezeichnet wird. Nach dieser ist ein mögliches ökonomisches Arrangement B immer dann einem bestehenden Arrangement A vorzuziehen, wenn der (kostenlose)[34] Übergang von A nach B es zuläßt, mindestens ein Individuum besserzustellen ohne irgendein anderes schlechterzustellen[35]. Auch in diesem Fall sollten aber selbst noch geschraubtere Formulierungen nicht über die Banalität der getroffenen Aussage hinwegtäuschen: weder wird nämlich durch die Pareto-Norm per se eine Aussage über die Bedeutungsinhalte von "besser" oder "schlechter" gemacht, noch wird festgelegt, wer darüber entscheiden soll. Damit läßt sich das Pareto-Kriterium bedenkenlos auf die wohl universal zustimmungsfähige Forderung "mehr ist besser als weniger" verkürzen; solange allerdings die Fragen "mehr bzw. weniger von was?" und "wer soll darüber befinden?" offengelassen werden, bleibt die Pareto-Norm entsprechend stumm[36].

Erst die Verbindung der beiden genannten Normen mit zwei weiteren Werturteilen[37] läßt die genauere Spezifizierung eines Wohlfahrtsbegriffes zu, wobei die konkreten Ausprägungen dieser zusätzlichen Normen m.E. jedoch keineswegs mehr "weithin akzeptiert"[38] erscheinen, sondern viel-

---

York, 1992, S. 38); in einem solchen Fall ist dann allerdings keineswegs mehr klar, was genau gemeint ist; vielmehr läßt sich unter den "methodologischen Individualismus" dann sehr Unterschiedliches subsumieren; daß der Begriff „methodologischer Individualismus" tatsächlich (u.a.) eine solche Interpretation zuläßt, zeigt HEINE, Wolfgang, Methodologischer Individualismus, Würzburg, 1983

[34] Auf das Problem der Transaktionskosten wird noch ausführlich einzugehen sein

[35] vgl. MISHAN, a.a.O., S. 257

[36] ehrlicherweise muß gesagt werden, daß die hier betonte Offenheit der Pareto-Norm in der Literatur größtenteils nicht angenommen wird; vielmehr enthalten die meisten Formulierungen der Pareto-Norm implizit bereits ein weiteres - subjektivistisches - Werturteil; vgl. etwa die Ausführungen zum Pareto-Kriterium bei SOHMEN, Egon, Allokationstheorie und Wirtschaftspolitik, Tübingen 1976, S. 30 ff.; die Verknüpfung beider Normen kommt klar zum Ausdruck in der Formulierung des Pareto-Kriteriums bei BOULDING, nach dem "das Pareto-Optimum" im wesentlichen besagt, "daß der Zustand A eines sozialen Systems den Zustand B ökonomisch übertrifft, wenn sich bei A niemand schlechter fühlt als bei B und wenn sich wenigstens eine Person besser fühlt"; siehe BOULDING, Kenneth E., Ökonomie als eine Moralwissenschaft, in: VOGT, Winfried (Hrsg.), Seminar: Politische Ökonomie, Frankfurt 1973, S. 112 (engl. Original in: The American Economic Review, 1969); bei MISHAN wird die Pareto-Norm (ebenso wie die individualistische Norm) überhaupt erst (und zwar explizit) auf der Grundlage einer subjektivistischen Norm spezifiziert; vgl. MISHAN, Ezra J., Ein Überblick über die Wohlfahrtsökonomik 1939 - 1959, in: GÄFGEN, Gerard (Hrsg.), Grundlagen der Wirtschaftspolitik, Köln 1970³, S. 111 f.(engl. Original in: The Economic Journal, 1960); zu einer Unterscheidung von individualistischer und subjektivistischer Norm vgl. auch KÜLP, Bernhard u. Mitarbeiter, Wohlfahrtsökonomik I - Die Wohlfahrtskriterien, Tübingen und Düsseldorf, 1975, S. 8

[37] diese beiden Werturteile werden auch bei LOHR, a.a.O., S. 10, herausgestellt; insgesamt unterscheidet dieser im großen und ganzen ebenfalls die hier genannten vier "paretianischen" Werturteile

[38] in wohlfahrtökonomischen Abhandlungen stellen die Worte "widely accepted" (bzw. "acceptable") eine beliebte "Begründung" der jeweils zugrunde gelegten Normenkonstellation dar - eine so beliebte, daß schon fast von einem terminus technicus gesprochen werden kann; vgl. z.B. die Behandlung dieses "Begriffes" bei NATH, S. K., A Reappraisal of Welfare Economics, London, 1969, S. 125 ff.; SCHLICHT, Ekkehart, Grundlagen..., a.a.O., S. 45, kritisiert diese Art der Normbegründung, bei der die Wahl der "allgemein akzeptierten Kriterien (...) die Ablehnung einer gegebenen Theorie bereits impliziert, und gerade deshalb sind die Kriterien eben nicht allgemein akzeptiert (..) und (...) dann ge-

mehr die in den folgenden Abschnitten darzustellenden drei unterschiedlichen umweltökonomischen Ansätze fundieren.

Das erste dieser Werturteile bestimmt, inwieweit die sog. subjektivistische Norm, nach der die Entscheidung darüber, ob ein bestimmtes mögliches ökonomisches Arrangement "besser" oder "schlechter" als ein anderes ist, von jedem Individuum selbst gefällt werden soll, gilt. Das zweite zusätzliche Werturteil spezifiziert das, was unter einem "ökonomischen Arrangement" zu verstehen ist[39]. Dabei fällt die Interdependenz dieser beiden letztgenannten Werturteile unmittelbar in's Auge. Wenn etwa für eine Herleitung und Beurteilung gesamtwirtschaftlich optimaler Situationen nur und ausschließlich die individuellen Präferenzen ausschlaggebend sind, so ist zunächst die Frage zu beantworten, wie man aus den unterschiedlichen individuellen Präferenzen eine gesamtwirtschaftliche Präferenz erhält. Unter Vorraussetzung der individuellen Entscheidungsaxiome[40] ist diese Frage immer dann bedeutungslos, wenn man das ökonomische Arrangement auf die Allokation privater Güter bei funktionsfähigem Marktmechanismus[41] beschränkt. Eine wohlfahrtsoptimale Ausrichtung der Wirtschaftsaktivitäten stellt sich dann von selbst ein, da die aktuellen Präferenzen jedes handelnden Individuums unmittelbar am Markt wirksam und durch diesen koordiniert werden. Das

---

sagt wird, diese oder jene Theorie genüge diesen Kriterien nicht, und deshalb sei sie zu verwerfen"; dazu ist allerdings zu bemerken, daß zwar die genannte Art der Normenbegründung unbefriedigend ist, aber gleichzeitig ist es fraglich, wie denn anders im Rahmen eines utilitaristischen Modells Werte hergeleitet werden können

[39] leider wird die Frage nach dem Inhalt eines "ökonomischen Arrangements" häufig nicht weiter diskutiert; ansatzweise immerhin bei LOHR, a.a.O., S.10; die Abgrenzung des ökonomischen Arrangements, d.h. letztlich dessen, was als "wirtschaftlicher Bereich" in Ergänzung oder im Gegensatz zu anderen Bereichen des menschlichen Lebens zu verstehen ist, legt auch fest, inwieweit die z.B. in der Wohlfahrtsökonomik unterstellten individuellen Handlungsaxiome - immer aus Sicht der Wohlfahrtsökonomik - universalisiert werden (müssen) und bestimmt so den Geltungsbereich wohlfahrtstheoretischer Kalküle; die Bedeutung der diesbezüglichen Wertentscheidung kann also kaum überschätzt werden

[40] diese werden an dieser Stelle nicht weiter diskutiert; vgl. aber z.B. LOHR, a.a.O., S. 12 ff.

[41] der Begriff "vollständige Konkurrenz", der in diesem Zusammenhang häufig auftaucht, wird hier bewußt vermieden; erstens ist der lediglich fiktive Zustand "vollständiger Konkurrenz" bekanntermaßen unter "realen" Bedingungen weder machbar noch wünschenswert (gerade auch aus wohlfahrtstheoretischer Sicht); zweitens hängt die Anwendung der paretianischen Normen auch nicht von den bekannten Marginalien ab; drittens haben streng formalisierte Analysen m.E. kaum wirtschaftspolitische Relevanz gezeitigt, sondern haben im Gegenteil die vorhandene Aussagekraft wohlfahrtsökonomischen Räsonnements erfolgreich vernebelt, worauf noch öfters hinzuweisen sein wird (einen Beleg dafür bietet m.E. die - besonders in eher politisch orientierten Arbeiten - manchmal anzutreffende „Schlußfolgerung", die sog. „neoklassische" Analyse käme zu ungeeigneten bzw. sogar kontraproduktiven Politikvorschlägen, weil sie mit abstrakten oder „idealisierten" Modellen arbeitet; neben der m.E. problematischen Verwendung des Terms „neoklassisch" dürfte es den Vertretern einer derartig verkürzten Argumentation jedoch schwerfallen, auch nur einen „Neoklassiker" aufzutreiben, der Lehrbuchkonstellationen ohne Berücksichtigung der konkreten Situation im Rahmen seiner politikberatenden Tätigkeit vorträgt; im Zusammenhang mit dem Kriterium der „politischen Durchsetzbarkeit" wird darauf noch zurückzukommen sein); die nicht zu leugnende Bedeutung der formalen Analyse für die logische Ableitung von Gleichgewichtszuständen steht viertens in dieser Arbeit nicht zur Debatte

bedeutet auch, daß die über die Marktpreise angezeigten aktuellen Präferenzen die "tatsächlichen" Bedürfnisse der Individuen widerspiegeln[42]. Anders ausgedrückt: Die Pareto-Norm ist erfüllt, da eine wirtschaftspolitisch motivierte Änderung des aktuell beobachtbaren Marktarrangements nur möglich ist, indem die präferentielle Entscheidung mindestens einer Person beeinträchtigt, diese also subjektiv schlechter gestellt wird[43],[44].

Nun hat sich allerdings die wohlfahrtsökonomische Analyse keineswegs auf eine solch enge Auslegung des paretianischen Wohlfahrtsbegriffes beschränkt (sonst gäbe es gar keine Umweltökonomik). Vielmehr wurden die beiden letztgenannten Werturteile erheblich ausdifferenziert und der paretianische Wohlfahrtsbegriff entsprechend erweitert. Vor allem drei wesentlich verschiedene Wohlfahrtsbegriffe scheinen mir unterscheidbar zu sein:

a) Erstens wurde in der Theorie der öffentlichen Güter der Gegenstandsbereich wohlfahrtsökonomischer Analysen auf Güter ausgeweitet, die entgegen der eben gemachten Annahme nicht auf Märkten gehandelt werden. Ein Wohlfahrtsoptimum ist nach dieser Theorie immer dann erreicht, wenn eine optimale Allokation privater und öffentlicher Güter vorliegt. Im Rahmen der Umweltökonomik wird auf diese Weise die "Umweltqualität" als öffentliches Gut betrachtet. Dabei erfordert die Problematik der Bestimmung öffentlicher Güter im Allgemeinen und der "Umweltqualität" im Besonderen auch eine entsprechende Spezifizierung des subjektivistischen Werturteils, und zwar - wie noch zu zeigen ist - im Sinne einer massiven Einschränkung.

---

[42]dahinter verbirgt sich natürlich die Rationalitätsannahme der "revealed-preference-Theorie", wonach jedes nutzenmaximierende Individuum auch tatsächlich nur solche Wahlhandlungen ausführt, die bezüglich seiner Präferenzordnung konsistent sind; nur unter dieser Annahme kann man eindeutig von den tatsächlich ausgeführten Markttransaktionen auf die dahinterstehenden Bedürfnisse bzw. Präferenzen zurückschließen; die "revealed-preference-Theorie" geht auf SAMUELSON zurück; vgl. SAMUELSON, Paul A., A note on the pure theory of consumers' behaviour, in: Economica, 1938, S. 61 ff.

[43]dies besagt formal der oft sog. "erste Hauptsatz" der Wohlfahrtsökonomik, daß nämlich "..the equilibrium conditions which characterize a system of competitive markets will exactly correspond to the reqirements of Paretian efficiency.." (BATOR, Francis M., The Anatomy of Market Failure, in: BREIT, William und Harold M. HOCHMAN (eds.), a.a.O., S. 518 (original in: The Quarterly Journal of Economics, 1958)); die Wohlfahrtsökonomik als Theorie der Wirtschaftspolitik entsteht erst, wenn die Gültigkeit dieses Satzes in Frage gestellt wird; da - wie die hier angestellten Überlegungen zeigen - dies aber erst durch eine unterschiedliche Spezifizierung einiger paretianischer Normen möglich ist, scheint mir der Begriff "Marktversagen" eher irreführend zu sein (vgl. aber Kapitel III.2.1.)

[44]vielleicht ist an dieser Stelle eine Bemerkung zu den sog. Kompensationskriterien angebracht; diese (wie etwa das Kaldor-Hicks-Kriterium, das Scitovski-Kriterium u.a.) stellen auf eine lediglich potentielle Pareto-Verbesserung ab, so daß eine Wohlfahrtsverbesserung auch bei Schlechterstellung eines Individuums definiert werden kann, wenn nämlich die "Gewinner" einer Änderung des ökonomischen Arrangements die "Verlierer" potentiell entschädigen können und trotzdem noch Nettogewinne erzielen; potentielle Pareto-Verbesserungen erfüllen also gewissermaßen das Pareto-Kriterium unter Ausblendung der Verteilungproblematik; da ich mich hier nicht in den umständlichen analytischen Diskussionen um diese Kriterien verheddern möchte, sei im folgenden auch bei nur potentiellen Pareto-Verbesserungen der Pareto-Norm Genüge getan

b) Zweitens wurde angezweifelt, daß die Allokation privater Güter lediglich über funktionsfähige Märkte wohlfahrtsoptimal sein könne, da nämlich aufgrund von Interdependenzen und Nebenwirkungen der wirtschaftlichen Aktivitäten die individuellen Nutzen- und Kostenfunktionen von den gesamtwirtschaftlichen Nutzen- und Kostenfunktionen abweichen. Von einer solchen Diagnose nimmt die Theorie der externen Effekte ihren Ausgang.

c) Schließlich wurde drittens der Gutsbegriff vom Produktionszusammenhang weitgehendst abgekoppelt und auf praktisch alle möglichen Tauschhandlungen[45] hin universalisiert; ein Gut ist nicht mehr etwas, was erst produziert werden muß, sondern kann alles sein, was zum Gegenstand von (impliziten oder expliziten) Verträgen gemacht werden kann[46]. Auf diese Weise können auch Umweltbeziehungen[47] einer "marktmäßigen" Allokation unterzogen werden. Die Theorie der reziproken Umwelteffekte verwendet einen darauf rekurrierenden Wohlfahrtsbegriff.

Im folgenden sollen diese drei Ansätze im einzelnen genauer entwickelt und im Hinblick auf ihre jeweiligen umweltpolitischen Implikationen untersucht werden. An dieser Stelle ist nur noch einmal zusammenfassend zu betonen, daß sie aufgrund unterschiedlich spezifizierter Werturteile verschiedene Wohlfahrtsbegriffe verwenden, auch wenn sie alle als wohlfahrtsökonomische Ansätze aufgefaßt werden können. Jedenfalls sind sie nicht zwingend innerhalb eines geschlossenen Theoriegebildes integrierbar und so auch nicht unmittelbar gegeneinander anwendbar.

Und noch ein weiteres sei abschließend hervorgehoben: es kann auf der beschriebenen Basis nicht entschieden werden, ob einer dieser Ansätze "marktwirtschaftlicher" ist als ein anderer; dazu müßte nämlich untersucht werden, inwieweit die unterschiedlich spezifizierten Normen dem Gedanken der Marktwirtschaft entsprechen; diese Frage ist nur auf einer der Wohlfahrtstheorie übergeordneten Ebene überhaupt thematisierbar; wegen der m.E. außerordentlichen Bedeutung dieser Frage für eine marktwirtschaftliche Beurteilung umweltpolitischer Strategien soll sie trotz der damit verbundenen Schwierigkeiten im dritten Teil dieser Arbeit gestellt werden.

---

[45] der Begriff "Tauschhandlungen" stellt hier auf die spezifische Sichtweise der zu behandelnden Theorie ab, und nicht etwa auf eine bestimmte Kategorie von Handlungen; im Prinzip wird jede Handlung als Tauschhandlung interpretiert

[46] wie im Zusammenhang mit dem umweltökonomischen Ansatz nach COASE noch näher zu erläutern ist, werden die „Güter" dort auch gar nicht mehr als materielle Güter betrachtet, sondern als „Handlungsrechte" („property-rights"); vgl. Abschnitt I.4.1

[47] ebenso wie etwa Selbstmorde, Kinder oder Partner; vgl. dazu HOLLEIS, Winfried, Das Ungleichgewicht der Gleichgewichtstheorie, Frankfurt 1985, besonders S. 57 ff.

2. Umweltqualität als öffentliches Gut

2.1. Zur Theorie der öffentlichen Güter

Oben wurde darauf hingewiesen, daß die Theorie der öffentlichen Güter im Gegensatz zu den noch zu besprechenden Ansätzen die gesamtwirtschaftliche Wohlfahrt auf die Allokation von privaten und öffentlichen Gütern bezieht. Diese Aussage könnte zu der Vermutung verleiten, der Begriff "öffentliches Gut" sei ein in der Literatur fest etablierter und eindeutig abgrenzbarer Terminus, womöglich noch dazu in der Weise, daß sich eine vollständige Liste von öffentlichen Gütern - zumindest zu einem gegebenen Augenblick - bestimmen ließe. Das ist jedoch keineswegs der Fall. Zwar werden in der Literatur weitgehend einheitliche Charakteristika öffentlicher Güter bestimmt - nämlich u.a. Nicht-Ausschließbarkeit und Nicht-Rivalität im Konsum -, und es wird auch häufig erklärt, wieso sie deswegen nicht privat bereitgestellt werden - nämlich vor allem aufgrund des sog. Trittbrettfahrer-Problems -, aber um solche Erklärungen[48] überhaupt anbringen zu können, müssen die jeweils betrachteten öffentlichen Güter bereits vorausgesetzt werden.

Ein erstes entscheidendes Problem ist daher die Feststellung eines dementsprechenden Bedarfes. Genau dieses Problem wird nun aber in der (neueren) Theorie der öffentlichen Güter, die wesentlich auf den Arbeiten von SAMUELSON beruht[49], explizit ausgeklammert[50].

---

[48]auf die Relevanz dieser Charakteristika öffentlicher Güter für umweltökonomische Erörterungen wird unten noch einzugehen sein

[49]vgl. SAMUELSON, Paul A, The Pure Theory of Public Expenditure, in: The Review of Economics and Statistics, 1954; Ders., Diagrammatic Exposition ..., a.a.O., S. 518; auf eine ausführliche, formale Darstellung der Theorie öffentlicher Güter wird hier verzichtet, denn selbst in deutscher Sprache liegt eine Vielzahl ausführlicher und guter Darstellungen vor; vgl. vor allem BÖDECKER, Wilhelm, Allokations- und Distributionsprobleme von Kollektivgütern, Meisenheim a.G. 1972; die analytische Handhabung dieser Theorie wird zudem im Auseinandersetzung mit der umweltökonomischen Literatur unten in Abschnitt 1.2.3. vorgenommen; an dieser Stelle geht es mir vordringlich darum, zu einigen wesentlichen Punkten kritisch Stellung zu beziehen; der ursprüngliche Beitrag von MUSGRAVE zur Formulierung der allokationsrelevanten Aspekte der Theorie öffentlicher Güter war für mich nicht genau eruierbar; seine unzweifelhaften späteren Verdienste (beginnend mit seiner „Finanztheorie" von 1959, vgl. auch im Text unten) scheinen mir eher ergänzenden Charakter zu SAMUELSON zu haben, aber andererseits verweist SAMUELSON bereits in der 1954er Arbeit auf einen gedanklichen Anstoß/Beitrag von MUSGRAVE (mündlicher Art ?)

[50]vgl. SAMUELSON, Paul A., Public Goods and Subscription TV: Correction of the Record, in: The Journal of Law and Economics, 1964, S. 83 : "no more can one decide what market or social mechanisms should be used for an activity by *first* deciding whether it is a private or a public good. (...) society decides what degree of market autonomy or public decision-making shall be applied to it." (Hervorhebung im Original); ähnlich MALKIN/WILDAVSKY: „A public good is one that the public decides to treat as a public good" (MALKIN, Jesse und Aaron WILDAVSKY, Why the traditional distinction between public and private goods should be abandoned, in: Journal of Theoretical Politics, 1991, S. 372); vgl. auch JASAY, Anthony De, Social Contract, Free Ride, Oxford, 1989, S. 8

Ist der Bedarf nach einem öffentlichen Gut ermittelt, so stellt sich zweitens die Frage nach dem Ausmaß dieses Bedarfes. Die Entscheidung darüber, in welchem Umfang ein bestimmtes öffentliches Gut bereitzustellen sei, wird nun aber - nicht wie bei der Feststellung des Bedarfes selbst - nach der Theorie der öffentlichen Güter zunächst (scheinbar) den einzelnen Individuen überlassen[51],[52]. Die Bestimmung des dementsprechenden Allokationsoptimums setzt allerdings die Überwindung vor allem zweier weiterer Schwierigkeiten voraus.

Einmal ergibt sich das Problem, daß keine monetäre Offenbarung der individuellen Präferenzen vorliegt, was, da sich diese Präferenzen ja nicht über den Marktmechanismus selbst offenbaren, die Anwendung entsprechender Bewertungsverfahren (prima facie) notwendig macht. Sind die individuellen Präferenzen für öffentliche Güter bekannt, können analog zu der Allokation privater Güter die pareto-effizienten Ausbringungskombinationen von privaten und öffentlichen Gütern formal exakt abgeleitet werden.

Zum anderen müssen aber, da öffentliche Güter definitionsgemäß nicht privat bereitgestellt werden, sondern wirtschaftspolitische Eingriffe erfordern, die möglichen Ausbringungskombinationen beurteilt werden können; denn schließlich geht es ja in der Theorie der öffentlichen Güter als einer[53] Theorie der Wirtschaftspolitik darum, das optimale Verhältnis von Staat und Markt zu ermitteln, also zu einer Entscheidung darüber zu kommen, in welchem Umfang Produktionsfaktoren aus dem privatwirtschaftlichen Bereich abgezogen werden müssen, um sie für den wirtschaftspolitischen Zweck der Bereitstellung öffentlicher Güter verfügbar machen zu können. Auch darüber - also über die Herleitung einer gesamtwirtschaftlichen Präferenz aus den vorgegebenen individuellen Präferenzen - macht die Theorie der öffentlichen Güter allerdings keine Aussage. Stattdessen nimmt sie

---

[51]dies gilt allerdings nicht im Falle der sog. meritorischen Güter, das sind nach MUSGRAVE "Güter, deren Bereitstellung die Gesellschaft (unabhängig von den Präferenzen des individuellen Konsumenten) zu begünstigen (...) sucht." (MUSGRAVE, R.A., P.B. MUSGRAVE und L. KULLMER, Die öffentlichen Finanzen in Theorie und Praxis, Bd.1, Tübingen, 1984[3], S. 100); meritorische Güter können sowohl private als auch öffentliche Güter sein, die jeweils durch den Staat meritorisiert werden; im Falle der öffentlichen meritorischen Güter heißt dies nichts anderes, als daß die Definition des Gutes selbst als auch dessen wohlfahrtsoptimales Ausmaß völlig bzw. weitgehend unabhängig von individuellen Präferenzen bestimmt wird; wie noch zu zeigen ist (vgl. Abschnitt 1.2.2.), wird nicht selten "Umweltqualität" als ein solches öffentliches meritorisches Gut behandelt

[52]SAMUELSON betont demgegenüber, seine Theorie sei "consistent with individualism"; SAMUELSON, Paul A., Diagrammatic Exposition..., a.a.O., S. 539; wie unten deutlich wird, kann sich diese Konsistenzbehauptung allerdings nur auf die individuellen Entscheidungsaxiome beziehen, also auf das individuelle Entscheidungsverhalten; denn eine Präferenzaggregation zur wirtschaftspolitischen Entscheidungsfindung kann im Rahmen der Theorie der öffentlichen Güter nicht geleistet werden; wie später noch deutlich wird, ist allerdings auch schon die Bindung an die individuellen Präferenzen bezüglich des Umweltproblems nicht unproblematisch

[53]für SAMUELSON ist die Theorie der öffentlichen Gütern zu Recht nur eine von mehreren (und sich nicht gegenseitig ausschließenden) Theorien staatlicher Eingriffe; vgl. SAMUELSON, Paul A., Diagrammatic Exposition..., a.a.O., S. 545

eine politisch irgendwie zu setzende soziale Wohlfahrtsfunktion an[54], mit deren Hilfe dann unterschiedliche pareto-effiziente Ausbringungskombinationen der beiden Güterkategorien vergleichbar gemacht werden können[55].

Die Theorie der öffentlichen Güter setzt insgesamt also das Vorhandensein von öffentlichen Gütern, die Ermittlung der diesbezüglichen individuellen Präferenzen und das Vorliegen einer gesamtwirtschaftlichen Präferenz in Form einer sozialen Wohlfahrtsfunktion zunächst einmal voraus. Unter diesen Voraussetzungen kann sodann der Nachweis erbracht werden, daß ein Allokationsoptimum bezüglich öffentlicher und privater Güter existiert.

Was die Theorie der öffentlichen Güter also zunächst einmal bietet, ist nicht so sehr ein Lösungsansatz für wirtschaftspolitische Probleme als vielmehr eine allokationstheoretisch konsistente Problemformulierung[56].

Darüber hinaus sind aber zumindest noch zwei Aspekte hervorzuheben, die in der Theorie der öffentlichen Güter eher implizit enthalten sind. Erstens ist ein Wohlfahrtsoptimum, das sich auf die Allokation von privaten und öffentlichen Gütern bezieht, nicht gleichzusetzen mit einem Optimum, das sich lediglich auf die Allokation von privaten Gütern bezieht. Dies folgt aus den oben genannten Problemen der Bestimmung öffentlicher Güter und kann am besten durch ein Beispiel erläutert werden: so kann sich bei gegebener infrastruktureller Ausstattung einer Volkswirtschaft zweifellos eine pareto-optimale Allokation der auf Märkten gehandelten privaten Güter ergeben; ist aber der Umfang an infrastruktureller Ausstattung unzureichend, dann kann eine wirtschaftspolitisch motivierte Abweichung von der gegebenen optimalen Allokation privater Güter im Sinne einer Verschiebung der Produktion zugunsten der Infrastrukturausstattung zu einem höheren Wohlfahrtsoptimum[57] führen. Und dies gilt auch, wenn etwaige (technologische) externe Effekte der Produktion oder des Konsums privater Güter nicht existieren bzw. vollständig internalisiert sind[58].

---

[54]"Economic science cannot deduce a social welfare function; what it can do is neutrally interpret any arbitrarily specified welfare function", SAMUELSON, Paul A., Diagrammatic Exposition..., a.a.O., S. 542; unter "neutraler Interpretation" ist hier selbstredend keine strikte ethische Neutralität zu verstehen, sondern eine "relative Wertfreiheit" unter Zugrundelegung der oben angesprochenen und entsprechend spezifizierten paretianischen Normen

[55]wie ARROW gezeigt hat, sind selbst die individuellen Präferenzen für private Güter in den praktisch relevanten Fällen nicht immer widerspruchsfrei aggregierbar, so daß für formal-analytische Zwecke bereits für die Ableitung eines sozialen Allokationsoptimums privater Güter eine soziale Wohlfahrtsfunktion angenommen werden muß

[56]in SAMUELSON's eigenen Worten: "In conclusion, the theory of public goods emphasizes the subtlety of policy problems rather than their simple solution."; siehe SAMUELSON, Paul A., Pitfalls in the Analysis of Public Goods, in: The Journal of Law and Economics, 1967, S. 204

[57]dieses andere Wohlfahrtsoptimum kann aber trotzdem als Pareto-Optimum bezeichnet werden, insoweit nämlich die Gültigkeit der individuellen Entscheidungsaxiome beibehalten wird; vgl. etwa SAMUELSON, Paul A., Diagrammatic Exposition..., a.a.O., S. 540; darauf scheint auch KEMPER, Das Umweltproblem..., a.a.O., S. 15, FN 1, zumindest implizit abzustellen; wie schon mehrfach er-

Die Rahmenbedingungen, die in Form öffentlicher Güter in die Allokationstheorie einbezogen werden, weisen allerdings eine (weitere) typische Eigenschaft auf: sie müssen unter Einsatz von Produktionsfaktoren erzeugt werden bzw. der Verwendung knapper Güter verbunden sein. Dies ist so selbstverständlich, daß es häufig nicht extra betont wird; schließlich ist ja die Theorie der öffentlichen Güter wesentlich eine Theorie der produktiven - nicht aber der umverteilenden - Staatsausgaben[59]. Ökonomisch relevante öffentliche Güter sind also relativ knappe Güter, ihre Bereitstellung weist Opportunitätskosten auf.

Zusammenfassend kann damit festgehalten werden: Die Theorie der öffentlichen Güter weist nach, daß es bei Geltung der individuellen Entscheidungsaxiome pareto-effiziente Ausbringungskombinationen von öffentlichen und privaten Gütern gibt. Aber sowohl die Entscheidung darüber, was in einer gegebenen Situation als öffentliches Gut betrachtet werden kann, als auch darüber, wieviel davon bereitgestellt werden soll, entzieht sich dem Marktmechanismus.

In der umweltökonomischen Literatur wird "Umwelt" oft als öffentliches Gut angesprochen. Inwieweit vor dem geschilderten Problemhorizont die Umweltproblematik im Rahmen der Theorie der öffentlichen Güter behandelt wird bzw. behandelt werden kann, soll im folgenden untersucht werden.

---

wähnt, werden allerdings die paretianischen Werturteile entsprechend spezifiziert, indem nämlich erstens durch die Einführung öffentlicher Güter das ökonomische Arrangement normativ abgegrenzt wird, woraus sich zweitens das Problem ergibt, die subjektivistische Norm mittels sozialer Wohlfahrtsfunktion im Hinblick auf die Bereitstellung öffentlicher Güter zu "entschärfen"; es sei an dieser Stelle bereits kurz darauf hingewiesen, daß die subjektivistische Norm im Falle der "Umweltqualität" als öffentlichem Gut zudem bereits auf der individuellen Ebene spezifiziert wird (bzw. werden muß), da Umweltqualität nicht nur ein öffentliches, sondern auch ein meritorisches Gut ist

[58] in der Literatur werden die Unterschiede zwischen öffentlichen Gütern und externen Effekten nur selten ausführlicher thematisiert; fast einsam auf weiter Flur: MISHAN, Ezra J., The Relationship between Joint Products, Collective Goods, and External Effects, in: Journal of Political Economy, 1969; dort wird von ihm als wesentlicher Unterschied herausgearbeitet, daß öffentliche Güter gewollt produziert werden, externe Effekte demgegenüber aber ungewollte ("unintentional") Wirkungen privater Aktivitäten darstellen (S. 343); zur Problematik der Unterscheidung zwischen öffentlichen Gütern und externen Effekten vgl. auch BOUILLON, Hardy, Freiheit, Liberalismus und Wohlfahrtstaat, Baden-Baden, 1997, S.136 f., der die MISHAN'schen Externen Effekte „spontane öffentliche Güter“ nennt, sowie die dort angegebene Literatur

[59] dies dokumentieren nicht zuletzt bereits die Titel der grundlegenden Arbeiten von SAMUELSON; die Theorie der öffentlichen Güter ist demgegenüber keine vollständige Theorie der Staatsaufgaben! Deshalb unterscheidet SAMUELSON ja auch alternative Ansätze (u.a. Verteilungsfragen und externe Ef-

2.2. Das Umweltproblem aus Sicht der Theorie der öffentlichen Güter

Wer vor dem Hintergrund der obigen Überlegungen die umweltökonomische Literatur konsultiert um zu ermitteln, inwiefern "Umwelt" als öffentliches Gut betrachtet werden kann, sieht zuerst den relativen Charakter des Begriffes „knappes Gut" verdeutlicht[60]. Trotzdem sind dabei zwei Schwierigkeiten nicht zu übersehen: einmal die mangelhafte Abgrenzung zum Problem der externen Effekte; und zum anderen die Unklarheit hinsichtlich des Abstellens auf die individuellen Präferenzen. Die erste Schwierigkeit resultiert aus der "formalen Äquivalenz" (SOHMEN) von öffentlichen Gütern und externen Effekten, d.h. aus der theoretischen Aussage, daß sowohl private als auch öffentliche Güter i.d.R. Interdependenzen der individuellen Nutzenfunktionen bedingen. Dieser Zusammenhang bewirkte bereits bei SAMUELSON selbst eine Positionskorrektur[61] und hat gerade in der umweltökonomischen Diskussion dazu geführt, daß häufig nicht mehr öffentliche und private Güter unterschieden werden, sondern von einem sog. "Öffentlichkeitsgrad" praktisch aller möglichen Güter gesprochen wird[62]. Dabei kann man feststellen, daß die häufig als Charakteristika öffentlicher Güter genannten Bedingungen der nicht gegebenen bzw. beschränkten Ausschließbarkeit (d.h. der Output eines öffentlichen Gutes kann unabhängig von einer Kostenbeteiligung genutzt werden) und auch fehlenden bzw. beschränkten Rivalität (d.h. dieselbe Outputeinheit eines öffentlichen Gutes

---

fekte); vgl. SAMUELSON, Paul A., Diagrammatic Exposition..., a.a.O., S. 545

[60]vgl. z.B. KEMPER, Manfred, Das Umweltproblem..., a.a.O., S. 3 ff., wo die Umweltqualität zunächst als "reines öffentliches Gut" bezeichnet wird (S. 3), dessen "..Marktpreis (!, J.H.).. weit unter den volkswirtschaftlichen Grenzkosten der Bereitstellung"(S. 5) liege; später weist KEMPER dann darauf hin, Umweltqualität sei "..lange Zeit ein freies, öffentliches Gut, also nicht knapp.."(S. 8) gewesen

[61]so unterscheidet SAMUELSON, Paul A., Diagrammatic Exposition..., a.a.O., S. 539, die zwei formalen Extremfälle rein privater und rein öffentlicher Güter, um diese Ansicht später so zu revidieren: "What are we left with? Two poles and a continuum in between? No. With a knife-edge pole of the private good case, and with all the rest of the world in the public good domain by virtue of involving some 'consumption externality'" (SAMUELSON, Paul A., Pure Theory of Public Expenditure and Taxation, in: MARGOLIS, J. und H. GUITTON (Hrsg.), Public Economics, London et al., 1969, S. 108); mit letzterer Aussage relativiert SAMUELSON die Bestimmtheit seiner "Theorie öffentlicher Güter"; die entscheidenden Unterschiede zwischen öffentlichen Gütern und externen Effekten, die gerade im Hinblick auf die wirtschaftspolitische Anwendung Bedeutung erlangen (und deshalb hier besonders betont werden), drohen so - nicht zuletzt aufgrund der Äußerungen von SAMUELSON selbst - in der neueren Diskussion weitgehend verloren zu gehen; SAMUELSON hat sich übrigens - soweit ich sehe - seit den 70er Jahren praktisch nicht mehr mit grundlegenden Aspekten der Theorie öffentlicher Güter befaßt; Zufall?

[62]vgl. etwa SENECA, Joseph J. und Michael K. TAUSSIG, Environmental Economics, Englewood Cliffs, 1974[2], S. 95 und für den deutschen Sprachraum BONUS, Holger, Öffentliche Güter und der Öffentlichkeitsgrad von Gütern, in: Zeitschrift für die gesamte Staatswissenschaft, 1980; CROPPER, Maureen L. und Wallace E. OATES, Environmental Economics: A Survey, in: Journal of Economic Literature, 1992, S. 678, sprechen von "pollution as a public 'bad' that results from 'waste discharges' associated with the production of private goods"; Umweltbelastungen werden also als Schäden (bzw. negative Güter) mit öffentlichem Charakter, die aus der Produktion privater Güter (als negative externe Effekte) resultieren, angesehen

kann von mehreren Individuen gleichzeitig genutzt werden und verursacht nicht zwingend Opportunitätskosten) auch auf externe Effekte zutreffen. Von da her läßt sich dann auch der externe Effekt als ein öffentliches Gut deuten bzw. die Intensität externer Effekte als Ausdruck des Öffentlichkeitsgrades eines Gutes ansehen, soweit auf die nicht gegebene oder beschränkte Ausschließbarkeit und Rivalität abgestellt wird. Einzig der Fall eines rein privaten Gutes wäre der "knife-edge-pole" mit einem "Öffentlichkeitsgrad" von Null und würde das Fehlen externer Effekte bedeuten. Reine öffentliche Güter dürften wiederum kaum existieren, weil die für den Fall rein öffentlicher Güter geltenden Bedingungen der vollständigen Nicht-Auschließbarkeit und der vollständigen Nicht-Rivalität praktisch nie gegeben sind. Analog läßt sich auch das Problem der Nicht-Offenbarung der "wahren" Präferenzen, das sog. Trittbrettfahrer- oder free-rider-Problem, sowohl auf öffentliche Güter als auch auf externe Effekte beziehen; denn unter Geltung der individuellen Entscheidungsaxiome (d.h. unter der Annahme "rational" handelnder Individuen) folgt dieses Problem genau aus den Bedingungen (vollständiger oder beschränkter) Nicht-Auschließbarkeit und Nicht-Rivalität[63]. Aufgrund dieser Überlegungen wird dann zumeist geschlossen, öffentliche Güter und externe Effekte implizierten im wesentlichen das gleiche *wirtschaftspolitische* Problem.

Wie aber bereits in den vorangegangenen Abschnitten zu zeigen versucht wurde, trifft dies aus mehreren Gründen nicht zwingend zu. Die wirtschaftspolitisch entscheidenden Merkmale öffentlicher Güter, nämlich vor allem die normative Spezifizierung eines bestimmten Wohlfahrtsbegriffes durch die Einführung einer eigenständigen Güterkategorie und die nicht streng an individuelle Präferenzen gebundene Feststellung des Bedarfes an öffentlichen Gütern selbst, gelten völlig unabhängig von den Bedingungen der Nicht-Ausschließbarkeit, der Nicht-Rivalität oder des free-riding.

Insgesamt kann man wohl sagen, daß externe Effekte nur beschränkt *konstitutive* Merkmale eines öffentlichen Gutes "Umwelt" sein können. Im Unterschied zu der Behandlung der Umwelt in der Theorie der externen Effekte ist das entscheidende Problem bei der Behandlung der Umwelt als öffentliches Gut, daß versucht wird, „Umwelt" als zusätzliche Güterkategorie überhaupt erst zu definieren bzw. Umweltpolitik im meritorischen Sinne zu gestalten.

---

[63] diese eindeutige Folgerung ist in der Literatur allerdings nicht unumstritten; so hat DEJASAY darauf hingewiesen, daß rational handelnde Individuen das Ergebnis des free riding im voraus einkalkulieren können, wobei dann das eigene Freifahrerverhalten nicht mehr unbedingt die dominante Strategie darstellen muß; unter diesen Voraussetzungen sei auch eine nicht staatlich induzierte Bereitstellung öffentlicher Güter denkbar (DEJASAY, Anthony, Social Contract..., a.a.O., S. 4 und Ders., Research Note. Taxpayers, Suckers, and Free Riders, in: Journal of Theoretical Politics, 1993, S. 123 f.; vgl dazu ausführlich und affirmierend BOUILLON, Hardy, Freiheit..., aa.O., S. 156 ff.); m. E. ist diese Position insofern verfehlt, als sie von einer Definition öffentlicher Güter unabhängig von einer theorieexternen Formulierung durch den „Staat" ausgeht; zumindest kann der Einwand deshalb nicht gegen die hier in Anlehnung an SAMUELSON abgeleitete Theorie öffentlicher Güter geltend gemacht werden

Dieser Unterschied zwischen dem Problem der öffentlichen Güter und dem der externen Effekte hat nun ganz entscheidende Konsequenzen. Auf der analytischen Ebene der Umweltökonomik führt die Perspektive der Theorie der öffentlichen Güter zu einer Betrachtung der optimalen Menge an "Umweltgütern"; diese optimale Menge an "Umwelt" (auf die genauere Bestimmung des Inhaltes ist gleich einzugehen) wird dabei aus den bereits beschriebenen Gründen vielfach in Form von irgendwelchen ökologischen constraints bestimmt und stellt nicht lediglich ein Residuum (u.U. korrigierter) privatwirtschaftlicher Kalküle dar. Auf umweltpolitischer Ebene bringt dies die Einführung eines gesamtwirtschaftlichen Umweltzieles mit sich.

Der Bezug auf die Theorie der öffentlichen Güter führt oft dazu, daß der Bedarf an dem öffentlichen Gut "Umwelt" ebenso wie sein wohlfahrtsoptimales Ausmaß zunächst irgendwie bestimmt wird, bevor dann eine allokationstheoretische Analyse durchgeführt werden kann. Dieses Definitionsproblem ist eine Konsequenz der zweiten eingangs angesprochenen Schwierigkeit.

Die Theorie der öffentlichen Güter ist nicht zuletzt eine Theorie der öffentlichen Ausgaben, eine Theorie der Güterproduktion[64]. Dies schließt nicht aus, daß die einzelnen Umweltmedien als Bestandteile der natürlichen Umwelt als öffentliche Güter aufgefaßt werden können. Wasser etwa oder Luft werden zwar nicht im Sinne der ökonomischen Theorie produziert, "sondern meist von der Natur bereitgestellt"[65], sind aber im Sinne der ökonomischen Theorie als knappe wirtschaftliche Güter zu betrachten, sobald sich für sie alternative bzw. konkurrierende Verwendungen ergeben.

Die auf der Theorie der öffentlichen Güter basierende Umweltökonomik stellt i.d.R. auf den allgemeinen Begriff "Umweltqualität" ab[66]. Wie aus dem bereits gesagten hervorgeht, muß sich diese "Umweltqualität" als öffentliches Gut allerdings nicht immer auf einen zur Produktion dieses Gutes notwendigen Ressourceneinsatz, so daß man aus der Sicht der Theorie der öffentlichen Güter auch ohne den Einsatz von Produktionsfaktoren zur Bereitstellung von "Umweltqualität" von "Umweltqualität" sprechen kann.

---

[64] was natürlich nicht heißt, daß etwa der Staat die Produktion dieser Güter selbst übernehmen muß; genau genommen muß der Staat nicht einmal unbedingt als "Auftraggeber" agieren; vielmehr können öffentliche Güter auch z.B. im neo-korporatistischen Bargaining definiert werden; allerdings handelt es sich dabei i.d.R. trotzdem um eine "staatliche Verordnung von gesellschaftlicher Selbststeuerung" (GLAGOW, Manfred, Zur Delegation staatlicher Aufgaben im Umweltschutz an Selbstverwaltungskörperschaften: Die verordnete Selbssteuerung, in: DERS.(Hrsg.), Gesellschaftssteuerung zwischen Korporatismus und Subsidiarität, Bielefeld, 1984, hier zit.: S. 118); sofern diese innerhoheitlichen Differenzierungen nicht konkreter Untersuchungsgegenstand sind, wird daher im folgenden vereinfachungshalber vom "Staat" gesprochen; dies vor allem deshalb, weil institutionelle Verfeinerungen nicht in allen der behandelten umweltökonomischen Theorien überhaupt zum Thema gemacht werden können

[65] NOWOTNY, Ewald, Wirtschaftspolitik und Umweltschutz, Freiburg, 1974, S. 65

[66] vgl. z.B. SIEBERT, Horst, Ökonomische Theorie..., a.a.O., bes. S. 63 ff.; NOWOTNY, Ewald, Wirtschaftspolitik..., a.a.O., S. 62 ff.

Aus der Theorie der öffentlichen Güter folgt weiterhin, daß die zu produzierende oder zu erhaltende bzw. zu gewährleistende Umweltqualität staatlicherseits definiert und umfangmäßig festgelegt wird. Das anzustrebende Ausmaß an Umweltqualität wird daher im Sinne einer sozialen Wohlfahrtsfunktion oft als eine Art Umweltstandard im weitesten Sinne vorzugeben. In der umweltökonomischen Literatur wird diesbezüglich auch von "Immissions-" oder "Emissionsgrenzwerten", vom "ökologischen Rahmen", von "ökologischen Eckwerten", "Nutzungsgrenzen" oder "zugelassenen Höchstemissionsmengen" gesprochen (um nur einige der häufigeren Umschreibungen zu nennen)[67]. Diese unterschiedlichen Begriffe dokumentieren allesamt die fundamentale Abhängigkeit des umweltökonomischen Zieles von nicht-ökonomischen Erwägungen. Viele Umweltökonomen betonen daher ausdrücklich, daß die nicht zu überschreitenden Belastungsgrenzen der einzelnen Umweltmedien von anderen Wissenschaften vorgegeben werden müßten. In der Regel wird dabei auf die Naturwissenschaften, die Ingenieurwissenschaften oder allgemeiner auf die Ökologie verwiesen[68].

Die Einmütigkeit, mit der diese Forderung vertreten wird, ist nun allerdings in zweifacher Weise bemerkenswert.

Zum einen wird nämlich dadurch verdeutlicht, auf welch breiter Front sich eine ganz bestimmte Auffassung von "Umweltökonomik" durchgesetzt hat[69]. Nach dieser Auffassung behandelt die

---

[67]dabei ist allerdings klar, daß die Festlegung solcher Rahmenwerte erst dann umweltökonomisch relevant wird und die Umweltqualität zu einem öffentlichen Gut macht, wenn entweder in der bestehenden Situation die definierte Belastungsgrenze bereits überschritten wurde (so daß ein Ressourceneinsatz zur Erreichung des Standards notwendig wird) oder die Standardsetzung sich auf die Zukunft bezieht (so daß Maßnahmen zur Einhaltung oder Ausführung des Standards ergriffen werden müssen)

[68]dabei wird allerdings selten deutlich, was eigentlich genau gemeint ist; vielmehr scheint gerade der Begriff "Ökologie" in erster Linie als Kürzel für alle möglichen - nicht weiter zu hinterfragenden - Einflüsse verwendet zu werden; dies ist insofern verständlich, als sich in die verfügbaren Begriffsbestimmungen von "Ökologie" alles mögliche hineininterpretieren läßt; so definiert etwa STILZ, Anita, Chancen und Risiken marktwirtschaftlicher Umweltpolitik, Freiburg, 1987, S. 11, unter Zitation des dtv-Atlas zur Biologie Ökologie "als Lehre 'von den Wechselwirkungen zwischen den Organismen und der Umwelt, wobei Umwelt als Gesamtheit aller anorganischen und organischen Lebensbedingungen verstanden wird'"; ähnlich sieht auch BUTTGEREIT, Reinhold, Ökologische und ökonomische Funktionsbedingungen..., a.a.O., S.48, die Ökologie als Teilbereich der Biologie; allerdings läßt sich kaum bestreiten, daß "Ökologie" auch eine bestimmte Wertorientierung impliziert, die aus der Erkenntnis jener "Wechselwirkungen" folgt (Stichworte: "environmental revolution", "Ökologie-Bewegung" und natürlich "Umweltproblem"); dementsprechend definiert SCHWERDTFEGER, Fritz, "Ökologie der Tiere - Synökologie", Hamburg et al., 1975, S. 391, Ökologie als "Erkenntnis, daß der Mensch ... bei allen seinen Tätigkeiten Verantwortung auch gegenüber der Natur trägt" (zitiert nach OTT, Konrad, Ökologie und Ethik, Tübingen, 1993, S. 28); wenn im folgenden daher die Worte "ökologisch" oder auch "naturwissenschaftlich" etc. gebraucht werden, ist immer die Mehrdeutigkeit, Unklarheit und Wertgeladenheit dieser Begriffe zu berücksichtigen

[69]vgl. stellvertretend für den überwiegenden Teil der Literatur SIEBERT, Horst, Ökonomische Theorie der Umwelt, a.a.O.; KEMPER, Manfred, Das Umweltproblem..., a.a.O.; BAUMOL, William J. und Warren E. OATES, The theory of environmental policy, a.a.O.; WEIMANN, Joachim, Umweltökonomik, Berlin et al., 1995[3]; NOWOTNY, Ewald, Wirtschaftspolitik..., a.a.O.; FREY, Bruno S., Umweltökonomie, Göttingen, 1985[2]; CANSIER, Dieter, Umweltökonomie, a.a.O.; WICKE, Lutz, Umweltöko-

Umweltökonomik das Umweltproblem mit ökonomischen Mitteln und aus ökonomischer Perspektive, stellt also gewissermaßen die Antwort der Ökonomen auf das Umweltproblem dar[70]. Nach dem Gesagten dürfte klar sein, daß diese Auffassung, nach welcher der Umweltökonomik ihr Gegenstand von außen vorgegeben wird, sich an die Theorie der öffentlichen Güter anlehnt[71].

Der zweite bemerkenswerte Aspekt ist die dabei verbreitete Meritorisierung des öffentlichen Gutes "Umweltqualität". Denn es folgt zwar aus der Theorie der öffentlichen Güter ohnehin, daß das wohlfahrtsoptimale Ausmaß an Umweltqualität wegen des Präferenzaggregationsproblems hoheitlicherseits festgelegt werden muß, aber die ökologische Vorgabe bewirkt i.d.R. per se bereits eine Abkehr von den individuellen Präferenzen; nur zufällig wären ein rein von den individuellen Präferenzen bestimmtes Optimum und ein aus ökologischen Erkenntnissen hergeleitetes Optimum identisch. Aus dieser Sicht der Theorie der öffentlichen Güter ist "Umweltqualität" daher ein öffentliches meritorisches Gut[72].

---

nomie, a.a.O.; daß dies nicht die einzig mögliche Auffassung ist, wird im Rahmen dieser Arbeit (hoffentlich) noch deutlich werden; im übrigen ist zudem anzumerken, daß trotz dieser vorherrschenden Meinung gerade auch die meisten der eben genannten Autoren im Verlauf ihrer Erörterungen desöfteren perspektivische Wechsel vornehmen, vor allem, indem plötzlich die völlig andere Sichtweise der Theorie der externen Effekte insbesondere für analytische Zwecke adaptiert wird

[70] dies bringt das bekannte Diktum von BAUMOL/OATES prägnant zum Ausdruck: "When the 'environmental revolution' arrived in the 1960s, economists were ready and waiting." (BAUMOL, William J. und Wallace E. OATES, The theory of environmental policy, Cambridge, 1988[2], S. 1); fast wörtlich auch bei CROPPER, Maureen L. und Wallace E. OATES, Environmental Economics..., a.a.O., S. 675; vgl. auch FREY, René L., Der Ansatz der Umweltökonomie..., a.a.O., S. 7 sowie OSTERKAMP, Rigmar und Wolfgang SCHNEIDER, Zur Umweltökonomik: Einführung und Überblick, in: MÖLLER, Hans, Rigmar OSTERKAMP und Wolfgang SCHNEIDER (Hrsg.): Umweltökonomik, Königstein/Ts., 1982, S. 5 ff.

[71] dementsprechend definiert dann auch etwa WICKE: "Unter dieser volkswirtschaftlichen Spezialdisziplin (nämlich der "Umweltökonomie", J.H.) versteht man die Wirtschaftswissenschaft, deren Aufgabe es ist, ökonomische Hilfestellung dabei zu leisten, den gesellschaftlichen Wohlstand unter Berücksichtigung der wichtigen Wohlstandskomponente "hohe Umweltqualität" zu maximieren" (WICKE, Lutz, Umweltökonomie..., a.a.O., S. 12; im Original mit Hervorhebungen); ähnlich beschäftigt sich die "Umweltökonomie" nach BUTTGEREIT mit der "'gesamtgesellschaftliche(n) Umwelt-Wohlfahrt in der Sozialen Marktwirtschaft'" (BUTTGEREIT, Reinhold, Ökologische und ökonomische Funktionsbedingungen umweltökonomischer Instrumente, Berlin, 1991, S. 35);

[72] zum Zusammenhang von öffentlichen und meritorischen Gütern vgl. Abschnitt 1.2.1.; es fällt auf, daß in der Literatur zwar allenthalben von dem öffentlichen Gut "Umweltqualität" gesprochen, der damit oft implizierte meritorische Charakter aber fast nirgendwo zur Kenntnis genommen wird; eine Ausnahme bildet die umfangreiche Abhandlung von SCHÜRMANN, Heinz Jürgen, Ökonomische Ansätze zu einer rationalen Umweltpolitik und wirtschaftspolitische Konsequenzen mit besonderer Berücksichtigung der Energiewirtschaft, Köln, Diss., 1973, S.287 ff., vgl. besonders S. 304; immerhin die Möglichkeit einer Meritorisierung in bezug auf "sehr langfristige Optionen" ("Erhaltung der Bergwälder", "'Ozonloch'", "'Treibhauseffekt'") wird von ZIMMERMANN/HENKE eingeräumt (siehe ZIMMERMANN, Horst und Klaus-Dirk HENKE, Finanzwissenschaft, München, 1994[7], S. 442); ansonsten halten sie es für "wichtig festzustellen, daß eine ausreichend saubere Umwelt von der Bevölkerung gewünscht wird, d.h. Präferenzen für Umweltgüter sind offenbar vorhanden. Es ist daher in der Regel nicht notwendig, wegen fehlender Präferenzen korrigierend einzugreifen." (ebenda, S. 441); auf den meritorischen Charakter verweist schließlich auch KEMPER, Manfred, Das Umweltproblem...,

Die Meritorisierung folgt dabei nicht zuletzt aus der Begründung des Bedarfes an "Umweltqualität" selbst. Denn wenn auch manchmal von einem "ökonomischen Umweltproblem" die Rede ist, so wird dieses trotzdem nicht endogen aus ökonomischen Überlegungen generiert, sondern vielmehr theorieextern aus ökologischen bzw. naturwissenschaftlichen Erwägungen hergeleitet.

So wird zunächst primär naturwissenschaftlich fundiert auf die unbedingte Geltung der Thermodynamik verwiesen, nach derem zweiten Hauptsatz einmal genutzte Energie irreversibel in einen Zustand höherer Entropie übergeht, also späterhin nicht mehr in vollem Umfang verfügbar gemacht werden kann[73]. Aus thermodynamischer Perspektive erscheint die Erde als ein "Raumschiff" (BOULDING)[74], die Wirtschaft nicht mehr als Kreislaufzusammenhang, sondern als "throughput economy"[75] mit immer knapper werdenden Umweltressourcen[76]. Es ist im wesentlichen diese zunehmende Knappheit, die die umweltökonomische Theorie der meritorischen öffentlichen Güter als Ausgangspunkt nimmt. Dabei ist allerdings zu beachten, daß hier von der absoluten Knappheit der Ressourcen die Rede ist, während die ökonomische Theorie lediglich relative Knappheiten (aus dem Zusammenspiel von Angebot und Nachfrage) zu erklären beansprucht[77]. Das im Rahmen der um-

---

a.a.O., S. 13, der sich dabei wiederum auf ENDRES, Alfred, Die pareto-optimale Internalisierung externer Effekte, Frankfurt/Bern, 1976, S. 185, bezieht

[73]vgl. RING, Irene, Marktwirtschaftliche Umweltpolitik..., a.a.O., S. 125 ff.; CANSIER, Dieter, Umweltökonomie..., a.a.O., S. 6 ff.; die Anwendung des bereits Mitte des 19. Jhdts. formulierten zweiten Hauptsatzes der Thermodynamik auf ökonomische Fragestellungen geht vor allem auf GEORGESCU-ROEGEN, Nicholas, The Entropy Law and the Economic Process, Cambridge, 1971, zurück

[74]vgl. BOULDING, Kenneth E., The Economics of the Coming Spaceship Earth, in: JARRET, H. (ed.), Environmental Quality in a Growing Economy, Baltimore, 1966

[75]in der (ökonomischen) Literatur fällt die gelegentliche Konfusion um die Begriffe „Raumschiff Erde“ und „throughput economy“ auf; BONUS vertritt z.B. die Meinung, daß sich die Ökonomen lange geirrt hätten, indem sie die Wirtschaft als „Einbahnstraßenwirtschaft“ aufgefaßt hätten und nun sollten sie besser mit der Vorstellung eines „Raumschiffs Erde“ arbeiten; wenn überhaupt, dann ist genau das Gegenteil der Fall; die Begriffe „throughput economy“ und „Raumschiff Erde“ jedenfalls sind lediglich Ausprägungen der beiden thermodynamischen Sätze und somit nicht als Gegensätze aufzufassen (vgl. BONUS, Holger, Umweltschutz und Wettbewerb aus ökonomischer Sicht, Vortrag beim 12. Trierer Kolloquium zum Umwelt- und Technikrecht „Uweltschutz und Wettbewerb“ am 23. September 1996, erscheint im entsprechenden Tagungsband)

[76]mit den Problemen der intertemporalen Allokation natürlicher Ressourcen ist als wissenschaftliche Disziplin die sog. Ressourcenökonomik befaßt, die nicht eigentlich Thema dieser Arbeit ist; allerdings resultieren zumindest die im Rahmen der meritorischen Interpretation der Theorie der öffentlichen Güter behandelten Umweltprobleme letztlich aus der vorausgesetzten absoluten Ressourcenknappheit

[77]es dürfte auf die Nicht-Beachtung des Unterschiedes zwischen diesen beiden Knappheitsarten zurückzuführen sein, wenn ökologische und ökonomische Knappheiten gelegentlich als analoge Probleme gesehen werden; so z.B. bei BONUS, Leistungspotentiale marktwirtschaftlicher Umweltpolitik, in: EL-SHAGI, El-Shagi, Eckhard KNAPPE und Lothar MÜLLER-HAGEDORN (Hrsg.), Umweltpolitik in der Marktwirtschaft, Pfaffenweiler, 1991, S. 13 f.); dabei liegt der Unterschied auf der Hand: ökonomische Knappheitsprobleme sind als Allokationsprobleme für eine gegebene Ressourcenausstattung definiert (Totalbedingung!), ökologische Knappheitsprobleme thematisieren die Veränderung der Ressourcenausstattung

weltökonomischen Theorie meritorischer öffentlicher Güter behandelte absolute Knappheitsproblem wird daher der ökonomischen Theorie aus ökologischen Erwägungen heraus vorgegeben.

Nun folgt aus den thermodynamischen Überlegungen, daß es ein "Umweltproblem" im Sinne einer absoluten Umweltverknappung eigentlich schon immer gab[78]. Trotzdem wird im überwiegenden Teil der Literatur davon ausgegangen, daß das "eigentliche Umweltproblem", die "Umweltkrise", erst im 20. Jahrhundert virulent wurde. Es wird dementsprechend argumentiert, daß bestimmte Faktoren die ohnehin schon bestehende absolute Knappheitsproblematik extrem verschärft haben. Diese Faktoren werden dann als die eigentlichen Ursachen des Umweltproblems angesehen.

So wird erstens darauf verwiesen, daß die "Assimilationskapazität" der Umwelt beschränkt sei und durch die mit dem Wirtschaftswachstum einher gehende fortschreitende Industrialisierung sowie die stark zunehmende Weltbevölkerung (verbunden mit einer zunehmenden Verstädterung) in den vergangenen Jahrzehnten ausgeschöpft zu werden drohe bzw. sogar schon überschritten ist[79].

Weiterhin wird häufig auf das ebenfalls seit Mitte des 20. Jahrhunderts zunehmende Umweltbewußtsein hingewiesen[80]. Dieses zunehmende Umweltbewußtsein steht in enger Beziehung zu der eben skizzierten absoluten Umweltverknappung bzw. genauer: zu den wissenschaftlichen Theorien darüber. Die Herausbildung eines Umweltproblembewußtseins größerer Bevölkerungsgruppen ist erst aufgrund der intensivierten[81] naturwissenschaftlichen Erforschung von Umweltzusammenhängen sowie deren Verbreitung durch Aufklärungskampagnen und Kommunikationsmedien möglich geworden. Das Umweltbewußtsein und die anderen genannten Ursachen des Umweltproblems bedingen sich also wechselseitig. In diesen Zusammenhang gehört auch der Hinweis auf das "Gesetz" vom abnehmenden Grenznutzen des Einkommens, welches als Erklärung dafür dient, daß gerade in den stark industrialisierten bzw. weit entwickelten "reichen" Ländern Umweltaspekte zunehmend an Bedeutung gewinnen. Denn einen Kalkül "Einkommen vs. Umweltqualität" kann es natürlich

---

[78]vgl. in diesem Sinne auch BECKERMAN, Wilfred, Economists, Scientists and Environmental Catastrophe, in: Oxford Economic Papers, 1972, besonders S. 332

[79]vgl. z.B. COMMONER, Barry, The Environmental Costs of Economic Growth, in: DORFMAN, Robert und Nancy S. DORFMAN, Economics of the Environment, New York, 1972; FREY, Bruno S., Umweltökonomie, a.a.O., S. 60 ff.; WICKE, Lutz, Umweltökonomie, a.a.O., S. 27 ff. sowie WEIMANN, Joachim, Umweltökonomik, a.a.O., besonders S. 6 ff.

[80]vgl. RING, Irene, Marktwirtschaftliche Umweltpolitik..., a.a.O., S. 19 f.;FREY, René L., Der Ansatz..., a.a.O., S. 6 f.; KAASE, Max, Die Entwicklung des Umweltbewußtseins in der Bundesrepublik Deutschland, in: WILDENMANN, Rudolf(Hrsg), Umwelt, Wirtschaft, Gesellschaft - Wege zu einem neuen Grundverständnis, Gerlingen, o.J.(vermutlich 1986), S. 289 ff.

[81]eine "intensivierte" Erforschung der genannten Umweltzusammenhänge muß nicht zu "mehr" oder gar "besserer" Erkenntnis führen; bezogen auf die Umweltproblematik siehe auch MAIER-RIGAUD, Gerhard, Interventionen in Natur oder Wirtschaft? - Zur Erkenntnislogik eines Konflikts, in: KLAWITTER, Jörg u.a. (Hrsg.), Natur und Industriegesellschaft, Berlin et al., 1990, bes. S. 30 ff.

erst dann geben, wenn ein Umweltproblem hinreichend bewußt und dementsprechend die Notwendigkeit des Gutes "Umweltqualität" erkannt worden ist[82].

Schließlich wird zuweilen ein weiterer ursächlicher Bestimmungsfaktor der Verschärfung des Umweltproblems im marktwirtschaftlichen System erblickt, welches aus sich selbst heraus keine Entgelte für Umweltnutzung - aufgrund des Charakters öffentlicher Güter der „Umweltqualität" - ergibt[83].

Insgesamt wird also aus den obigen ökologisch fundierten Ursachen nicht nur das Umweltproblem selbst, sondern auch das anzustrebende Ausmaß des öffentlichen Gutes "Umweltqualität" (meritorisch) bestimmt. Der Bedarf an "Umweltqualität" ergibt sich dementsprechend nicht aus den individuellen Präferenzen, sondern bestenfalls unter teilweisem Einbezug der individuellen Bedürfnisse[84].

Auf umweltpolitischer Ebene hat die ökologisch dominierte Theorie der öffentlichen Umweltgüter zu den miteinander verbundenen Leitbildern des "sustainable development" und der "ökologischen Marktwirtschaft" geführt, auf die später noch einmal zurückzukommen ist[85]. Im folgenden sollen dagegen die aus den obigen Überlegungen resultierenden Konsequenzen für die umweltökonomische Analyse verdeutlicht werden.

2.3. Die Ableitung von Ansatzpunkten für umweltpolitische Maßnahmen

Wie bereits ausgeführt stellt die umweltökonomische Theorie der öffentlichen Güter oft auf ein meritorisches Gut "Umweltqualität" ab, das in einer politisch festgesetzten Ausprägung zu gewährleisten ist. Das entsprechende gesamtwirtschaftliche Allokationsproblem läßt sich graphisch leicht veranschaulichen, indem in einem zweidimensionalen Diagramm der Output an privaten Gütern X auf der Abszisse und die "Umweltqualität" U auf der Ordinate abgetragen werden. Bei Vollauslastung aller Produktionsfaktoren ergibt sich dann unter Geltung des Ertragsgesetzes eine gesamtwirtschaftliche Transformationskurve, die eine negative Beziehung zwischen Umweltqualität U und

---

[82]es ist deshalb nicht zulässig, begründungslos zu konstatieren, daß "(b)ekanntlich (...) die Nachfrage nach 'postmateriellen' Gütern wie Umweltschutz mit dem Einkommen" steigt (BEDARFF, Hildegard, Thomas BERNAUER, Cord JAKOBEIT und Martin LIST, Transferzahlungen in der internationalen Umweltpolitik, in: Zeitschrift für internationale Beziehungen, 1995, S. 318)

[83]diese Position vertritt besonders BONUS, Holger, Leistungspotentiale..., a.a.O., S. 20 f.; die Auffassung, daß "die Marktwirtschaft" Hauptursache des Umweltproblems sei, wurde bereits sehr früh von KAPP vertreten; vgl. KAPP, K. William, Soziale Kosten der Marktwirtschaft, Frankfurt, 1988 (Original: KAPP, K. William, The Social Costs of Private Enterprise, Cambridge Mass., 1950)

[84]Bedürfnisse und Präferenzen dürfen nicht miteinander verwechselt werden; der Hauptunterschied ist, daß Präferenzen immer auf Wahlhandlungen bei vorliegender (individueller(!)) Budgetbeschränkung bezogen sind, während Bedürfnisse auch unabhängig von der Budgetbeschränkung gelten

privater Produktion X illustriert[86]. Das optimale Allokationsergebnis ist unter der weiteren Annahme konvexer - durch staatliche Entscheidungen festgelegter - sozialer Indifferenzkurven (die aus einer konkaven gesamtwirtschaftlichen Wohlfahrtsfunktion folgen) offensichtlich im Punkt A realisiert, in dem sich gesamtwirtschaftliche Transformations- und Substitutionsrate gerade entsprechen.

Abbildung I.1.: gesamtwirtschaftliches Optimum unter Berücksichtigung des öffentlichen meritorischen Gutes "Umweltqualität"

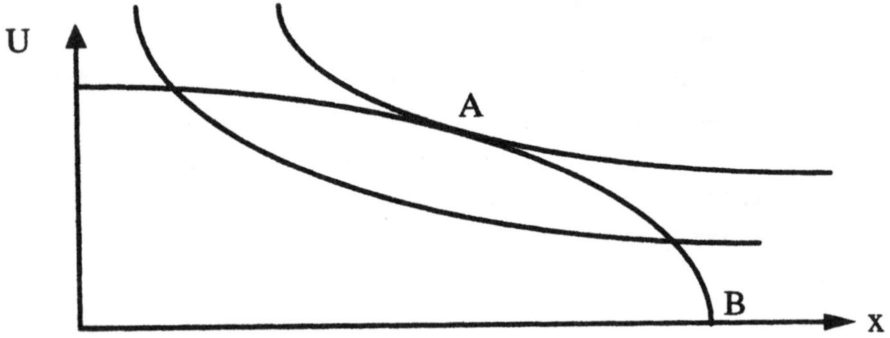

Die wohl eher schlichte Aussage dieser Darstellung ist, daß immer dann, wenn man sich nicht in Punkt A befindet, ein wirtschaftspolitisches Problem besteht; um lediglich das eigentlich umweltpolitische Problem zu illustrieren, wird üblicherweise zusätzlich angenommen, daß in der Ausgangssituation eine technisch optimale Situation, wie etwa B, realisiert ist.

Dabei repräsentiert die Situation A ein Pareto-Optimum, das nicht mit einem Pareto-Optimum zusammenfällt, welches sich unter Betrachtung lediglich der auf (Wettbewerbs-)Märkten gehandelten Güter ergäbe[87].

Die Darstellung ist unter Beachtung der genannten Aspekte deshalb zweckmäßig, weil sie das im Sinne der Theorie der öffentlichen Güter allein entscheidende Problem der Abweichung von dem (im Falle der Umweltqualität) meritorisch bestimmten Wohlfahrtsoptimum illustriert.

---

[85] vgl. Abschnitt II.3.3.

[86] die Darstellung erfolgt in Anlehnung an SIEBERT, Horst und Ernst MOHR, Die Umwelt als wirtschaftliches Gut, in: WISU, 7/1988, S. 414

[87] BAUMOL, William J., Welfare Economics and the Theory of the State, 1965^2, S 35 f., weist in diesem Zusammenhang darauf hin, daß die graphische Ableitung einer gesamtwirtschaftlichen Transformationskurve auf diese Weise problematisch sei, da - anders als im zwei-Güter-Fall - dazu u.a. die zusätzliche Annahme gemacht werden müsse, daß sämtliche Güter, die produziert werden könnten und nicht nur die tatsächlich produzierten, auch tatsächlich hergestellt werden (Produktions-“Möglichkeiten“-Kurve!); ansonsten hätte man es immer mit schwer deutbaren Randlösungen zu tun

Nun liefert die gesamtwirtschaftliche Betrachtung per se allerdings noch keinen Ansatzpunkt für irgendwelche umweltpolitischen Maßnahmen; das Gut "Umweltqualität" muß vielmehr erst in handhabbare konkrete Einzelgüter aufgespalten werden. Deshalb liegt es nahe, mit dem Großteil der Literatur partialanalytisch vorzugehen und so ein bestimmtes Umweltqualitätsgut zu betrachten. Ausgehend von der ökologischen Formulierung des Umweltproblems erscheint es sinnvoll, auf die physischen Einflußfaktoren der Umweltqualität Bezug zu nehmen und das Umwelqualitätsgut von der "negativen" Seite her zu definieren, also vom (physischen!) Umweltschaden oder der Umweltbelastung, oder noch konkreter: von der Beeinträchtigung der Umwelt durch die Emission von einzelnen "Schadensbeiträgern"[88], d.h. von der Immission. Da die Immission sich aber wiederum aus den Synergieeffekten vieler unterschiedlicher Emissionen und anderer ökologisch relevanter Komponenten (bzw. auch Emittenten) ergibt, bietet es sich an, nach Berechnung ihres jeweiligen Immissionsbeitrages (d.h. nach der Bestimmung einer sog. Diffusionsfunktion) die Emissionen als Ansatzpunkt für umweltpolitische Maßnahmen zu wählen. Die emissionsbezogene partialanalytische Betrachtung läßt sich folgendermaßen veranschaulichen:

Abbildung I.2: Partialbetrachtung bezogen auf das Gut "Umweltqualität"

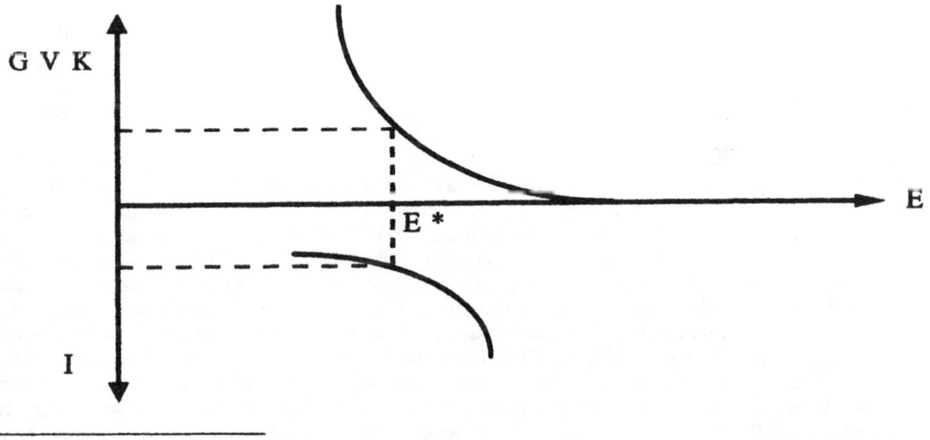

[88]häufig wird in diesem Zusammenhang von "Schadstoffen" gesprochen, wie sie etwa als Kuppelprodukte bei der Produktion privater Güter entstehen (siehe z.B. SIEBERT, Horst, Analyse der Instrumente..., a.a.O., S. 23f.:"Entscheidendes Ziel der Umweltpolitik muß die Reduzierung von Schadstoffen sein."); solche Schadstoffe decken jedoch - der Logik der Theorie der öffentlichen meritorischen Umweltgüter folgend - nur einen Teil der relevanten Emissionen (insofern „Schadstoffe" und „Emissionen" nicht als Synonyme behandelt werden) ab; dementsprechend ist der Begriff "Emission" hier weiter gefaßt als er häufig in eher technisch-naturwissenschaftlichen Abhandlungen benutzt wird, und bezieht sich auf jede Art von "Schadensausstoß"

Die obige Abbildung, die von SIEBERT in Anlehnung an den Ansatz von BAUMOL/OATES entwickelt wurde[89], zeigt im unteren Teil die Umsetzung der ökologisch-meritorischen Vorgabe über eine Diffusionsfunktion in einen konkreten anzustrebenden Emissionswert. Im oberen Quadranten können die Grenzvermeidungskosten der jeweiligen Emission abgetragen werden (GVK-Kurve). Die Vermeidungskosten umfassen dabei den bewerteten Ressourceneinsatz zur "Beseitigung, Umwandlung und Vermeidung"[90] von Emissionen inklusive der damit verbundenen Mobilitäts-, Informations- und sonstiger "Transaktionskosten".

Im Rahmen der obigen Abbildung lassen sich somit die wesentlichen Ansatzpunkte umweltpolitischer Maßnahmen im Sinne der Theorie der öffentlichen meritorischen Umweltgüter und deren privatwirtschaftliche Kosteneffizienz diskutieren. Schließlich kommt es ja nicht nur darauf an, das aus ökologischen Erwägungen vorgegebene Umweltqualitätsziel irgendwie zu erreichen, sondern im Sinne des ökonomischen Prinzips mit einem möglichst geringen Ressourceneinsatz.

Dabei ist zu beachten, daß neben den privatwirtschaftlichen Kosten der Erfüllung der umweltpolitischen Zielvorgabe auch die zusätzlichen gesamtwirtschaftlichen Kosten umweltpolitischer Strategien zu berücksichtigen sind, welche einerseits aus "Einbußen in den Erfüllungsgraden anderer Ziele wie Vollbeschäftigung, Preisniveaustabilität usw."[91] und andererseits aus den Kosten der Formulierung, Umsetzung und Kontrolle der umweltpolitischen Strategien bestehen können. Auf diese Kosten wird an anderer Stelle noch genauer einzugehen sein, da sie auch im Rahmen der noch zu diskutierenden anderen umweltökonomischen Ansätze Relevanz beanspruchen. Das gleiche trifft auch auf die dynamischen Aspekte des umweltpolitischen Instrumenteneinsatzes zu; ein Instrument, das in statischer Sicht unterlegen erscheint, kann langfristig das kostengünstigste sein, wenn etwa ein

---

[89]vgl. SIEBERT, Horst, Analyse der Instrumente..., a.a.O., S.38 sowie BAUMOL, William J. und Wallace E. OATES, The Use of Standards and Prices for Protection of the Environment, in: Swedish Journal of Economics, 1971; in beiden Arbeiten (wie überhaupt im größten Teil der Literatur) wird im Gegensatz zu der hier vertretenen Position davon ausgegangen, daß es lediglich um die von Unternehmen emittierten Schadstoffe ginge, weswegen die Unternehmen auch als Adressaten der Umweltpolitik anzusehen seien; es gibt aber - dies zeigt die Herleitung des Umweltproblems - keinen Grund, vorrangig auf die Unternehmen abzustellen; ich vermute, daß diese Einseitigkeit vor allem wiederum auf die Vermischung mit der Theorie der externen Effekte zurückzuführen ist; weiterhin wird häufig zunächst ein optimales Ausmaß an Umweltverschmutzung aus dem Vergleich von präferenzenbestimmten Nutzen und Vermeidungskosten bestimmt, bevor dann gesagt wird, der hier gezeigte Ansatz sei zwar praktikabler, da auf die Nutzenschätzung verzichtet werden kann, aber gleichzeitig sei dies natürlich nicht mehr die optimale Lösung (vgl. z.B. SIEBERT, Horst, Analyse der Instrumente, a.a.O., S. 37); diese Auffassung ist - das braucht wohl nicht mehr besonders betont zu werden - unhaltbar, da natürlich auch hier eine pareto-optimale Situation intendiert ist (worauf auch KEMPER, Manfred, Das Umweltproblem..., a.a.O., S. 15, hinweist)

[90]SIEBERT, Horst, Analyse der Instrumente..., a.a.O., S. 39; nach SIEBERT enthält die GVK-Kurve auch noch die zusätzlichen gesamtwirtschaftlichen Kosten in Form von Einbußen bei der Realisierung anderer gesamtwirtschaftlicher Ziele (ebenda)

[91]SIEBERT, Horst, Analyse der Instrumente..., a.a.O., S. 39

Strukturwandel angereizt wird, der dauerhaft die gesamtwirtschaftlichen Kosten der Umweltpolitik senkt.

Blickt man nun auf die Theorie der öffentlichen meritorischen Umweltgüter zurück, so zeigt schon ein flüchtiger Vergleich mit der umweltökonomischen Literatur, daß ein Großteil der umweltpolitischen Handlungsanweisungen aus diesem Ansatz entwickelt werden. Offenbar ist gerade auch unter Ökonomen die Meinung weit verbreitet, die Umweltökonomik habe es mit "Umweltgütern" zu tun oder sei als ökonomische Behandlung des Umweltproblems zu verstehen. Im Rahmen eines solchen Verständnisses beschränkt sich die "Marktwirtschaftlichkeit" des besprochenen Ansatzes auf die Kosteneffizienz; ein Instrument ist je marktwirtschaftlicher, je mehr es diesem Kriterium genügt. Daß allerdings die umweltökonomische Problemformulierung der Umweltqualität als öffentliches meritorisches Gut "marktwirtschaftlich" sei, wird offenbar lediglich stillschweigend vorausgesetzt.

3. Umweltwirkungen als technologische externe Effekte

3.1. Zur Theorie der externen Effekte

Im Verlauf der bisherigen Überlegungen wurde der Unterschied zwischen öffentlichen Gütern und externen Effekten im Hinblick auf wirtschaftspolitische Folgerungen oben bereits aus Sicht der Theorie der öffentlichen Güter beschrieben. Im folgenden soll diese Differenz auch von der Seite der externen Effekte her verdeutlicht werden.

Zu diesem Zweck bietet es sich an, zunächst eine Antwort auf die Frage zu finden, was externe Effekte eigentlich sind. Wer meint, diese Antwort sei ohne weiteres einem Standardwerk zum Thema oder gar einem Lehrbuch zu entnehmen, der täuscht sich allerdings gewaltig, hat doch bereits MARSHALL selbst, der den Begriff Anfang dieses Jahrhunderts aus der Taufe hob[92], der interpretatorischen Willkür den Weg geebnet[93].

---

[92] es geht hier wohlgemerkt um den theoretischen Begriff und nicht um politische Probleme, die man heute mit externen Effekten assoziiert; diese Probleme gibt es selbstverständlich nicht erst seit dem 20. Jahrhundert; vgl. beispielsweise dogmengeschichtlichen Belege bei FÜRST, Urs Christoph, Umweltökonomik..., a.a.O., S. 19

[93] vgl. CHIPMAN, J. S., A Survey of the Theory of International Trade, Part II: The Neoclassical Theory, in: Econometrica, 1965, S. 740 : „ The absence of any more elaborate formal definition in Marshall's writings is so conspicious that it must be interpreted as deliberate."; KNIGHT bekannte gar angesichts der MARSHALL'schen Externalitäten: „ I have never succeeded in picturing them in my mind" (KNIGHT, Frank H., On Decreasing Cost and Comparative Cost, in: The Quarterly Journal of Eco-

Im folgenden möchte ich versuchen, die entscheidenden Elemente eines Externalitätenbegriffs aufzuzeigen, der zwar einerseits an der für die Umweltökonomik grundlegenden Arbeit von PIGOU ansetzt, andererseits aber den wesentlichen Unterschied zu der Theorie der öffentlichen Güter und dem später zu besprechenden Ansatz nach COASE m.E. deutlicher werden läßt, als dies durch eine lediglich Übernahme der PIGOU'schen Argumentation möglich wäre.

PIGOU bestimmt zunächst einmal externe Effekte recht allgemein als Abweichungen des privaten vom sozialen Nettogrenzprodukt, wobei „(t)he marginal social net product is the total net product of physical things or objective services due to the marginal increment of resources in any given use or place, no matter to whom any part of this product may accrue“[94]. Das private Nettogrenzprodukt entspricht demgegenüber nur dem Anteil am sozialen Nettogrenzprodukt, das demjenigen zufällt, der die betreffenden Ressourcen eingesetzt hat.

Eine weitgehende Erfassung von externen Effekten ergibt die Unterscheidung zwischen marktmäßigen oder pekuniären und nicht-marktmäßigen oder technologischen externen Effekten, wie sie vor allem von SCITOVSKY vorgenommen wurde[95].

Marktmäßige externe Effekte entstehen im Prinzip immer dann, wenn sich die Totalbedingungen für ein Pareto-Optimum verändern, was in der Realität natürlich permanent der Fall ist. Diese ständige Bewegung des Pareto-optimalen Zustands einer Volkswirtschaft zieht regelmäßig Verschiebungen der relativen Preise nach sich, so daß es andauernd zu gesamtwirtschaftlichen Reallokationsprozessen kommt, da die Wirtschaftseinheiten gemäß des ihnen unterstellten Rationalverhaltens Anpassungstransaktionen vornehmen. Bei diesen Anpassungen entstehen "partielle Gewinne und Verluste in Form von positiven oder negativen marktmäßigen externen Effekten"[96]. Da genau diese zeitverzögerten Anpassungsreaktionen keine Abweichung von der Optimumsausrichtung bedingen, stellen sie keinen (direkten) Ansatzpunkt für korrigierende Maßnahmen dar, wenn nicht das ge-

---

nomics, 1925, S. 332); weitere Belege bei OCKER, Alfred, Wachstum und Wohlfahrt, a.a.O., S. 136 f.; die Feststellung hinsichtlich des Konzeptes externer Effekte, daß „full clarity has never been achieved“, ist auch der Aufhänger für den berühmten Aufsatz von SCITOVSKY, Tibor, Two concepts of external economies, in: Journal of Political Economy, 1954, S. 143ff. (hier zit.: S. 143)

[94] PIGOU, Athur C., The Economics of Welfare, 1960[4], S. 134; nach PIGOU umfassen diese Produktionsergebnisse (lediglich) "physical things or objective services"; PIGOU möchte damit "psychical consequences" ausschließen, allerdings "except when special notice to the contrary is given"; letztlich stellt aber auch PIGOU nicht lediglich auf die physisch bestimmte Menge (also etwa eine bestimmte Schadstoffkonzentration) ab, sondern auf die subjektive Bewertung dieses zugeflossenen Nettogrenzproduktes; die Bewertung kann aber durchaus auch "psychisch" mitbedingt sein; vgl. zur PIGOU'schen Definition auch KNAPPE, Eckhard, Möglichkeiten und Grenzen..., a.a.O., S. 16, sowie für eine ähnlich weite Definition EL-SHAGI, El-Shagi, Die externen Effekte und ihre Wirkung auf das Marktergebnis, in: WISU, 11/1982, S. 137

[95] vgl. SCITOVSKY, Tibor, Two Concepts of External Economies, in: Journal of Political Economy, 1954; vgl. dazu auch EL-SHAGI, El-Shagi, Die externen Effekte..., a.a.O., S. 137 ff.

[96] ebenda, S. 138

samte System lahmgelegt werden soll. Im folgenden werden marktmäßige externe Effekte daher nicht mehr weiter betrachtet.

Völlig anders verhält es sich mit den technologischen externen Effekten, die - da sie eben nicht über den Markt vermittelt sind - auch bei Vorliegen der Bedingungen für vollständige Konkurrenz eine Abweichung von der Optimumsrichtung bewirken. Die Theorie der externen Effekte als Theorie der Wirtschaftspolitik bezieht sich regelmäßig auf diese Abweichung vom erreichbaren bestmöglichen Pareto-optimalen Zustand, weshalb im folgenden auch nur die technologischen externen Effekte berücksichtigt werden.

Die Zusammensetzung eines bei funktionsfähigem Wettbewerb produzierten Güterberges ist immer dann nicht optimal, wenn (technologische) externe Effekte bestehen, die zu Kosten oder Nutzen privatwirtschaftlicher Aktivitäten bei Dritten führen, welche ohne diese Kosten- und Nutzenbestandteile gemäß ihrer Präferenzen anders disponiert hätten. Anders gesagt: bei Vorliegen externer Effekte werden nicht diejenigen Mengen privater Güter produziert, die den tatsächlichen Präferenzen der Wirtschaftssubjekte entsprechen würden. Der bei Vorliegen externer Effekte realisierte Output enstspricht somit nicht der höchsterreichbaren Wohlfahrt. Im Falle der negativen externen Effekte[97] bedeutet das z.B. zunächst, daß von den Gütern, die diese Effekte auslösen, zuviel produziert wird und von anderen Gütern, die die extern Betroffenen vermehrt nachfragen würden, wenn sie nicht die externen Kosten zu tragen hätten[98], zu wenig. Aber nicht nur von den Gütern, die externe Kosten mit sich bringen, wird zuviel produziert, sondern u.a. auch von Gütern, auf deren Märkten sich die externen Kosten bemerkbar gemacht haben. So wird etwa jemand, der seine Lebensqualität durch eine von ihm nicht zu vertretende Lärmbelästigung soweit beeinträchtigt sieht, daß er den Wohnort wechselt, u.a. vermehrt Transportleistungen nachfragen. Diese Transportkosten determinieren (zusammen mit weiteren Kosten bzw. Wohlfahrtseinbußen der Lärmbelästigung, die dieser bestimmten Person entstehen (z.B. Arztkosten)), die Höhe der externen Kosten für diesen einzelnen Betroffenen.

---

[97] um die Darstellung nicht komplizierter zu machen, als unbedingt notwendig, beziehen sich die folgenden Überlegungen hauptsächlich auf die negativen technologischen externen Effekte (also auf die externen Kosten), denn diese stellen aus umweltökonomischer Sicht das vordringliche Problem dar; mutatis mutandis lassen sich die Ausführungen jedoch auch auf positive Externalitäten beziehen

[98] an dieser Stelle ist darauf hinzuweisen, daß in der Literatur oft nicht in wünschenswert deutlicher Weise zwischen externen Effekten und externen Kosten unterschieden wird; daß diese beiden Begriffe nicht dasselbe meinen, sollte allerdings nach dem bisher gesagten klar sein: externe Effekte sind physische Wirkungen, externe Kosten dagegen die sich aus diesen Wirkungen ergebenden Wohlfahrtswirkungen, stellen also die Bewertung der externen Effekte dar; dies wird gerade bei PIGOU ganz deutlich hervorgehoben und hat die wirtschaftspolitisch bedeutsame Konsequenz, daß nicht alle externen Effekte auch einen entsprechenden Handlungsbedarf mit sich bringen; in diesem Sinne könnte man zwischen politisch relevanten und politisch irrelevanten externen Effekten unterscheiden

Akzeptiert man diese Herleitung von Art und Umfang der externen Effekte, so hat dies vor allem drei entscheidende Implikationen: Erstens ergeben sich die externen Kosten allein dann, wenn die Empfänger der negativen "physical things or objective services"[99] (ausgehend von den eigenen Präferenzen) eine Wohlfahrtsbeeinträchtigung erfahren.

Zweitens heißt das nichts anderes, als daß die externen Kosten ein und derselben negativen physischen Divergenz zwischen privatem und sozialem Nettogrenzprodukt je nach Empfänger und Reaktion unterschiedlich hoch sein können und i.d.R. auch sein werden.

Und drittens ergibt sich aus den obigen Ausführungen, daß die Theorie der externen Effekte auf ein Zurechnungsproblem abstellt. Denn nur, wenn die entstandenen externen Kosten den Verursachern[100] - und zwar im vollen Umfang - zugerechnet und die Empfänger entsprechend ebenfalls in vollem Umfang kompensiert werden, kann sich die gesamtwirtschaftlich optimale Outputzusammensetzung ergeben. Ist dies der Fall, so spricht man auch von einer vollständigen Internalisierung der externen Kosten[101].

3.2. Das Umweltproblem im Rahmen der Theorie der externen Effekte

Die oben skizzierte Theorie der externen Effekte zeigt, in welcher Weise die Auswirkungen externer Effekte in Form von externen Kosten oder Nutzen wohlfahrtstheoretisch formuliert werden können. Leider ist man nun aber aufgrund dieser modellmäßigen Herleitung noch lange nicht in der Lage, eine Anwendung auf die Realität zu bewerkstelligen.

Auch im Rahmen der Theorie externer Effekte ist - wie bereits im Falle der öffentlichen Güter - die theorieexterne Ableitung eines „Umweltproblems“ notwendig[102]. Im Gegensatz zur Theorie der öffentlichen meritorischen Umweltgüter wird jedoch zum einen die exogene Problemformulierung nicht in Form eines Gutes „Umweltqualität“ in das wohlfahrtsökonomische Modell hineingezogen, und zum anderen wird die Umweltproblematik (dadurch) auch nicht unmittelbar politisch-

[99]PIGOU, Arthur C., The Economics of Welfare, a.a.O., S. 134

[100]zur Unterscheidung von Verursachern und Empfängern im Sinne der Theorie der externen Effekte vgl. die Erörterung in Kapitel 1.3.3. sowie die Ausführungen zum Verursacherprinzip

[101]gelegentlich wird behauptet, daß zur Ermittlung der externen Kosten, die den einzelnen Wirtschaftseinheiten entstehen, diese mit den ihnen zufließenden externen Nutzen verrechnet werden könnten bzw. sogar müßten; aus den obigen Überlegungen folgt jedoch, daß ein solches Vorgehen nur dann berechtigt wäre, wenn die positiven externen Effekte demselben Produkt desselben Verursachers zugerechnet werden könnten; ist dies nicht der Fall, und dies dürfte die Regel sein, dann ergibt sich aus der Verrechnungsprozedur und der damit verbundenen Zurechnung kaum eine vollständige Internalisierung und es wird auch kaum eine (vollständige) optimumkonforme Reallokation angesteuert

[102] die mögliche ökologische Problematik wurde oben in Abschnitt 2.2. näher erläutert und wird hier nicht

moralisierend auf den Märkten wirksam. Für die umweltökonomische Theorie externer Effekte ist vielmehr relevant, daß es Emissionen gibt, die entsprechend den eigentlichen Präferenzen der handelnden Wirtschaftssubjekte zu von der gesamtwirtschaftlichen Optimumsausrichtung abweichenden Dispositionen auf den Gütermärkten führen können.

Wirkungen auf eine meritorisch definierte Umweltqualität sind *per se* für die Theorie der externen Effekte belanglos. Daher kann es auch nicht das Ziel einer auschließlich aus der Theorie externer Effekte folgenden Umweltpolitik sein, Schadstoffe zu reduzieren[103]. Oder anders ausgedrückt: die Theorie externer Effekte erhebt nicht den Anspruch, ein von privaten Präferenzen unabhängiges Umweltproblem lösen zu wollen[104]. Hier geht es lediglich um eine Politik, die wirksam gewordene externe Kosten den tatsächlichen Produzenten der externen Umwelteffekte anlastet sowie diejenigen entschädigt, bei denen die externen Kosten angefallen sind.

Die Ansatzpunkte einer solchen internalisierungsorientierten Umweltpolitik sollen im folgenden abgeleitet und näher erläutert werden.

3.3. Die Ableitung von Ansatzpunkten für umweltpolitische Maßnahmen

Um das Problem externer Effekte für die Ableitung umweltpolitischer Maßnahmen transparent zu machen, ist es analog zu der Betrachtung im Rahmen der Theorie der öffentlichen meritorischen Umweltgüter nützlich, von einer Partialbetrachtung der einzelnen betroffenen Märkte auszugehen. Zu diesem Zweck sei im folgenden ein Markt für das Gut x unter den Bedingungen vollständiger Konkurrenz betrachtet. Die Angebotskurve des betrachteten Gutes entspricht dann dem aufsteigenden Ast der Grenzkostenkurve, die Nachfragekurve sei als Grenznutzenkurve interpretiert. Bei Geltung des Ertragsgesetzes könnte sich dann (unter der weiteren vereinfachenden Annahme „begradigter" Kosten-/Nutzenverläufe) etwa folgendes Bild ergeben:

---

nochmals ausgebreitet

103 wie z.B. SIEBERT das anzunehmen scheint; vgl. oben Abschitt 2.3.

104 deshalb trifft auch der im Zusammenhang mit der hier verwendeten Theorie externer Effekte zu erwartender Vorwurf, sie definiere geradezu das Umweltproblem weg (Modellplatonismus), nicht zu; zwar kann ein Großteil der Probleme, die heute überall als Umweltprobleme bezeichnet werden, nicht im Rahmen der Theorie der externen Effekte behandelt werden, aber das deutet nicht unbedingt oder in irgendeiner Weise zwingend auf einen Mangel der Theorie in bezug auf politische Anwendungen hin; lediglich ist es eben so, daß die Theorie externer Effekte nur einen Teil möglicher Umweltprobleme erfassen kann - und will; eine Omnipotenz hinsichtlich ökologischer Fragestellungen wird - übrigens im Gegensatz zur Theorie öffentlicher Güter und dem noch zu besprechenden Ansatz nach Coase - keineswegs angestrebt; zum Zusammenhang mit dem „Modellplatonismus"-Vorwurf vgl. auch HABERMAS, Jürgen, Zur Logik der Sozialwissenschaften, in: Philosophische Rundschau, Beiheft 5, 1967, S. 54

Abb. I.3. Externe Kosten auf einem Markt bei vollständiger Konkurrenz

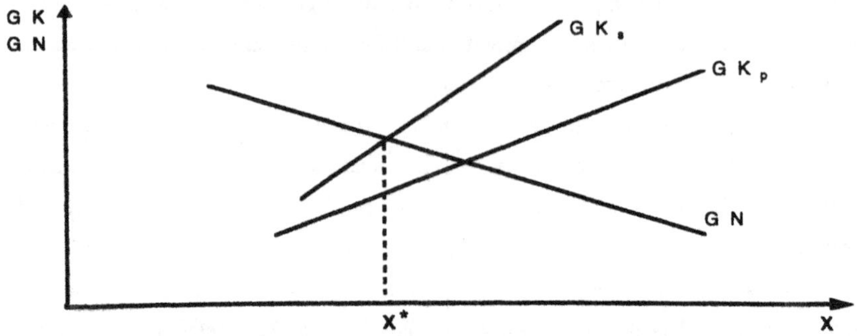

Die externen Kosten der Produktion von x wurden definitionsgemäß den privatwirtschaftlichen Kosten der Produktion Gkp zugeschlagen und ergeben mit diesen zusammen die gesamtwirtschaftlichen („sozialen") Grenzkosten der Produktion Gks des Gutes x. Dementsprechend liegt der gesamtwirtschaftlich optimale output des Gutes x bei x*.

Diese Darstellung, die genau aus der hier verwendeten Formulierung der Theorie externer Effekte folgt (und wohl jedem Leser umweltökonomischer Literatur in der einen oder anderen Variante geläufig ist), enthüllt eine eindeutige Folgerung für umweltpolitische Maßnahmen: Die externen Kosten sind den Verursachern - hier den Produzenten des Gutes x - anzulasten.

Was folgt nun aus der obigen Darstellung für mögliche Ansatzpunkte umweltpolitischer Maßnahmen?

Nun, zunächst zeigt die angegebene Problemformulierung, daß die Menge (des Gutes x) nicht als Ansatzpunkt staatlichen Handelns in Frage kommt: Es macht im Rahmen der hier vertretenen Theorie externer Effekte keinen Sinn, den Güteroutput in irgendeiner Weise zu reglementieren. Und zwar genau deswegen, weil es eben nicht auf den mit der Produktion von x (annahmegemäß) verbundenen physischen Umweltschaden ankommt, sondern nur auf die Kosten bzw. Wohlfahrtseinbußen, die Dritten daraus entstehen. Würde etwa eine Gütermenge in Höhe von x* vorgeschrieben, so blieben offenbar die bis zu x* entstandenen externen Kosten nicht-internalisiert. Es ist im Rahmen der Theorie externer Effekte theoretisch nicht einsehbar, wieso eine solche Politik verfolgt werden sollte, die bewußt auf die volle gesamtwirtschaftliche Optimumorientierung verzichtet[105],[106].

---

[105] allerdings ist hier auf das second-best-Problem hinzuweisen, wonach sich ebenso aus einer Teilinternalisierung eine Optimumkonformität, wie aus einer vollständigen Internalisierung eine (bewußte) Abwendung von einer Optimumorientierung ergeben kann; und selbstverständlich kann man für die Anwendung auf die Realität von second-best-Problemen regelmäßig ausgehen; zur Theorie des second-best vgl. grundlegend LIPSEY, Richard G. und Kelvin LANCASTER, The general theory of second

Ansatzpunkte für umweltpolitische Maßnahmen, wie sie aus der Theorie externer Effekte folgen, können daher nur die externen Kosten selbst bieten. Prinzipiell läßt sich hier zunächst denken, daß der Staat eben nicht die Menge bestimmt, sondern die Verursacher mit den bei den einzelnen, individuellen Verursachern jeweils entstandenen externen Kosten belastet[107]. Dies ist denn auch die Maßnahme, die bereits PIGOU selbst vorgeschlagen hat, und die man als Erhebung der deshalb sog. PIGOU-Steuer bezeichnet hat[108]. Und im Idealfall wären die Empfänger externer Kosten dementsprechend zu entschädigen.

Der hier vertretenen PIGOU-Lösung wird vorgeworfen, daß sie unrealistischerweise davon ausgehen müsse, daß die Produktionsfunktionen der einzelnen Unternehmungen dem Staat zu jeder Zeit bekannt seien, ebenso wie die jeweiligen externen Kosten der Schadensempfänger[109]. Die Probleme

---

best, in: Review of Economics and Statistics, 1956/57, S. 11 ff. sowie SOHMEN, Egon, Allokationstheorie..., a.a.O., bes. S. 436/37 und MISHAN, Ezra J., Second thoughts on second best, in: Ders., Economic efficiency and social welfare, London, 1981, S. 14 ff. (orig. in: Oxford Economic Papers, NS, 1962, S. 205 ff.)

106 wiederum ist an dieser Stelle anzumerken, daß man in der Literatur häufig auf die Auffassung stößt, daß die externen Kosten „links vom Optimaloutput x*" keineswegs wohlfahrtsrelevant seien; in diesem Sinne wird dann teilweise von Pareto-relevanten und Pareto-irrelevanten externen Effekten gesprochen; so behauptet etwa KEMPER: „Internalisiert werden lediglich die pareto-relevanten externen Effekte, während die pareto-irrelevanten externen Effekte auch im Optimum noch vorhanden sind" (KEMPER, Manfred, Das Umweltproblem..., a.a.O., S. 18; zu Pareto-Relevanz und -Irrelevanz vgl. generell BUCHANAN, James M. und WM. Craig STUBBLEBINE, Externality, a.a.O., S. 371 ff. sowie RANDALL, Alan, Market solutions to externality problems: theory and practice, in: Journal of Agricultural Economics, 1972, S. 175 ff.); m.E. ist die Aussage von KEMPER so nicht ganz korrekt und vermischt zudem zwei verschiedene Probleme; zum einen sind nach der Theorie externer Effekte „externe Effekte" und „externe Kosten" nicht dasselbe; in der Darstellung, die KEMPER (ebenda) gibt, werden diese verschiedenen Sachverhalte allerdings gleichgesetzt; selbstverständlich sind im Optimum noch negative Effekte vorhanden (im Sinne physischer Umweltwirkungen), aber trotzdem können die externen Kosten vollständig internalisiert sein; zum anderen kann man aber durchaus argumentieren, daß es möglicherweise sogar wohlfahrtsvermindernd sein kann, die externen Kosten vollständig zu internalisieren; dann impliziert man allerdings eine der hier vertretenen Theorie externer Effekte fremde Wohlfahrtsauffassung, wie sie dem Ansatz von COASE entspricht (und wie sie m.E. z.B. BUCHANAN/STUBBLEBINE ihren Ausführungen zugrunde legen), was wiederum bedeuten würde, daß die im Text (und auch bei KEMPER) gegebene Darstellung das Problem falsch abbildet; denn nach COASE ist die Verursacherlage nicht mehr eindeutig (aufgrund der bei ihm unterstellten Reziprozität; vgl. Abschnitt unten 4.1.)

107 es ist - um mögliche Verwechslungen zu vermeiden - nochmals zu betonen, daß sich die obige Abb. I.3 auf einen Markt bezieht, und nicht auf die Situation eines einzelnen Produzenten; für diesen wäre unter den angegebenen Bedingungen (implizit: Mengenanpasserverhalten) die Nachfragekurve sebstverständlich als Parallele zur Abszisse abzutragen; aufgrund der in der Literatur vorliegenden Fülle differenzierter Abhandlungen meine ich die Details hier nicht mehr abarbeiten zu müssen (da und insoweit sie für die hier vertretene Argumentation nicht gravierend sind); verwiesen sei exemplarisch auf ENDRES, Alfred, Umweltökonomie, a.a.O., S. 90 ff. sowie EL-SHAGI, El-Shagi, Die externen Effekte..., a.a.O.

108 vgl. zur PIGOU-Steuer PIGOU, Athur Cecil, The economics of welfare, a.a.O., S. 192 ff.

109 vgl. stellvertretend für viele Arbeiten ENDRES, Alfred, Umweltökonomie, a.a.O., S. 95, wo es weiter heißt: „Diese hohen Anforderungen an den Informationsgrad der steuersetzenden Stelle sind ein wesentliches Hindernis für die praktische Verwirklichung des Konzepts der Pigou-Steuer."; ich meine,

der Operationalisierung und Durchsetzbarkeit wurden jedoch bereits von PIGOU selbst erkannt, was zu der Annahme berechtigt, daß er ebenso von der Notwendigkeit von Näherungslösungen ausgegangen ist[110].

So kann man über die PIGOU-Steuer sagen, daß sie zwar einige nicht unerhebliche Umsetzungschwierigkeiten impliziert, aber andererseits doch die korrekte Richtung einer Problemlösung anzeigt[111].

Neben der PIGOU-Steuer wird manchmal auch eine Subvention im Rahmen des oben betrachteten Modells in Betracht gezogen, etwa in dem Sinne, daß der Staat über die Belastung der Allgemeinheit die Enstehung externer Effekte beim verursachenden Produzenten verhindert. Demgemäß wären die in Abb. I.3 betrachteten externen Kosten im Sinne von Produktionskosten für Schadensverhütungstechnologie zu interpretieren. Aus der bisherigen Erörterung dürfte aber bereits erhellen, daß Subventionen keine Lösung im Sinne der Theorie externer Effekte sein können. Dies folgt

---

daß hier viel zu schnell von der abstrakten Problemformulierung auf den umweltpolitischen Lösungsvorschlag geschlossen wird

[110] bei PIGOU heißt es in diesem Zusammenang: „Wenn egoistisches Privatinteresse frei handelnd und nur den gewöhnlichen Rechtsformalitäten unterworfen, vom allgemeinen sozialen Gesichtspunkt gesehen, nicht zu den besten Ergebnissen führte, so liegt prima facie, wie ich dargelegt habe, ein Anlaß für staatliches Eingreifen vor. Aber das führt uns nur wenig weiter. Um entscheiden zu können, ob ein Eingreifen des Staates im Einzelfall wünschenswert ist, genügt es nicht allein, daß sich dieses Eingreifen an sich nach Art und Ausmaß soweit vorher bestimmen läßt, daß man von seiner Durchführung eine wirksame Förderung des Allgemeinwohles erwarten darf. Man muß sich auch fragen, inwieweit in dem bestimmten Lande und zu der bestimmten Zeit, um die es sich handelt, die Regierung fähig sein wird, Art und Ausmaß ihres Eingreifens richtig zu wählen, sowie ihre Maßnahmen tatkräftig durchzuführen." (PIGOU, Arthur Cecil, Wirtschaftliche Betätigung des Staates..., a.a.O., S. 87); vermutlich ist auch folgende bei HAYEK zitierte Stelle in diesem eher gemäßigten Sinne zu verstehen: „It must be confessed, however, that we seldom know enough to decide in what fields and to what extent the State, on account of (the gaps between private and public costs) could usefully interfere with individual freedom of choice." (PIGOU, Arthur Cecil, Some Aspects of the Welfare State, in: Diogenes, 1954, S. 6; zitiert nach HAYEK, Friedrich August von, Die Verfassung der Freiheit, Tübingen, 1971, S. 289 (FN 6); HAYEK verwendet das Zitat allerdings zur Untermauerung seiner Ablehnung der Allokationstheorie); es sei angemerkt, daß die Transformation des PIGOU'schen Ansatzes in die Theorie der öffentlichen meritorischen Umweltgüter (und in den noch zu besprechenden Ansatz nach COASE) offenbar bei PIGOU selbst schon angelegt ist

[111] in diesem Zusammenhang ist nochmals auf die second-best-Theorie zu verweisen; so wird häufig und auch formal durchaus schlüssig argumentiert, daß z.B. bei Vorliegen eines monopolisierten Marktes, auf welchem die externen Effekte produziert werden, der Güteroutput ohnehin schon niedriger sei als unter den Bedingungen vollständiger Konkurrenz bzw. funktionsfähigen Wettbewerbs; daher müsse auch die PIGOU-Steuer zur Erzielung des Pareto-optimalen outputs entsprechend geringer ausfallen (vgl. dazu EBERT, Udo, Pigouvian tax and market structure: the case of oligopoly and different abatement technologies, in: Finanzarchiv, 1992, S... sowie BARNETT, Andy H., The pigouvian tax rule under monopoly, in: American Economic Review, 1980, S. 1037 ff. und LEE, Dwight R., Efficiency of pollution taxation and market structure, in: Journal of Environmental Economics and Management, 1975, S. 69 ff.); ungeachtet der Tatsache, daß der output auf monopolisierten Märkten nicht zwingend unter dem output von Wettbewerbsmärkten liegen muß („contestable markets"), ist zu bemerken, daß im Sinne der hier vertretenen Problemformulierung ein Teilverzicht auf die Internalisierung externer Kosten kaum zu rechtfertigen ist (vgl. oben); gegebenenfalls würde die Politikempfehlung aus Sicht

schlicht daraus, daß im Rahmen einer Subventionslösung ja die Steuerzahler[112] für eine Verbesserung (bzw. Nicht-Verschlechterung) der Umweltsituation zur Kasse gebeten werden, und dies eben ein extern zu fällendes Werturteil über die „Umweltqualiät" mit einem massiven Eingriff in die privaten Präferenzen erfordert, was mit der Theorie externer Effekte so nicht vereinbar ist (vgl. Abschnitt 3.2). Mit einer Subventionslösung befindet man sich wiederum mehr oder weniger im Argumentationsrahmen der Theorie öffentlicher Güter[113].

Abschließend kann wohl gesagt werden, daß als politischer Lösungsweg im Rahmen der Theorie externer Effekte eine Art PIGOU-Steuer gewählt werden sollte. Es sei aber bereits an dieser Stelle darauf hingewiesen, daß sich trotz der unterschiedlichen wirtschafts- und umweltpolitischen Folgerungen der Theorien öffentlicher Güter und externer Effekte in praxi durchaus vergleichbare instrumentelle Empfehlungen ergeben. Die diesbezügliche Problematik ergibt sich im Zuge der anwendungsbezogenen Umsetzungserfordernisse der Theorie externer Effekte und wird im zweiten Teil der vorliegenden Arbeit (vgl. besonders Abschnitt II.1.7) erörtert.

4. Reziproke Umwelteffekte in Anlehnung an COASE

4.1. Zum theoretischen Ansatz von COASE

Es wurde bereits darauf hingewiesen, daß ein Großteil der umweltökonomischen Literatur die Theorie externer Effekte (im Sinne von PIGOU) als grundsätzlich vereinbar mit der COASE'schen Interpretation versteht, und sich höchstens bereit findet, im COASE'schen und PIGOU'schen Ansatz unterschiedliche Lösungswege ein- und desselben Problems externer Effekte zu sehen[114]. Diese

---

der Theorie externer Effekte daher lauten, beide „Störungen" jeweils einzeln anzugehen

[112] je nachdem, ob alle Steuerzahler oder nur die von der Verhinderung des Umweltschadens Profitierenden belastet werden, spricht man von „Gemeinlastprinzip" oder „Nutznießerprinzip" (vgl. dazu die Diskussion in Teil II); jedenfalls steht die Subventionslösung im Konflikt mit dem in der Theorie externer Effekte allein definierten Verursacherprinzip (vgl. dazu MICHAELIS, Peter, Ökonomische Instrumente in der Umweltpolitik, Heidelberg, 1996, S. 30/31 und FÜRST, Urs Christoph, Umweltökonomik und deutsche Umweltpolitik, a.a.O., S. 90 ff.)

[113] vg. auch hier die Instrumentendiskussion in Teil II; FÜRST, Urs Christoph, Umweltökonomik und deutsche Umweltpolitik, a.a.O., S. 42 f. und S. 91, hält die Subventionslösung auch mit dem COASEschen Ansatz für kompatibel und folgert dies aus dem Reziprozitätsgedanken; dem kann m.E. insoweit zugestimmt werden, als man (im Gegensatz zum Text) die Verhandlungslösung im Sinne des Erlaubnisrechts als Subvention umweltschädigender Aktivitäten interpretiert (vgl. ebenda, S. 90)

[114] vgl. dazu die in Kapitel I.1. genannte Literatur; in diesem Sinne konstatiert WEIMANN in einer neueren Arbeit: „Die Geschichte der Theorie externer Effekte ist im wesentlichen die Geschichte der Pigou-Coase-Kontroverse", wobei er ausschließlich auf die Politikimplikationen der beiden Lösungen abstellt (in etwa nach dem Muster: PIGOU-Lösung=Interventionismus, COASE-Lösung=anti-

(m.E. irrige) Ansicht ist insofern nicht besonders erstaunlich, als man auch der in diesem Zusammenhang wichtigsten Arbeit von COASE, „The Problem of Social Cost“[115], die Behauptung einer grundsätzlichen Kompatibilität beider Ansätze entnehmen kann[116]. Interpretiert man COASE in diesem Sinne, dann rückt das sog. COASE-Theorem in den Vordergrund der Analyse. Im folgenden soll demgegenüber aufgezeigt werden, daß das COASE-Theorem keineswegs den Kern des COASE'schen Ansatzes ausmacht, sondern vielmehr „janusköpfig“ einerseits zwar auf den PIGOU'schen Ansatz abzielt, andererseits aber nur den Aufhänger für den „eigentlichen“ Ansatz von COASE selbst abgibt. Anders formuliert: mit Hilfe des sog. COASE-Theorems versucht COASE zum einen in „negativer“ Hinsicht die PIGOU-Lösung zu destruieren, und zum anderen in „positiver“ Hinsicht die wesentlichen Elemente der von ihm selbst vertretenen Position zu verdeutlichen[117]. Es bietet sich im folgenden an - in Anlehnung an den Argumentationsgang bei COASE

Interventionismus; vgl. WEIMANN, Joachim, Umweltökonomik, in: HAGEN, Jürgen von, Axel BÖRSCH-SUPAN und Paul J. J. Welfens (Hrsg.), Springers Handbuch der Volkswirtschaftslehre, a.a.O., hier zit.: S. 311); anzumerken bleibt, daß einem derartig vereinfachten „‘pigeon-holing’“ von PIGOU und COASE vielleicht nicht ganz zu Unrecht vorgeworfen werden kann „at odds with the ideas that emerge from a close reading of their works“ zu sein (KLINK, Federico Aguilera, Pigou and Coase reconsidered, in: Land Economics, 1994, S. 386); allerdings bezieht sich auch KLINK lediglich auf umweltpolitische Implikationen, und nicht auf deren theoretische Grundlagen; innerhalb dieses Verständnishorizontes weist er anhand der Originalarbeiten von PIGOU und COASE nach, daß sie sich in ihren politischen Implikationen eigentlich recht nahe kommen; ähnlich fallen nach Meinung von FEESS (der ebenfalls keine grundlegenden Theorieunterschiede isoliert) PIGOU- und COASE-Lösung sogar zusammen, wenn man den Staat als transaktionskostengünstigste Institution ausweisen kann: „Man muß daher keinen Gegensatz zwischen dem Coase-Theorem und der Pigou-Steuer konstruieren, sondern kann sich ohne weiteres bei hohen Transaktionskosten für Abgaben oder Zertifikate und bei niedrigen für Verhandlungslösungen aussprechen. Beides sind daher komplementäre Konzepte zur Internalisierung externer Effekte.“ (FEESS, Eberhard, Umweltökonomie und Umweltpolitik, München, 1995, S. 113); daß und warum ich weder WEIMANNN noch FEESS oder KLINK zustimmen kann, wird im folgenden noch deutlich herauszuarbeiten sein

[115] siehe COASE, Ronald H., The Problem of Social Cost, in: The Journal of Law and Economics, 1960, S. 1 ff.; bei Zitationen wird zwecks leichterer Lesbarkeit im folgenden die deutsche Übersetzung von KIRCHNER herangezogen: COASE, Ronald H., Das Problem der sozialen Kosten, in: ASSMANN, Heinz-Dieter, Christian KIRCHNER und Erich SCHANZE, Ökonomische Analyse des Rechts, Tübingen, 1993, S. 129 ff.

[116] so gelangt COASE zu der Schlußfolgerung, „daß PIGOU seine Position nicht bis zum Ende durchgedacht hat“ und findet es „sonderbar, daß eine Lehrmeinung, die so fehlerhaft wie die von Pigou entwickelte ist, solch großen Einfluß gehabt haben sollte“; COASE selbst „möchte die Unzulänglichkeit dieser Pigouschen Tradition aufzeigen, indem ich demonstriere, daß sowohl die Analyse als auch die daraus gezogenen Folgerungen für die Wirtschaftspolitik unzutreffend sind.“ (COASE, Ronald H., Das Problem..., a.a.O., S. 176 f.); m.E. läßt sich die von COASE konstatierte „Sonderbarkeit“ schlicht darauf zurückführen, daß sein Ansatz und der von PIGOU eben unterschiedliche Theorien darstellen (wie oben im Text noch näher auszuführen ist)

[117] die Diskussion der COASEschen Position ist deshalb etwas „knifflig“, weil COASE seine in der vorigen FN (1960) geäußerte Ansicht späterhin im oben vertretenen Sinne geändert hat und seinen damaligen Ansatz mittlerweile recht deutlich mit dem PIGOU'schen Ansatz kontrastiert, dies aber in dem Großteil der umweltökonomischen Literatur nicht zum Ausdruck kommt; dabei macht COASE aus der Revision seiner Ansicht keinerlei Geheimnis: „It is my view that the approach used in that article (d.i. „the problem of Social Cost“, J.H.) will ultimately transform the structure of microeconomics... I

selbst -, zunächst kurz das (in der umweltökonomischen Literatur vor allem herausgestellte) „COASE-Theorem" näher zu untersuchen.

COASE behauptet in seiner oben genannten Arbeit: „Es ist immer möglich, durch Markttransaktionen die anfängliche rechtliche Festlegung von Rechtspositionen abzuändern. Natürlich, falls solche Transaktionen kostenlos sind, werden solche Änderungen immer dann vorgenommen, wenn dies zu einer Produktionswertsteigerung führt."[118] „Notwendig ist die Kenntnis darüber, ob die schadensstiftende Tätigkeit zur Haftung führt oder nicht, weil es ohne eine Festlegung dieser Rechtspositionen im Ausgangspunkt keine Markttransaktionen zur Übertragung oder Umgruppierung dieser Rechte geben kann. Aber das Endergebnis (das den Wert der Produktion maximiert) ist unabhängig von der rechtlichen Gestaltung, solange das Preissystem ohne Kosten arbeitet."[119] „(B)eide Alternativen würden zum selben Ergebnis führen und den Produktionswert maximieren."[120] Diese Behauptungen sind in die umweltökonomische Literatur etwa folgendermaßen eingegangen: „R. Coase (hat) in seinem berühmten Aufsatz (1960) die Ansicht vertreten, daß die Fehlallokation nach einer ordnungspolitischen Grundsatzentscheidung des Staates durch unmittelbare Interaktion zwischen den Betroffenen beseitigt werden könne."[121] Dieses sog. COASE-Theorem[122] enthält wiederum, wie

---

should add that in writing this article I had no such general aim in mind. I thought that I was exposing the weakness of Pigou's analysis of the divergence between private and social products, an analysis generally accepted by economists, and that was all. It was only later, and in part as a result of conversations with Steven Cheung in the 1960's that I came to see the general significance for economic theory of what I had written in that article and also to see more clearly what questions needed to be further investigated." (COASE, Ronald H., The Institutional Structure of Production, in: The American Economic Review, 1992, S. 717); trotzdem scheint mir, daß COASE zwar seine „Transformation" der PIGOU'schen Position registriert, andererseits aber dennoch an der von ihm 1960 konstatierten generellen Fehlerhaftigkeit der PIGOU'schen Ansicht festhält; der Schluß auf diese Fehlerhaftigkeit ist jedoch unter diesen veränderten Voraussetzungen so nicht mehr gerechtfertigt; vielmehr erscheint PIGOU's Position nur aus Sicht der COASE'schen Position fehlerhaft, eine generelle Fehlerhaftigkeit läßt sich aus den COASE'schen Äußerungen nicht mehr ableiten; es ist daher an dieser Stelle zu betonen, daß in dieser Arbeit eine Theorie „nach" oder auch „im Sinne von" Coase abgeleitet wird, nicht die Theorie „von" COASE schlechthin

118 COASE, Ronald H., Das Problem..., a.a.O., S. 148

119 ebenda, S. 139

120 ebenda, S. 137

121 ENDRES, Alfred, Umweltökonomie, a.a.O., S. 33

122 der Begriff „Coase-Theorem" wurde offenbar erstmals von STIGLER benutzt, vgl. STIGLER, George J., The theory of price, New York, 1966³, S. 110 ff.; siehe auch COASE, Ronald H., The institutional structure..., a.a.O., S. 717; anzumerken ist, daß eine Verhandlungsthese auch - ohne jeden Bezug zu COASE, aber wohl später - von HEINEMANN entwickelt wurde (vgl. HEINEMANN, Klaus, Externe Effekte, paretianisches Optimum und Wirtschaftspolitik, in: Zeitschrift für Nationalökonomie, 1970, S. 483 ff.; HEINEMANN bezieht sich dabei auf eine eigene Arbeit, die 1966 erschienen ist); die offenbar weitgehend in Vergessenheit geratene Arbeit von HEINEMANN ist m.E. deshalb erwähnenswert, weil sie sehr viel ausgefeilter als die (ursprünlichen) COASE'schen Überlegungen ist und darüber hinaus bereits die prinzipielle Differenz zur Theorie der externen Effekte im Sinne von PIGOU hervorhebt

den obigen Aussagen von COASE unschwer zu entnehmen[123] ist, zwei verschiedene Elemente: nämlich erstens, daß unabhängig von der Rechteverteilung in der Ausgangssituation ein Pareto-Optimum durch „Markttransaktionen“ erreicht wird (sog. Effizienzthese); und zweitens, daß unabhängig von der Rechteverteilung dasselbe Optimum realisiert wird (sog. Invarianzthese)[124]. Diese Thesen gelten allerdings (nach COASE) nur unter den Voraussetzungen eines kostenlosen und funktionierenden Preismechanismus (also bei Abwesenheit sämtlicher Transaktionskosten) und wenn externe Effekte reziproker Natur sind. Die Reziprozitätsannahme stellt darauf ab, daß , „(w)ollte man den Schaden vermeiden, der dem B zugefügt wird, ...dies A belasten (würde)...Das Problem besteht darin, den jeweils schwerwiegenderen Schaden zu vermeiden.“[125]

Vor diesem Hintergrund lassen sich vor allem zwei Fragen formulieren. Die erste lautet: Ist das COASE-Theorem in der formulierten Version gültig, und kann dementsprechend COASE seinen selbst gestellten Anspruch begründen, die PIGOU-Lösung als falsch zu erweisen?

Es ist genau diese Frage, die die umweltökonomische Diskussion an die drei Jahrzehnte in nicht zu vernachlässigendem Umfang beschäftigt hat[126]. Dabei ist es in der umweltökonomischen Literatur mittlerweile weitgehend unbestritten, daß die COASE'sche Invarianzthese nicht aufrechterhalten werden kann. Denn die beiden unterschiedlichen Rechtspositionen („Haftungsreglung“ oder „Verbotsrecht“ und „Nicht-Haftungsregelung“ oder „Erlaubnisrecht“) implizieren jeweils unterschiedliche Ausgangsverteilungen, die zwangsläufig eine unterschiedliche Gewichtung der externen Kosten verursachen und somit auch unterschiedliche Optimalsituationen bedingen[127].

---

[123] das „unschwer zu entnehmen“ bezieht sich dabei allerdings auch nur auf die obige Zitatenzusammenstellung, und gilt nicht etwa für den gesamten hier betrachteten Artikel von COASE, der m.E. nicht eben leicht zu entschlüsseln ist; vgl. dazu auch unten FN 167

[124] vgl. dazu wiederum ENDRES, Alfred, Die Coase-Kontroverse, in: Zeitschrift für die gesamte Staatswissenschaft, 1977, S. 637 ff. (hier besonders S. 639)

[125] COASE, Ronald H., Das Problem...,a.a.O., S. 132 (im Original mit zwei Druckfehlern); mit anderen Worten: „Läßt man Emissionen zu, gibt es Benachteiligte, und läßt man sie nicht zu, gibt es ebenfalls Betroffene“ (CANSIER, Dieter, Umweltökonomie, a.a.O., S. 36); mit der Reziprozitätsannahme stellt COASE also die These in Frage, daß in einer Marktwirtschaft jeder die Kosten seines Handelns zu verantworten habe: „Die selbstverständliche Vorstellung, man müsse ausgerechnet den physischen Verursacher mit Auflagen, Steuern oder Zertifikaten belasten, erweist sich bei COASE als normative Setzung ohne begründbaren, ökonomischen Gehalt“ (FEESS, Eberhard, Umweltökonomie..., a.a.O., S. 102; vgl. auch ebenda, S. 142 ff.); in der Literatur wird unter Reziprozität manchmal auch die gegenseitige Beeinflussung durch physische Externalitäten verstanden, reziproke externe Effekte werden dann als Gegenstück zur einseitigen Beeinflussung etwa im „Oberlieger-Unterlieger-Fall“ verstanden (vgl. z.B. BUCK, Wolfgang, Lenkungsstrategien für die optimale Allokation von Umweltgütern, Frankfurt a.M. u.a., 1983, S. 69); das enspricht jedoch nicht dem Reziprozitätsbegriff von COASE

[126] dies betonen auch ENDRES, Alfred, Umweltökonomie, a.a.O., S. 39 sowie EL-SHAGI, El-Shagi, Verhandlungsthese und die Notwendigkeit aktiver Umweltpolitik, in: List Forum, 1985/86, S. 118; vgl. auch COOTER, Robert D., Artikel: Coase Theorem, in: EATWELL, J. et al. (eds.), The New Palgrave: A dictionary of economics, London, 1987; S. 457

[127] vgl. EL-SHAGI, El-Shagi, Verhandlungsthese..., a.a.O., S. 120 (unter Berufung auf MISHAN, Ezra J.,

Kann die Invarianzthese wohl bereits deswegen als eindeutig widerlegt gelten, so ergibt ein Blick in die Literatur bezüglich der Effizienzthese ein etwas anderes Bild. Zwar wird auch diese durch einige praktisch allgemein akzeptierte Gründe relativiert, nämlich vor allem dadurch, daß für jeden einzelnen Geschädigten im Falle des Erlaubnisrechts die free-rider-Problematik aktuell wird, wodurch es systematisch zu einer Unterbewertung der externen Effekte kommen dürfte, sobald eine praktische Umsetzung der Verhandlungslösung angestrebt wird[128]. Immerhin - geht man (wie COASE in seinen Beispielfällen) nur von zwei sich gegenüberstehenden Personen bzw. gut organisierten Gruppen aus[129], dann ergibt das genannte Argument noch keine Widerlegung der Effizienzthese; wenn auch nur in sehr wenigen praxisrelevanten Fällen wird die Verhandlungslösung daher von einigen Autoren immer noch als möglich angesehen[130]. Allerdings scheitert letztlich auch diese stark eingeschrumpfte Verhandlungsthese aus zumindest einem Grund: externe Kosten können durch Verhandlungen nicht vollständig internalisiert werden, so daß *im Sinne der PIGOU'schen Theorie* externer Effekte auch bei Auschöpfung sämtlicher Verhandlungsgewinne eine verzerrte Faktorallokation bestehen bleibt; definitionsgemäß sind nämlich *im Sinne der Verhandlungsthese* nur die externen Kosten „rechts vom gesamtwirtschaftlich optimalen output x*" (vgl. Abb. I.4.) Verhandlungsgegenstand[131].

Cost-Benefit-Analysis, London 1975[2], Kap. 20 und 21), sowie Ders., Die externen Effekte..., a.a.O., S. 143, und ENDRES, Alfred, Umweltökonomie, a.a.O., S. 41 ff.

[128] vgl. EL-SHAGI, El-Shagi, Die externen Effekte..., a.a.O., S. 143

[129] womit man allerdings free-rider-Probleme wegdefiniert

[130] ENDRES, Alfred, Umweltökonomie, a.a.O., S. 49, FN 18, weist in diesem Zusammenhang auf die mögliche Bedeutung der Verhandlungsthese für die Behandlung internationaler Umweltprobleme hin, wobei sich seiner Meinung nach „ die Zahl der Beteiligten reduziert, wenn die Vielzahl der Betroffenen durch zwei (oder wenige) Staaten repräsentiert werden, die ein internationales Umweltabkommen aushandeln."

[131] und genau in diesem Sinne läßt sich dann auch von Pareto-relevanten und Pareto-irrelevanten externen Effekten sprechen; wie oben bereits mehrfach angedeutet, geht diese Unterscheidung auf BUCHANAN, James M. und Wm. Craig STUBBLEBINE, Externality, a.a.O., zurück; m.E. ergibt diese Differenzierung immer dann einen Sinn, wenn man von den COASE'schen Annahmen ausgeht; in der Literatur findet man zuweilen eine mißverständliche Verwendung dieser Unterscheidung, wenn etwa FÜRST bezüglich des COASE'schen Verhandlungsergebnisses behauptet: „Bestand haben nur PARETO-irrelevante externe Effekte - deren Beseitigung auch PIGOU-Steuern nicht anstreben"(FÜRST, Urs Christoph, Umweltökonomik und deutsche Umweltpolitik, a.a.O., S. 43); die dabei unterstellte Äquivalenz von COASE'schem und PIGOU'schem Gedankengut ist unzulässig; so strebt die PIGOU-Steuer eine vollständige Internalisierung der externen *Kosten* an (wobei allerdings bei Realisierung der Optimalsituation i.d.R. ein gewisses Ausmaß an externen *Effekten* bestehen bleibt), wogegen nach dem COASE-Theorem die externen Effekte nicht vollständig internalisiert werden, sondern nur soweit, wie es sich für die Beteiligten „lohnt"; vergleicht man diese Aussagen mit der Abb. I.4., dann könnte es zunächst zur Verwirrung beitragen, daß auf beiden Wegen (also nach PIGOU ebenso wie nach COASE) derselbe Optimaloutput x* realisierbar ist; das gilt aber nur für den dort betrachteten Marktoutput und nicht etwa für das gesamtwirtschaftliche Produktionsergebnis; vielmehr liegt es auf der Hand, daß (wegen der aus PIGOU'scher Sicht bei optimaler Ausschöpfung der Verhandlungsgewinne verbleibenden Allokationsverzerrungen) unterschiedliche gesamtwirt-

Insgesamt[132] dürfte damit wohl klar sein, daß das COASE-Theorem aus Sicht der PIGOU'schen Theorie der externen Effekte (auf die es COASE ja selbst bezogen hat) i.d.R. nicht gültig ist und dementsprechend auch die PIGOU-Steuer keineswegs grundsätzlich in Frage stellen kann. Anders gesagt: wenn PIGOU und COASE in ihren grundsätzlichen theoretischen Annahmen übereinstimmen, selbst dann stellt das COASE-Theorem keine ernstzunehmende Alternative zur PIGOU-Steuer dar.

---

schaftliche Ergebnisse als „soziale" Optima ausgewiesen werden; das genannte Mißverständnis findet sich auch bei KEMPER, Manfred, Das Umweltproblem..., a.a.O., S. 18 f., sowie letztlich bei allen Autoren, die eine grundsätzliche Vereinbarkeit von COASE'scher und PIGOU'scher Theorie annehmen, und eben Verhandlungsthese und PIGOU-Steuer lediglich als verschiedene Lösungswege anerkennen (und dies dürfte die Mehrzahl der Umweltökonomen sein; hier seien stellvertretend noch genannt: ENDRES, Alfred, Umweltökonomie, aa.O.; FEESS, Eberhard, Umweltökonomie..., a.a.O.; SIEBERT, Horst und Ernst MOHR, Die Umwelt..., a.a.O.; WEIMANN, Joachim, Umweltökonomik, a.a.O.; für die englischsprachige Literatur gilt prinzipiell das gleiche, obwohl dort - anders als in der deutschsprachigen Literatur - i.d.R. in allen neueren Arbeiten bereits von der COASE'schen Basis als der im wesentlichen gültigen her argumentiert wird; vgl. dazu die Arbeiten verschiedener Autoren in: OATES, Wallace E. (ed.), The economics of the environment, Cambridge, 1992); eine Ausnahme bilden MISHAN, Ezra J., Die Nachkriegsliteratur über externe Effekte: Versuch einer Deutung, in: MÖLLER, Hans, Rigmar OSTERKAMP und Wolfgang SCHNEIDER, Umweltökonomik, a.a.O., S. 135 ff. (engl. Original in: Journal of Economic Literature, 1971, S. 1 ff.), in diesem Zusammenhang siehe besonders S. 164, sowie HEINEMANN, Klaus, Externe Effekte..., a.a.O., hier besonders S. 488

[132] in der Literatur finden sich noch weitere Argumente zur Widerlegung des COASE-Theorems, die hier jedoch nicht erschöpfend behandelt werden müssen; vgl. vor allem EL-SHAGI, El-Shagi, Verhandlungsthese..., a.a.O.; eine Widerlegung der Ansicht, daß das COASE-Theorem zumindest in langfristiger Perspektive gültig sei, findet sich bei ENDRES, Alfred, Das Coase-Theorem bei langfristiger Betrachtung, in: Jahrbuch für Sozialwissenschaft, 1976, S. 430 ff.; zur Widerlegung bzw. Relativierung des COASE-Teorems werden häufig Transaktionskostenerwägungen herangezogen, obwohl COASE doch die Verhandlungsthese gerade unter der Voraussetzung der Abwesenheit von Transaktionskosten ableitet (s.o. im Text); die Heranziehung solcher Überlegungen ist allerdings insofern gerechtfertigt, als , wie ENDRES es formuliert, „für eine Einschätzung der *praktischen* Eignung des auf COASE zurückgehenden eigentumsrechtlichen Ansatzes für die Umweltpolitik...die Existenz von Transaktionskosten nicht vernachlässigt werden (darf), weil dese in der Realität sehr bedeutend sind" (ENDRES, Alfred, Umweltökonomie, a.a.O., S. 49/50, Hervorhebung im Original; vgl. dazu unten S. 65, FN 163); weiterhin wird häufig auf das Problem der Nichtberücksichtigung zukünftiger Generationen hingewiesen: „Folglich muß der zukünftigen Generationen zugefügte Schaden zu jenem hinzugerechnet werden, den die gegenwärtige Bevölkerung zu tragen hat" (MISHAN, Ezra J., Die Nachkriegsliteratur..., a.a.O., S. 165; siehe auch EL-SHAGI, El-Shagi, Verhandlungsthese, a.a.O., S. 127 f.); dieses Argument setzt allerdings zumindest voraus, daß der „heute" (von wem in welcher Höhe?) bestimmte Schaden auch von zukünftigen Generationen als Schaden empfunden wird und daß bei einer Verhandlungslösung tatsächlich die beteiligten Parteien Belange zukünftiger Generationen ausklammern; m.E. muß dies nicht zwingend der Fall sein; im Gegenteil - die bei MISHAN etwa in diesem Zusammenhang formulierte Annahme der endgültigen Irreversibilität von Umweltschäden (vgl. MISHAN, Ezra J., Die Nachkriegsliteratur..., a.a.O., S. 164) legt eine entsprechende Gewichtung „heute" nahe (denn es könnte ja durchaus sein, daß „zukünftige Generationen" „heute" irreversibel scheinende Umweltschäden wieder beseitigen können); zum Problem der „zukünftigen Generationen" siehe auch die Diskussion zur monetären Bewertung; ich vermute, daß MISHANS (m.E. nicht voll durchreflektierte) Annahmen ihn zu dem extremen (zumindest „ökonomischen") Pessimismus geführt haben, der seine späteren Arbeiten durchzieht; vgl. etwa: MISHAN, Ezra J., Whatever happened to progress?, in: Ders., Economic efficiency and social welfare, London, 1981, S. 266 ff., sowie Ders., The economic growth debate: an assessment, London, 1977

Aber: stimmen PIGOU und COASE überhaupt in ihren grundlegenden Annahmen überein? Meinen sie tatsächlich den gleichen Sachverhalt, wenn sie von externen Effekten[133] sprechen? Dies ist die zweite Frage, die sich hinsichtlich des „COASE-Theorems" stellen läßt; ich meine, daß es gute Gründe gibt, auch hier mit einem klaren „Nein" zu antworten.

In diesem Zusammenhang lassen sich wiederum zunächst zwei Dinge bezweifeln: nämlich einmal, daß COASE überhaupt jemals mit dem „COASE-Theorem" eine positive Aussage zur Lösung von Umweltproblemen durch Verhandlungen formulieren wollte, und zweitens, daß er tatsächlich mit der Verhandlungsthese PIGOU angreift (ein Angriff, der sich mit der eben diskutierten und in der umweltökonomischen Literatur vordringlich behandelten Widerlegung bzw. Relativierung abwehren ließe).

Ein Zweifel an der ersten Aussage könnte zunächst überraschend erscheinen, wenn man sich die obigen bei COASE selbst zitierten Aussagen vor Augen hält. Und doch wehrt sich COASE vehement dagegen, jemals eine derartige These im positiven Sinne formuliert zu haben[134]. Dieser scheinbare Widerspruch läßt sich allerdings durch eine tiefergehende Exegese des COASE'schen Textes auflösen: COASE vertritt die Auffassung, daß *PIGOU* die oben zitierten Behauptungen korrekterweise aufstellen müßte! Das „COASE-Theorem" einer vollständigen Lösung des Externalitätenproblems durch Verhandlungen bezieht sich in erster Linie auf den Ansatz von PIGOU. Denn, so argumentiert COASE, da es in der PIGOU'schen Theorie keine Transaktionskosten gibt und sich ansonsten alles im Rahmen des Modells vollständiger Konkurrenz abspielt, gibt es keinen Grund anzunehmen, daß Externalitätenprobleme nicht durch private Verhandlungen ohne zusätzlichen Staatseingriff gelöst würden. Auf die Spitze getrieben könnte man sogar sagen, daß es im Rahmen der PIGOU'schen Theorie externer Effekte eigentlich nach COASE überhaupt keine durch externe Effekte bewirkte Optimumabweichungen geben dürfte[135]. M.E. ist es im wesentlichen genau dieser Sachverhalt, den COASE mit seinem sog. „Theorem" eigentlich ausdrücken wollte. Die Verhandlungsthese stellt also zunächst gar keine positive Aussage dar, sondern ist lediglich als Kritik an der

---

[133] in der Literatur wird diesbezüglich verschiedentlich darauf hingewiesen, daß COASE selbst gar nicht von „externen Effekten", sondern von „harmful effects" spricht: „Coase...vermeidet schon den Begriff der Externalität und verwendet stattdessen jenen der schädlichen Nebeneffekte (harmful effects)" (GRÄBER-SEISSINGER, Ute, Das Verursacherprinzip als Leitgedanke der Umweltpolitik, Frankfurt a.M. et al., 1991, S. 86); obwohl das zutrifft und tatsächlich in gewisser Weise auffällig ist (bedenkt man die Begriffsdiskussionen gerade in den 50er Jahren), glaube ich, daß man einen Unterschied zwischen der PIGOU'schen und COASE'schen Sicht erst im Nachhinein in den Text von COASE hineininterpretieren kann; vor allem, weil es COASE ja gerade darum ging, PIGOU zu widerlegen bzw. „zuende zu denken", und es deswegen kaum sinnvoll gewesen wäre, von einer unterschiedlichen Begriffsdefinition auszugehen

[134] vgl. wiederum COASE, Ronald H., The institutional structure..., a.a.O., S. 717

[135] vgl. dazu die Polemik von MISHAN, Ezra J., Pangloss on pollution, in: The Swedish Journal of Economics, 1971

PIGOU-Lösung aufzufassen. Man kann noch einen Schritt weitergehen: betrachtet man die obige Argumentation gegen das vermeintliche COASE-Theorem, dann kann man dagegenhalten, daß die genannten Argumente nicht stichhaltig sind, wenn man von den Annahmen ausgeht, die COASE dem PIGOU unterstellt; denn die free-rider-Problematik läßt sich ohne weiteres als Problem positiver Transaktionkosten verstehen[136], und das Argument der mangelnden Internalisierung trifft nur zu, wenn externe Effekte nicht reziproker Natur sind[137]. Die Widerlegung der Verhandlungsthese trifft deshalb jedenfalls nicht die von COASE selbst formulierte Aussage.

Die Schlußfolgerung aus den vorstehenden Überlegungen kann m.E. nur lauten, daß man weder mit dem COASE-Theorem die PIGOU-Lösung widerlegen kann (wenn von PIGOU aus argumentiert wird), noch umgekehrt (wenn man die COASE'schen Annahmen akzeptiert). Damit bestätigt sich auch der zweite mögliche Zweifel: im Gegensatz zu dem, was COASE offenbar selbst (immer noch) meint, gelingt es ihm nicht, PIGOU anzugreifen, da er von PIGOU's Position abweichende Voraussetzungen unterstellt[138]. Somit hat man es letztlich aufgrund der unterschiedlichen grundlegenden Annahmen mit zwei auf der hier betrachteten Ebene inkommensurablen Theorien zu tun[139].

---

[136] in diesem Sinne sieht auch ENDRES das COASE-Theorem zu einer Tautologie „verkommen", wenn der Transaktionskostenbegriff zu weit gefaßt würde, nach dem Motto: „'Eine effiziente Allokation wird erreicht, sofern die Gründe, die dieser Erreichung entgegenstehen könnten, nicht vorliegen'" (ENDRES, Alfred, Umweltökonomie, a.a.O., S. 49); hier wird allerdings m.E. der Versuch sehr deutlich, das COASE-Theorem als positiv formulierten Politikvorschlag „retten" zu wollen; von „verkommen" kann allerdings nach COASE'schem Verständnis keine Rede sein; vielmehr ist durch das obige Zitat das in knappe Worte gefaßt, was COASE dem PIGOU gerade unterstellt, nämlich daß es - salopp gesagt - ein PIGOU'sches Externalitätenproblem gar nicht geben dürfte

[137] die Kritik an der Invarianzthese ist ebenfalls nur von Belang, wenn externe Effekte nicht reziproker Natur sind, denn nur dann wird die Zurechnungsfrage (vgl. oben Kap. 3) wohlfahrtsrelevant; vgl. ähnlich EL-SHAGI, El-Shagi, Verhandlungsthese..., a.a.O., S. 120; zudem meine ich, daß die oben zitierte Aussage von COASE, nach welcher „beide Alternativen... zum selben Ergebnis führen und den Produktionswert maximieren" würden (COASE, Ronald H., Das Problem..., a.a.O., S 137), auch so verstanden werden können, daß „dasselbe Ergebnis" eben die „Maximierung des Produktionswertes" bedeutet; demnach hätte dann COASE offenbar eine „Invarianzthese" niemals aufgestellt; versucht man einmal, COASE unabhängig von den in der umweltökonomischen Literatur geführten Diskussionen zu lesen, dann drängt sich die letztere Interpretation geradezu auf

[138] COASE selbst sieht das COASE-Theorem (1992) so: „The significance to me of the Coase theorem is that it undermines the Pigovian system. Since standard economic theory assumes transaction costs to be zero, the Coase theorem demonstrates that the Pigovian solutions are unnecessary in these circumstances." Unter „Transaktionskosten" möchte COASE dabei folgendes verstanden wissen: „There are negotiations to be undertaken, contracts have to be drawn up, inspections have to be made, arrangements have to be made to settle disputes, and so on. These costs have come to be known as transaction costs." (COASE, Ronald H., The institutional structure..., a.a.O., S. 717 und S. 715); unabhängig davon, daß, selbst wenn COASE mit den eben zitierten Äußerungen recht hätte, die „Pigovian solutions" nur dann unnötig wären, wenn man zusätzlich die Reziprozität externer Effekte annimmt, ist auch die „zero-transaction-cost"-Unterstellung durchaus zu bestreiten; tatsächlich gibt es keinen Grund anzunehmen, daß nicht auch im PIGOU'schen, „traditionellen" mikroökonomischen Modell positive Transaktionskosten im von COASE angegebenen Sinne bestehen; so weist auch LÖCHEL nach, „daß Gleichgewichte mit Transaktionskosten ebenso effizient sind wie Gleichgewichte ohne Transaktionskosten, wenngleich erstere ein geringeres Wohlfahrtsniveau realisieren als letztere" (LÖCHEL, Horst,

Vor diesem Hintergrund soll es im folgenden allerdings nicht mehr um die (wenn auch interessante, aber wohl nur rein spekulativ zu beantwortende) Frage gehen, wie es die umweltökonomische Diskussion eigentlich bewerkstelligt hat, derartig lange einer Schimäre nachzulaufen[140]; vielmehr sollen nun die „positiven“ Aspekte des COASE'schen Ansatzes etwas genauer betrachtet werden.

Diese in Abgrenzung zu den bisher behandelten Ansätzen der Theorien öffentlicher Güter und externer Effekte für die umweltökonomische Theorie nach COASE relevanten Aspekte werden im wesentlichen durch die Begriffe „Transaktionskosten“ und „Reziprozität“ erfaßt.

Für COASE scheint dabei zunächst die Annahme der Reziprozität externer Effekte eine Selbstverständlichkeit zu sein[141], so daß er sie auch PIGOU unterstellt[142]. Und auch in der umweltökonomi-

---

Die Integration von Transaktionskosten in die Gleichgewichtstheorie, in: WISU, 1996, S. 381); ich meine darüber hinaus, daß eine „Integration von Transaktionskosten in die Gleichgewichtstheorie“ eigentlich eine müßige Aufgabe darstellt, da es keinen Grund zu der Annahme gibt, daß sie jemals *nicht* in die Gleichgewichtstheorie integriert waren; der Grund dafür, daß Transaktionskosten in der „traditionellen“ Mikroökonomik nicht besonders berücksichtigt wurden, scheint mir einfach darin zu liegen, daß sie sich dort nicht kategorial von den übrigen Produktionskosten unterscheiden (vgl. eigentlich ganz in diesem Sinne, wenn auch von einer etwas anderen Ausgangslage her argumentierend, DAHLMAN, Carl J., The problem of externality, in: The Journal of Law and Economics, 1979, S.144 f.); insgesamt kann daher COASE auch PIGOU nicht wegen der Annahme fehlender Transaktionskosten angreifen

139 m.E. läßt sich die weiterhin bestehende Konfusion um das COASE-Theorem vor allem auf die Nichtbeachtung dieser Inkommensurabilität zurückführen; geht man nämlich von Kommensurabilität aus, dann bleiben nur zwei Möglichkeiten: entweder man verwirft begründungslos die Annahmen derjenigen der beiden Theorien, die einem aus was für Gründen auch immer unsymphatischer ist - und kann dann nicht mehr stichhaltig eine gegenteilige Auffassung widerlegen; oder man verzweifelt an der gesamten Diskussion, wie z.B. KLINK, Federico Aguilera, Pigou and Coase..., a.a.O., S. 390: „I must confess that I am rather perplexed, because even after years of debate between Pigovians and Coasians, it would appear that we still do not know what exactly is being discussed, since each reader has read what he deems appropriate to support one or another theory, rather than what Coase or Pigou actually wrote“; und nach einer Anlektüre verschiedener Beiträge zum COASE-Theorem im „New Palgrave“ konstatiert SAMUELSON lapidar: "I have too little reward to go on reading" (SAMUAELSON, Paul A., Some Uneasiness with the Coase Theorem, in: Japan and the World Economy, 1995, S. 1)

140 CANTERBERY/MARVASTI haben diesen Umstand ironisierend selbst einen „negativen externen Effekt“ genannt (siehe CANTERBERY, E. Ray und A. MARVASTI, The Coase theorem as a negative externality, in: The Journal of Economic Issues, 1992, S. 1179 ff.); nichtsdestoweniger dürfte dies eher metaphorisch gemeint sein; die Frage, ob es sich dabei tatsächlich um eine Fehlallokation von Forschungsressourcen gehandelt hat (und zum Teil noch handelt), halte ich für weit schwerer beantwortbar, als es zunächst scheinen könnte; glücklicherweise würde eine Behandlung dieser Frage denn doch den Rahmen der vorliegenden Arbeit sprengen

141 so konstatiert COASE: „The traditional approach has tended to obscure the nature of the choice that has to be made. The question is commonly thought of as one in which A inflicts harm on B and what has to be decided is: how should we restrain A? But this is wrong“, ohne diese „Falschheit“ näher zu begründen (COASE, Ronald H., The problem of social cost, a.a.O., S. 1)

142 um seine Unterstellung zu untermauern verweist COASE darauf, daß PIGOU eigentlich selbst schon - zumindest implizit - von einem reziproken Charakter externer Effekte ausgegangen sei; und tatsächlich bringt PIGOU den Fall eines Fabrikbesitzers, der in die Vermeidung von Rauchemissionen investiert, als Beispiel eines positiven externen Effektes (vgl. PIGOU, The economics of welfare, a.a.O., S. 184); „Dies bedeutet, sieht man es im Lichte von Pigous Erörterung weiter unten im Kapitel, daß man dem

schen Standardliteratur wird oft davon ausgegangen, daß Externalitäten grundsätzlich zweiseitigen Charakter aufweisen[143]. Diese letztere Tatsache ist insofern etwas überraschend, als aus der Reziprozitätsannahme eigentlich unmittelbar ein „institutionalistischer" Ansatz folgt; die von COASE thematisierte Frage nach derjenigen institutionellen Struktur, die das Produktionsergebnis maximiert, drängt sich unter der Voraussetzung der Reziprozität geradezu auf - vor allem, wenn man zudem die Unhaltbarkeit der (vermeintlichen) Invarianzthese berücksichtigt. Die „Überraschung" resultiert vor allem daraus, daß trotz der häufigen Akzeptanz der Reziprozitätsannahme in der Literatur oft von einer unmittelbar evidenten Unterscheidung von „Schädigern" und „Geschädigten" ausgegangen wird[144]; COASE behauptet demgegenüber letztlich, daß die Entscheidung darüber,

---

Eigentümer eines rauchemittierenden Schornsteins eine Prämie geben sollte, um ihn zu veranlassen, rauchverhindernde Vorkehrungen zu treffen. Die Mehrzahl der Ökonomen würde vorschlagen, den betreffenden Schornsteinbesitzer mit Abgaben zu belegen. Es ist schade, daß Ökonomen (mit Ausnahme von Professor Forte) diese Eigenart von Pigous Behandlung des Problems anscheinend nicht bemerkt haben, weil die Erkenntnis, daß man das Problem auf beide Weisen angehen kann, wahrscheinlich dazu geführt hätte, daß man die reziproke Natur des Problems explizit erkannt hätte" (COASE, Ronald H., Das Problem..., a.a.O., S.171); m.E. handelt es sich aber bei dem von PIGOU genannten Beispiel um eine ganz andere Situation, als COASE meint, denn der Fabrikbesitzer handelt dort gerade nicht auf Initiative der „Geschädigten"; viel eher ist die Situation so zu interpretieren, daß der Fabrikbesitzer im Verlauf des normalen Marktgeschehens eben die alte Produktiontechnik durch ein neueres, nebenbei umweltschonenderes Produktionsverfahren ersetzt und dabei positive externe Effekte erzeugt; es geht dagegen dort weder um Verhandlungen, noch um negative externe Effekte

143 wohl in Anlehnung an COASE vgl. z.B. CANSIER, Dieter, Umweltökonomie, a.a.O., S. 36; nach CANSIERs Meinung „nimmt (Pigou) zwar in seiner Theorie die Zurechnung der externen Effekte auf die Verursacher vor, er macht sich aber noch keine Gedanken darüber, wer als Verursacher gelten soll, der Emittent von Schadstoffen oder der Vermeider von Emissionen...Mit diesen Widersprüchen hat sich später Coase...auseinandergestzt. Er nimmt die genaue Gegenposition zu Pigou ein"; außerdem fehle „bei ihm (Pigou, J.H.) ein genauer Bezugspunkt, aus welcher Perspektive die externen Effekte gesehen werden sollten" (ebenda); wie die Erwägungen im vorigen Abschnitt I.3 zeigen, teile ich CANSIERs Meinung nicht; einerseits vermag ich mir angesichts der äußerst vielschichtigen Arbeit von PIGOU durchaus vorzustellen, daß er sich über die Gründe seiner eindeutigen Verursachungszuweisung im klaren war; und andererseits kann ich - falls CANSIER recht hätte - auch keinen „Widerspruch" in der (angeblich bei PIGOU vorfindbaren) Reziprozität erkennen; einen Widerspruch sehe ich eher in der CANSIERschen Aussage, COASE nehme „die genaue Gegenposition zu Pigou ein", wogegen der PIGOU'schen Position aber wiederum „ein genauer Bezugspunkt" fehle; übrigens finden sich „Widersprüche" der letztgenannten Art auch schon bei COASE, der einerseits - wie oben mehrfach belegt - der Meinung ist, die PIGOU'sche Position zu widerlegen, andererseits aber auch hervorhebt, diese gar nicht genau zu kennen („Auf der einen Seite war sie nicht klar, auf der anderen Seite war sie nicht offensichtlich falsch", COASE, Das Problem..., a.a.O., S. 177); solche widersprüchlichen Aussagen finden sich in der umweltökonomischen Literatur so häufig, daß sie m.E. erneut auf die Nichtbeachtung der Inkommensurabilität beider Theorien zurückgeführt werden können

144 so gibt es viele Arbeiten, die z.B. die Emittenten von z.B. Rauch unbesehen als „Verursacher" von externen Kosten bezeichnen; und ich würde hier nicht - wie BONUS - von einer „Vulgärform des Verursacherprinzips" sprechen (vgl. BONUS, Holger, Eine Lanze für den „Wasserpfennig". Wider die Vulgärform des Verursacherprinzips, in: Wirtschaftsdienst, 1986, S. 451 ff.); zumeist bleibt zwar die Begründung der Zurechnung im Dunkeln, wenn etwa ohne weiteres auf ein sog. marktwirtschaftliches Prinzip verwiesen wird, nach welchem jeder die Folgen seiner Handlungen selber zu tragen habe; das heißt aber nicht, daß es keine Begründung dafür gibt; hingewiesen sei auch auf so weit verbreitete Termini wie „Erlaubnis-" oder „Verbotsrecht", die einen eindeutigen Verursachungszusammenhang

wer eigentlich „Schädiger“ und „Geschädigter“ ist, eine Effizienzfrage, ja geradezu die entscheidende Frage, sei.

An dieser Stelle wird denn auch ein wichtiger Unterschied zwischen dem PIGOU'schen und dem COASE'schen Ansatz wiederum deutlich: während im Rahmen der PIGOU'schen Theorie das institutionelle Arrangement vorgegeben ist[145], stellt COASE gerade auf die Effizienz dieses institutionellen Arrangements ab. Es geht mit anderen Worten nicht darum, *innerhalb eines gegebenen Kontextes* „Schädiger“ und „Geschädigte“ zu identifizieren und entsprechend zu belasten oder zu kompensieren, sondern es geht primär um die Effizienz *des Handlungskontextes selbst*. Betrachtet man dabei die bisher im Vordergrund stehende Arbeit von COASE (d.i. „The problem of social cost“), dann kann unter dem „Handlungskontext“ die von COASE angesprochene Verteilung der Handlungsrechte verstanden werden. Insofern ist der theoretische Ansatz von COASE auch (zurecht) als „property-rights-“ oder „Verfügungsrechtetheorie“ zu bezeichnen. COASE will dementsprechend (zunächst einmal unabhängig von Transaktionskostenüberlegungen) sagen, daß bei Vorliegen reziproker externer Effekte diejenige Struktur von Verfügungsrechten Geltung haben solle, die den größtmöglichen gesamtwirtschaftlichen output garantiert[146].

Aber wie kommt dieses effizienteste property-rights-Regime zustande? Eine erste Antwort von COASE lautet: bei Abwesenheit von Transaktionskosten und bei vollständiger Konkurrenz ergibt sich die wohlfahrtsoptimale property-rights-Struktur von selbst durch Verhandlungen der beteiligten Subjekte; wichtig ist nur, daß in der Ausgangssituation irgendeine Verfügungsrechtestruktur exi-

---

suggerieren, der sich in der COASE'schen Theorie allerdings nur auf physische Emissionen und nicht auf den ökonomisch relevanten Kostenzusammenhang beziehen läßt (vgl. dazu unten)

[145] nicht zuletzt der Umstand, daß die PIGOU'sche Theorie externer Effekte „den Staat“ bzw. das institutionelle Gefüge als gegeben annimmt, hat offenbar zu der (nicht nur unter den Umweltökonomen) weit verbreiteten Ablehnung der PIGOU'schen Vorstellungswelt geführt, die es dementsprechend durch eine „realistischere“ Version zu überwinden oder doch zumindest zu ergänzen gelte; die Kritiken reichen vom Vorwurf der naiven Annahme eines „wohlwollenden Diktators“ über die Unfruchtbarkeit für praktisch-politische Erwägungen bis hin zum Modellplatonismus-Vorwurf ALBERTs; m.E. übersehen alle diese Kritiken jedoch zumindest, daß eine ausdrückliche Nicht-Einbeziehung des politischen Prozesses in die Theorie externer Effekte auch begründet und dementsprechend sehr wohl mit bestimmten Vorstellungen von „realer“ Politik verknüpft sein kann; und daß diese letztere mögliche Politik- oder Staatsvorstellung zwangsläufig weniger ergiebig sein muß als eine explizit wohlfahrtsökonomische Formulierung des Staates, halte ich keineswegs für erwiesen

[146] der Begriff „Verfügungsrecht“ oder „Verfügungsrechtestruktur“ ist dabei sehr weit gefaßt: „Bei dem Begriff der Eigentumsrechte handelt es sich nicht nur um ein formelles Recht, sondern auch um alle sozial akzeptierten Normen und auch um Erwartungen von Handlungen, die eintreten oder nicht eintreten können“ (FRAMBACH, Hans A., Die Evolution moderner ökonomischer Kategorien, Berlin, 1993, S.230); „Die gegebene Verfügungsrechtsstruktur einer Gesellschaft läßt sich verstehen als die Menge ökonomischer und sozialer Beziehungen, die die Position jedes einzelnen im Hinblick auf die Nutzung wirtschaftlicher Mittel festlegt“ (RICHTER, Rudolf und Eirik FURUBOTN, Neue Institutionenökonomik, Tübingen, 1996, S. 83)

stiert[147]. Diese Aussage kann allerdings leicht mißverstanden werden. Etwa so: durch eine Umverteilung der Rechtspositionen läßt sich *ceteris paribus* der gesamtwirtschaftliche output maximieren. Entspräche dies der COASE'schen Aussage, dann müßte man sich fragen, wieso sich unter den getroffenen Annahmen die effizienteste property-rights-Struktur nicht schon in der „Ausgangssituation" ergibt, womit man wiederum bei dem oben bereits angesprochenen Tautologieverdikt angekommen wäre. Die Tautologisierung läßt sich allerdings m.E. auflösen, wenn man COASE nicht mehr statisch versteht, sondern dynamisch. Dann können sehr wohl beide Rechteverteilungen wohlfahrtsoptimal sein, weil der externe Effekt eben in der Ausgangssituation gar nicht bestand; vielmehr ensteht durch eine neue Handlung eines Subjekts immer dann ein potentiell verhandlungsrelevanter Tatbestand, wenn diese Handlung in die Kosten/Nutzen-Kalküle anderer Subjekte eingeht[148]. Insbesondere bei Abwesenheit von Transaktionskosten führen solche Handlungen dann zu einer effizienten Um-/Neuverteilung von Verfügungsrechten, stimuliert durch die Möglichkeit der Ausschöpfung von Verhandlungsgewinnen. Interpretiert man COASE in diesem Sinne, dann läßt sich

147 gelegentlich wird in der Literatur darauf hingewiesen, daß diese in der Ausgangssituation vorliegende property-rights-Struktur bereits einen ersten „Staatseingriff" voraussetze; in diesem Sinne argumentiert BALKS in bezug auf eine Luftverschmutzungssituation: „Bestand zu einem früheren Zeitpunkt keine Regelung zur Bewirtschaftung der Luft als Aufnahmemedium für Schadstoffe, so hatte die Unternehmung nicht das explizite Recht zur Verschmutzung, sondern sie hatte nur die Möglichkeit des ungeregelten Ausstoßes von Schadstoffen"; in Anlehnung an BROMLEY bezeichnet sie eine solche Möglichkeit als „No Right"-Position (BALKS, Marita, Umweltpolitik aus Sicht der Neuen Institutionenökonomik, Wiesbaden, 1995, S. 18; vgl. BROMLEY, Daniel W., Environment and Economy, London u.a., 1991, S. 32); gleichwohl betont sie aber auch, daß die „durch Externalitäten betroffenen Individuen ....versuchen (können), durch die Veränderung institutioneller Gegebenheiten ihre Position des 'No Right' in eine Rechtsposition umzuwandeln" (ebenda); m.E. ist es aber für die Logik der COASE'schen Argumentation *bei Abwesenheit von Transaktionskosten* unerheblich, ob die Rechtspositionen implizit oder explizit formuliert sind; man kann deshalb im Sinne der beschriebenen Situation ohne weiteres von einem „de facto Erlaubnisrecht" sprechen (vgl. EL-SHAGI, El-Shagi, Verhandlungsthese, a.a.O., S. 121)

148 bezogen auf externe Effekte ist in diesem Zusammenhang z. B. von WOLL darauf hingewiesen worden, „daß externe Effekte nicht nur gelegentlich auftreten, sondern omnipräsent sind"; WOLL folgert daraus: „die Omnipräsenz externer Effekte würde zu einem allgegenwärtigen Staat führen. Nähme man die Vorstellungen über externe Effekte wirtschaftspolitisch ernst, wäre eine Marktwirtschaft, die auf den Entscheidungen von privaten Produzenten und Konsumenten gründet, unmöglich" (WOLL, Artur, Zur Lehre vom Marktversagen, in: Borchert, Manfred et al. (Hrsg.), Markt und Wettbewerb, Bern u.a., 1987, S. 455); ich zitiere WOLL an dieser Stelle vor allem deshalb, weil der Unterschied zu COASE m.E. besonders deutlich wird; aus der Perspektive von WOLL erscheint die konstatierte Omnipräsenz externer Effekte gerade als Begründung für eine Ablehnung darauf basierender Theorien der Wirtschaftspolitik (vgl. auch ebenda, S. 455 ff);denn die Akzeptanz der Theorie externer Effekte bedeutete für WOLL entsprechend die totale Ineffizienz, die deshalb den totalen Staat fordern würde; COASE dagegen argumentiert auf der Basis dieser Omnipräsenz, und trotzdem kann man nicht von totaler Ineffizienz sprechen, weil eben externe Effekte (wie alle übrigen Handlungswirkungen auch) reziproker Natur sind; das Problem bei WOLL ensteht nur , wenn man von PIGOU her schaut

sein Ansatz als Theorie der institutionellen Entwicklung, als Theorie des Werdens und Vergehens von property-rights-Regimen verstehen[149].

Aus dieser Interpretation ergibt sich zunächst, daß es kaum mehr sinnvoll ist, zwischen externen Effekten und anderen Gütern kategorial zu unterscheiden[150]. Es bietet sich vielmehr an, alle möglichen Güter und Effekte unter den property-rights-Aspekt zu subsumieren, und genau das deutet auch bereits COASE selbst an[151].

Weiterhin resultiert aus der genannten Betrachtungsweise auch eine von den bisher behandelten Theorien der öffentlichen Güter und externen Effekte völlig verschiedene Vorstellung eines gesamtwirtschaftlichen Optimums. Die jetzt zum Vorschein kommende Optimalvorstellung bezieht sich nicht mehr auf einen von der Politik anzustrebenden Zustand (wie im Rahmen der Theorie öffentlicher Güter), denn der optimale Zustand ist dem Politikträger nicht bekannt[152]; und dieser Optimalzustand ergibt sich (anders als im Rahmen der PIGOU'schen Theorie externer Effekte) aus den u.a. auf externe Effekte ausgedehnten Markttransaktionen und stellt damit das Wohlfahrtsergebnis

---

[149] vgl. in diesem Sinne z.B. LIBECAP, G. D., Distributional Issues in Contracting for Property Rights, in: Journal of Theoretical and Institutional Economics, 1989, S. 7

[150] vgl. in diesem Sinne die bereits mehrfach genannte Arbeit von BUCHANAN, James M. und Wm. Craig STUBBLEBINE, Externality, a.a.O.

[151] gegen Ende des „social cost"-Aufsatzes heißt es: „Ein letzter Grund für das Versagen, eine angemessene Theorie für die Behandlung des Problems zu entwickeln, rührt aus der fehlerhaften Konzeption des „Produktionsfaktors" her. Üblicherweise stellt man sich diesen als physische Einheit vor, die der Geschäftsmann erwirbt und verwendet (ein Hektar Land, eine Tonne Düngemittel), anstatt als ein Recht, bestimmte (physische) Handlungen durchzuführen. Zwar können wir davon sprechen, daß jemand Land besitzt, und dies als Produktionsfaktor einsetzt, aber was der Landeigentümer in Wahrheit besitzt, ist das Recht, bestimmte umschriebene Handlungen auszuführen...Stellt man sich die Produktionsfaktoren als Rechte vor, kann man leichter verstehen, daß das Recht, etwas zu tun, das schädigende Wirkungen hervorruft (wie etwa die Emission von Rauch, Lärm, Gerüchen usw.), auch ein Produktionsfaktor ist...Die Kosten für die Ausübung eines Rechts (auf Benutzung eines Produktionsfaktors) bestehen immer in dem anderswo als Konsequenz der Ausübung jenes Rechts erlittenen Nachteil - die Unmöglichkeit, das Land zu überqueren, sein Auto abzustellen, ein Haus zu bauen, eine Aussicht zu genießen, einen friedvollen, ruhigen Platz zu haben oder saubere Luft zu atmen" (COASE, Ronald H., Das Problem..., a.a.O., S. 182/83; im engl. Original ist von „Ruhe" und „Frieden" und nicht von einem „friedvollen, ruhigen Platz" die Rede)

[152] in der umweltökonomischen Literatur ist häufig die Auffassung anzutreffen, daß auch die PIGOU'sche Theorie externer Effekte auf die Kenntnis des anzustrebenden Optimalzustandes abstelle, da etwa das optimale outputniveau x* (vgl. Abb. I4.) bekannt sein müsse, um die optimale PIGOU-Steuer setzen zu können; der optimale Steuersatz entspreche nämlich der Differenz zwischen privaten und sozialen Grenzkosten *im Optimum*: „Der Kern des Pigouschen Gedankens besteht darin, den Verursacher einer negativen Externalität mit einer Steuer zu belasten, bei der der Steuersatz den externen Grenzkosten entspricht, *die in der sozial optimalen Situation entstehen*" (ENDRES, Alfred, Umweltökonomie, a.a.O., S. 91, Hervorhebungen von mir, J.H.); m.E. steht allerdings bei PIGOU nicht die Suche nach dem optimalen Zustand im Mittelpunkt der Betrachtung, sondern der zuzurechnende Betrag an externen Kosten; die Kenntnis der Optimalsituation ist dann aber nicht mehr erforderlich; es müssen (rein theoretisch und lediglich) der jeweils zuzurechnende Betrag und die beteiligten Personen bekannt sein; Aufgabe des Staates wäre dann zwar die Umsetzung der Zurechnung, aber nicht mehr die Beurteilung des sich daraus ergebenden gesamtwirtschaftlichen Zustandes

einer „spontanen Handelnsordnung" dar[153]. Klarerweise bezieht sich dieser Ordnungsbegriff auf wirtschaftliche ebenso wie auf politische Transaktionen. Eigentlich kann man deshalb im Sinne des COASE'schen Ansatzes nicht mehr von einem eindeutig trennbaren Gegenüber von „Markt" und „Staat" ausgehen, wie dies für die Theorie der öffentlichen Güter ebenso wie für die PIGOU'sche Theorie externer Effekte typisch ist; es gibt nach COASE keinen Grund, die Marktanalyse lediglich auf bestimmte Arten von Handlungen einzugrenzen.

Bisher wurde generell von property-rights-Strukturen oder -Regimen gesprochen, die sich ausgehend von der Reziprozitätsvorstellung durch Marktransaktionen ergeben, wobei es außerhalb des Marktes allerdings buchstäblich nichts mehr gibt; die Welt konstituiert sich selbst vollständig aus Markttransaktionen. Vor diesem Hintergrund drängen sich zumindest zwei Fragen auf: erstens, wie kommt es zu politischen Entscheidungen und/oder Zielbildungen? und zweitens, wovon hängt die Effizienz bestimmter property-rights-Strukturen ab?

Während die erste Frage im folgenden Abschnitt bezüglich des Umweltproblems aufgegriffen wird, wurde die Antwort auf die zweite Frage im Prinzip schon weiter oben angedeutet: Die Effizienz eines bestimmten property-rights-Regimes hängt von den Transaktionskosten ab. Dies ist bereits die zentrale Aussage von COASE. Denn sobald die Transaktionskosten positiv sind, repräsentiert das durch die bei diesen positiven Transaktionskosten erzielte (Markt-)Transaktionsgleichgewicht nicht mehr unbedingt die höchsterreichbare Wohlfahrt[154]. Anders gesagt: Die Veränderung des institutionellen Gefüges (des property-rights-Regimes) kann durch die damit verbundene Änderung der Transaktionskosten zu einer höheren Wohlfahrt führen, indem die Ausschöpfung höherer Verhandlungsgewinne durch Markttransaktionen möglich wird. Das effizienteste property-rights-Regime ist demnach dasjenige, das die Kosten von Markttransaktionen (also die Transaktionskosten) minimiert.

Diese Aussage kann allerdings in mindestens zweifacher Hinsicht mißverstanden werden.

Erstens könnte man der COASE'schen These entnehmen, es käme auf ein möglichst viel an individuellen Transaktionen an, COASE fordere demnach die möglichst genaue Spezifizierung von Ver-

---

[153] der Begriff „spontane Handelnsordnung" geht bekanntlich auf HAYEK zurück und bringt das evolutive Element auch des COASE'schen Ansatzes prägnant zum Ausdruck; ich bin mir jedoch nicht sicher, ob HAYEKs „spontane Ordnung" im hier verwendeten Sinne zu verstehen ist (vgl. dazu HAYEK, Friedrich August von, Rechtsordnung und Handelnsordnung, in: Ders., Freiburger Studien, Tübingen, 1969, S. 161 ff.oder Ders., Evolution und spontane Ordnung, in: Ders., Die Anmaßung von Wissen, Tübingen, 1996, S. 102 ff.); darüber soll hier auch nicht weiter spekuliert werden; jedenfalls verwendet die Verfügungsrechteliteratur den Begriff in diesem Sinne (vgl. z.B. RICHTER, Rudolf und Eirik FURUBOTN, Neue Institutionenökonomik, Tübingen, 1996, S.17 oder S. 117)

[154] eine Beurteilung der gesamtwirtschaftlichen Wohlfahrt setzt - dies sollte aus den vorangehenden Überlegungen unmittelbar erhellen - natürlich eine Beantwortung der ersten genannten Frage, eine politische Entscheidung, voraus

fügungsrechten (etwa an Umweltmedien), die dann wie andere Güter auch auf Märkten gehandelt werden könnten[155]. Eine solche Auffassung entspräche jedoch keineswegs der COASE'schen Intention, wie schon die obigen Ausführungen zeigen. Denn die Spezifizierung von Verfügungsrechten verursacht zunächst gemäß der COASE'schen Logik selbst wiederum Transaktionskosten und kann zudem ebenfalls hohe Transaktionskosten auf den entprechend geschaffenen Märkten induzieren; insgesamt könnten die neu hervorgebrachten Transaktionskosten die aus den Transaktionen möglicherweise erzielbaren Gewinne beträchtlich übersteigen. Diese Verfügungsrechtelösung wäre nur dann optimal, wenn keine andere property-rights-Struktur niedrigere Transaktionskosten mit sich brächte. Im Sinne von COASE wäre es vielmehr, unterschiedliche mögliche institutionelle Arrangements zu vergleichen, und dann das transaktionskostengünstigste umzusetzen[156].

---

155 dieses Mißverständnis hat in der umweltökonomischen Literatur insbesondere zwei interessante Forschungsbeiträge gezeitigt; zum einen hat WEGEHENKEL sich in Anlehnung an eine Arbeit von FRECH (wohl eher erfolglos) darum bemüht, praxisrelevante Vorschläge für die Zuweisung einzelner handelbarer Verfügungsrechte an Umweltmedien zu entwickeln (vgl. WEGEHENKEL, Lothar, Coase-Theorem und Marktsystem, Tübingen 1980, S. 106 ff., sowie Ders., Marktsystem und exklusive Verfügungsrechte an Umwelt, in Ders. (Hrsg.), Marktwirtschaft und Umwelt, Tübingen, 1981, S. 236 ff.); obwohl die Kritik den Vorschlag von WEGEHENKEL relativ schnell dem Vergessen anheim gab, so wurde doch immerhin gerade dadurch verdeutlicht, daß eine solche Lösung transaktionskostenmäßig kaum alternativen property-rights-Regimen überlegen sein dürfte (für eine grundlegende Kritik an den WEGEHENKELschen Vorschlägen siehe EL-SHAGI, El-Shagi, Verhandlungsthese..., a.a.O., S. 124 ff.); zum anderen entfernte sich DALES weit mehr als WEGEHENKEL vom COASE'schen Ansatz und trotzdem (oder vielleicht gerade deswegen) hat sein Vorschlag der Einführung eines meritorisch begrenzten Marktes für verbriefte Emissionsrechte als Zertifikatelösung Furore gemacht (vgl. DALES, J. H., Pollution, Property and Prices, Toronto 1968, sowie Ders., Land, Water, and Ownership, in: Canadian Journal of Economics, 1968); daß die Zertifikatelösung mit dem COASE'schen Ansatz letztlich nicht mehr viel zu tun hat, dürfte klar sein; unter der Hand kommt es bei DALES zu einem Paradigmenwechsel in die Theorie der öffentlichen meritorischen Umweltgüter

156 vgl. COASE, Ronald H., Das Problem..., a.a.O., S. 148 ff., sowie COASE, Ronald H. und E. W. BARRETT, Educational TV: Who should pay?, Washington, 1968, S. 106; interessanterweise deutet COASE gerade für Umwelteffekte eine administrative Lösung an: „Allerdings gibt es auch keinen Grund dafür, warum nicht gelegentlich administrative Regelungen der Regierung zu einer Verbesserung der ökonomischen Effizienz führen sollten. Dies erschiene besonders dann wahrscheinlich, wenn - wie normalerweise im Fall der rauchbedingten Störung - eine große Zahl von Betroffenen existiert und deshalb die Kosten für eine marktmäßige oder unternehmensinterne Behandlung des Problems wahrscheinlich sehr hoch liegen." (COASE, Ronald H., Das Problem..., a.a.O., S. 151); interessant ist dies vor allem, weil COASE selbst diese Lösung nicht recht zu gefallen scheint, weshalb er der zitierten Aussage unmittelbar anfügt: „Es gibt natürlich eine weitere Alternative, nämlich das Problem ungelöst zu lassen und nichts zu tun. Und wenn man davon ausgeht, daß die Kosten für die Lösung des Problems mit Hilfe der vom Verwaltungsapparat der Regierung erlassenen Regelungen oft sehr hoch liegen (besonders, wenn man den Kosten alle Folgekosten zurechnet, die aus dieser Art von Regierungsaktivität folgen), wird es in der Regel so sein, daß der Gewinn aus der Regelung der Aktivitäten, die zu den schädigenden Wirkungen führen, kleiner sein wird als die dadurch verursachten Kosten der Regierungsregelung" (ebenda, S. 151/152); zusammengenommen führen beide Aussagen allerdings zu einem paradoxen Ergebnis: denn wenn einerseits administrative Regelungen einer Marktregelung effizienzmäßig überlegen sein soll, die administrative Lösung aber wiederum dem Nichtstun effizienzmäßig unterlegen ist, dann war die Ausgangssituation bereits optimal und es hätte niemals überhaupt ein „Problem" gegeben (statt vom „Problem der sozialen Kosten" spricht COASE meistens vereinfachend

Ein zweites Mißverständnis könnte aus dem Begriff der Transaktionskosten selbst resultieren, wenn nämlich angenommen würde, Transaktionskosten seien generell minimierbar[157]. Aber wie schon aus den obigen Andeutungen hervorgeht, trifft dies selbstverständlich nicht zu. Transaktionskosten sind nur im Hinblick auf eine politische Zielsetzung hin minimierbar. Das ergibt sich ganz einfach daraus, daß ein Effizienzvergleich unterschiedlicher institutioneller Arrangements oder „property-rights-Regime" nur im Hinblick auf eine vorher formulierte Problemlage und eine damit verbundene gesamtgesellschaftliche Zielsetzung notwendig erscheint. Dementsprechend wird die Veränderung der Verfügungsrechtestruktur einer Gesellschaft bestimmte Transaktionskosten senken und andere erhöhen; eine generelle Senkung von Transaktionskosten ist nicht möglich.

Der Ansatz nach COASE unterscheidet sich also - die obigen Überlegungen zusammenfassend - besonders durch die Annahme der Reziprozität von externen Effekten von der PIGOU'schen Theo-

---

nur von „dem Problem"); vgl. dazu die bereits genannte Polemik von MISHAN, Ezra J., Pangloss on Pollution..., a.a.O.; auch müßte man sich dann fragen, inwieweit nicht bereits in der Ausgangssituation eine „Marktlösung" vorlag (im COASE'schen Sinne müßte dies gerade der Fall sein); m.E. stellt die zweite Aussage daher nur einen (nicht besonders überzeugenden) Tribut an seinen „Chicago-bias" dar und ist insofern nicht paradigmatisch überzubewerten (vgl. auch die lavierenden Äußerungen von COASE direkt im Anschluß an die obigen Zitate); in der umweltökonomischen Literatur wird in Anlehnung an die COASE'schen Überlegungen von verschiedenen Arten von property-rights-Regimen gesprochen; BALKS unterscheidet z.B. unter Bezugnahme auf BROMLEY „state-property-", „private-property-", „common-property-" und „open access"-Regime, die jeweils im Sinne von „property"- oder „liability"- Rule ausgestaltet sein können (vgl. BALKS, Marita, Umweltpolitik..., a.a.O., S. 20 ff.); diese Begriffe werden hier im einzelnen nicht weiter thematisiert, da sie im wesentlichen konventionelle Vereinfachungen (Theoretisierungshilfen) darstellen;

157 zwar bin ich in der Literatur explizit nicht auf ein derartiges Mißverständnis gestoßen; andererseits ist mir aber auch nicht aufgefallen, daß der Umstand, daß die Senkung von Transaktionskosten eine bestimmte gesamtgesellschaftliche Zielsetzung voraussetzt, irgendwo besonders thematisiert würde; letzteres zeigt sich daran, daß die umweltpolitische Zielsetzung i.d.R. ohne weiteres vorausgesetzt wird; vgl. z.B. BALKS, Marita, Umweltpolitik..., a.a.O., HORBACH, Jens, Neue Politische Ökonomie..., a.a.O.; auch die Definitionsversuche des Begriffs „Transaktionskosten" sind eher als dürftig zu bezeichnen (vgl. schon die oben zitierte Begriffsbestimmung von COASE); die meisten Definitionen scheinen jedenfalls das hier angegebene Mißverständnis zumindest zuzulassen, so daß die Frage, welche Transaktionskosten in einem konkreten Fall von Bedeutung sind, nicht gestellt wird; vgl. zu den unterschiedlichen Definitionsbemühungen RICHTER, Rudolf und Eirik FURUBOTN, Neue Institutionenökonomik, a.a.O., S. 47 ff.; WILLIAMSON hat es sogar geschafft, eine Monographie über Transaktionskosten zu verfassen, ohne einer klaren Definition auch nur nahe zu kommen (vgl. WILLIAMSON, Oliver E., Transaktionskostenökonomik, Münster u.a., 1993; orig.: transaction cost economics, in: SCHMALENSEE/WILLIG (eds.), Handbook of Industrial Organization, Vol I, Amsterdam u.a., 1989); in der vorliegenden Arbeit wird der Begriff für diejenigen „Produktionskosten" verwendet, die sich bei Änderung des institutionellen Arrangements verändern; es ist hier nicht der Ort, um detailliert in die Grundlagendiskussion um die Sinnhaftigkeit des Transaktionskostenbegriffs einzusteigen, aber immerhin sei noch darauf hingewiesen, daß es neben der verbreiteten Transakionskosteneuphorie auch erwägenswerte kritische Stimmen gibt; vgl. etwa SCHNEIDER, Dieter, Wider den Transaktionskostenansatz, in: SCHLIEPER, Ulrich und Dieter Schmidtchen (Hrsg.), Makro, Geld & Institutionen, Tübingen 1993, oder KIESER, Alfred, Erklären die Theorie der Verfügungsrechte und der Transaktionskostenansatz historischen Wandel von Institutionen?, in: BUDÄUS, Dietrich, Elmar GERUM und Gebhard ZIMMERMANN (Hrsg.), Betriebswirtschaftslehre und Theorie der Verfügungsrechte, Wiesbaden, 1988

rie und auch von der hier abgeleiteten Theorie öffentlicher meritorischer Umweltgüter. Aus der Ausdehnung des Reziprozitätsgedankens auf alle möglichen (Tausch-) Handlungen von Individuen ergibt sich die Struktur der Verfügungsrechte als zentrales strategisches Element, wobei die Effizienz eines property-rights-Regimes wiederum wesentlich durch die Höhe der Transaktionskosten determiniert wird. Für eine Umweltpolitik im Sinne von COASE folgt daraus die Forderung nach Umsetzung desjenigen institutionellen Gefüges, das im Hinblick auf die vorher zu formulierende umweltpolitische Zielsetzung transaktionskostenminimal ist. Bevor mögliche Ansatzpunkte für umweltpolitische Maßnahmen im Sinne von COASE näher besprochen werden können, soll im folgenden zunächst untersucht werden, wie sich aus der Sicht des COASE'schen Ansatzes überhaupt ein umweltpolitisch relevantes Problem formulieren läßt.

4.2. Das Umweltproblem im Rahmen des Ansatzes nach COASE

Im letzten Abschnitt wurde u. a. gesagt, daß nach dem Ansatz von COASE praktisch die ganze Welt aus Markttransaktionen resultiert. Das heißt aber natürlich nicht, daß der COASE'sche Ansatz per se eine radikale Ausdehnung des laissez faire befürwortet. Schließlich war es ja gerade ebenfalls COASE, der bereits sehr früh die mögliche Überlegenheit hierarchischer Organisationsprinzipien aufgrund von Transaktionskostenerwägungen hervorhob[158]. Wesentlich im Rahmen des COASE'schen Ansatzes ist vielmehr der marktwirtschaftliche Tauschkalkül als Entstehungsprinzip „sozialer", damit tendenziell auch „hierarchischer" Systeme[159].

Aus Gründen der Transaktionskostenersparnis (also einer Erweiterung der Möglichkeiten zur Erzielung von Tauschhandelsgewinnen) ergibt sich dementsprechend ein soziales Normen- und Entscheidungssystem, wobei die einzelnen Individuen sich bereit erklären, Entscheidungen dieses übergeordneten Entscheidungssystems für sich zu akzeptieren, auch ohne möglicherweise eine kon-

[158] vgl. COASE, Ronald A., The nature of the firm, in: Economica, 1937, S. 386 ff.

[159] in diesem Sinne besteht auch kein grundlegender Unterschied zwischen einer Regierung und einer Unternehmung: „Die Regierung ist in gewisser Weise eine Superunternehmung (aber eine von ganz besonderer Art), weil sie in der Lage ist, die Verwendung von Produktionsfaktoren durch Verwaltungsentscheidungen zu beeinflussen" (COASE, Ronald H., Das Problem..., a.a.O., S. 150/151); vgl. auch AUSTER, Richard D. und Morris SILVER, The state as a firm, Boston u.a., 1979; zu dem Zitat von COASE ist anzumerken, daß die Diskussion im Rahmen der Neuen Institutionenökonomik sehr viel differenzierter vorgeht, indem zum Beispiel die Beziehungen zwischen der „Regierung" (die ja in der Regel direkt keine „Verwaltungsentscheidungen" trifft) und der Bürokratie untersucht wird; im Prinzip sind der Detaillisierung kaum Grenzen gesetzt (daraus ergibt sich natürlich ein Problem, zumindest ein Selektionsproblem der „wichtigsten" jeweils zu analysierenden Tauschkalküle)

krete Entscheidung oder ein konkret verfolgtes „soziales“ Ziel unmittelbar nachvollziehen zu können (wenn dieses Nachvollziehen nämlich zu hohe Transaktionskosten erwarten lassen würde).

Nun gibt es mehrere Theorien, die innerhalb des beschriebenen Paradigmas die Entstehung von bestimmten konkreten sozialen Arrangements erklären, deren vollständige Analyse allerdings den Rahmen der vorliegenden Untersuchung sprengen würden. Hier soll im folgenden lediglich auf einige zentrale Vorstellungen hingewiesen werden, die auch für die Formulierung umweltpolitischer Strategien relevant erscheinen.

Was zunächst die Legitimation „des Staates“ betrifft, so ergibt sich bereits aus den bisher angestellten Überlegungen, daß „der Staat“ im Sinne des COASE'schen Ansatzes nicht als eigenständig, aus sich selbst heraus notwendig begriffen werden kann. Vielmehr leiten sich hoheitliche Institutionen im wesentlichen aus den Aufgaben ab, die die einzelnen Individuen aus Transaktionskostengründen per Übereinkunft an eine übergeordnete Instanz delegieren. Dabei ist zu beachten, daß die individuellen Handlungen zwar regelmäßig die Effizienz des Handlungskontextes beeinflussen (wie oben bereits erwähnt), dies aber nicht automatisch zu einer Änderung im Hoheitsbereich führen muß, weil u.a. die Herbeiführung der dazu notwendigen Übereinkunft ebenso wie die Änderung des Hoheitssystems selbst transaktionskostenintensiv ist. Zudem ist natürlich zu berücksichtigen, daß die in diesem Zusammenhang relevanten (politischen und wirtschaftlichen) Märkte realiter nicht unbedingt durch funktionsfähigen Wettbewerb gekennzeichnet sind[160]. Deshalb kann auch im Rahmen des COASE'schen Ansatzes davon ausgegangen werden, das „der Staat“ zumindest eine gewisse institutionelle Konstanz aufweisen wird.

Die verschiedenen Ansätze, die die Literatur der Neuen Institutionenökonomik zur Erklärung solcher staatlicher Regime aufweist, lassen sich vielleicht (zugegeben sehr grob) in eher evolutionstheoretische und eher vertragstheoretische Varianten aufteilen, wobei erstere schlagwortartig mit Friedrich A. von HAYEK, letztere mit James M. BUCHANAN verknüpft werden können.

Nach HAYEK enstehen dabei soziale Institutionen oder „Regelsysteme“ im Verlauf eines unbewußten kulturellen Evolutionsprozesses, wobei sich bestimmte Institutionen oder Regeln erfolgreicherer Gruppen frei nach DARWIN bzw. LAMARCK allmählich dauerhaft etablieren und von Generation zu Generation tradiert werden[161]. Auf diese Weise haben sich (nach HAYEK) Institutio-

[160] die Analyse der politischen Märkte ist eine Domäne der sog. Neuen Politischen Ökonomie, auf die weiter unten noch näher eingegangen wird

[161] HAYEK sieht eine Entsprechung seiner eher an LAMARCK orientierten Behauptung der Vererbung erworbener Institutionen (wobei er allerdings nicht auf individuelle, sondern auf Gruppeneigenschaften abstellt) zur biologischen Entwicklungslehre DARWINs u. a. darin, daß „jene erworbenen Eigenschaften, die der Gruppe, die sie praktizierte, erlaubten, sich schneller zu vermehren als andere, dazu geführt (haben), daß die Gruppen langsam die anderen verdrängten“ (HAYEK, Friedrich A. von, Evolution und spontane Ordnung, a.a.O., S. 106); eine zweite wichtige Entsprechung sieht er in der

nen wie z.B. Sprache, Moral, Recht, Markt, Geld und Privateigentum als überlegene, ordnungsbildende Regeln durchgesetzt. „Alle diese Institutionen hätten die Bildung einer spontanen Ordnung menschlichen Handelns ermöglicht, die von keinem einzigen überblickt werden könne, die der Menschheit aber durch die größtmögliche Nutzung individuellen Wissens und individueller Fertigkeiten eine rasche Ausdehnung und eine nachhaltige Erhöhung ihres Wohlstandes ermöglicht habe....Diese Institutionen hätten meist die Form allgemeiner Verhaltensregeln und ermöglichten dem einzelnen, seine eigenen Ziele zu verfolgen. Damit seien sie auch die Voraussetzungen für die individuelle Freiheit des Menschen“[162]. Ein „Problem“ besteht allerdings darin, daß die Menschen sich auch gegen die überlegenen Regelsysteme entscheiden und der Versuchung erliegen könnten, durch bewußte Planungen die Ergebnisse der nomokratischen, spontanen Handelnsordnung zu verändern. Diese Versuchung gründet vor allem in bestimmten biologisch verankerten Instinkten, „die dem einzelnen sagten, was er in der Gesellschaft tun mußte, in der er in grauer Vorzeit gelebt hatte“[163]. Diese Instinkte, die auf Verhaltensregeln hinwirken, die durch den Übergang zu großen, offenen Gesellschaften obsolet und ja gerade durch die überlegene nomokratische Ordnung im Verlauf der kulturellen Evolution überwunden wurden, äußern sich im Zuge der geschichtlichen Entwicklung insbesondere in diversen Versuchen, „soziale Gerechtigkeit“ zu verwirklichen und reflektieren eine Anmaßung von Wissen, die der von konstitutioneller Unsicherheit geprägten Realität der inzwischen bestehenden großen, offenen Gesellschaften nicht nur diametral zuwider läuft, sondern auch auf politische Totalitarismen hindrängt, welche über freiheitseinschränkende Staatsinterventionen die Vermehrung des gesellschaftlichen Wohlstandes hemmen[164]. Aus dem HAYEK'schen Staatsverständnis folgt dementsprechend, daß ein eventuell sich im kulturellen Evolutionsprozeß ergebendes Umweltproblem politisch so geregelt werden sollte, daß die Konformität mit dem wohlstandsfördernden Prinzip der negativen Freiheit (oder, anders formuliert: der Reziprozität) gewahrt bleibt[165]. Die Formulierung eines Umweltproblems auf der konstruktivistischen Basis einer Anma-

---

Nichtexistenz jeglichen Entwicklungsgesetzes im Sinne einer konstitutionellen Unwissenheit (vgl. ebenda)

[162] FELDMANN, Horst, Eine institutionalistische Revolution?, a.a.O., S. 37; für eine zusammenfassende Darstellung der HAYEK'schen Evolutionstheorie vgl. auch WITT, Ulrich, Bemerkungen zu Hayeks Theorie sozioökonomischen Evolution, u.a. abgedruckt in: FRANCKE, Hans-Hermann (Hrsg.), Ökonomischer Individualismus und freiheitliche Verfassung. Gedenkakademie für Friedrich August von Hayek, Freiburg i. Br., 1995

[163] HAYEK, Friedrich A. von, Die drei Quellen der menschlichen Werte, Tübingen, 1979, S. 21; vgl. auch Ders., Recht, Gesetzgebung und Freiheit, Bd. 2, S. 197

[164] in diesem Sinne spricht HAYEK vom „Atavismus der sozialen Gerechtigkeit“ (HAYEK, Friedrich A. von, Drei Vorlesungen über Demokratie, Gerechtigkeit und Sozialismus, Tübingen, 1973, S. 23); vgl. auch Ders., Evolution und spontane Ordnung, a.a.O., 107 f., sowie für eine ausführlichere Zusammenfassung der HAYEK'schen Gedanken STILZ, Anita, Chancen und Risiken..., a.a.O., S. 59 ff.

[165] wie bereits ausgeführt (vgl. oben, FN 127) intendiert der Reziprozitätsbegriff die Bereinigung des ökono-

ßung von Wissen ist demgegenüber nicht mit HAYEK, aber auch nicht mit der COASE'schen Vorstellungswelt kompatibel.

Es scheint auf den ersten Blick eine solche „Konstruktivismus-Hürde" zu sein, die den wesentlichen Unterschied zwischen den eher evolutionstheoretisch argumentierenden ökonomischen Staatstheorien und den eher vertragstheoretischen angelegten Entwürfen markiert. James M. BUCHANAN, wohl (aus ökonomischer Sicht[166]) der prominenteste Vertreter der letztgenannten Richtung, kritisiert etwa an den „Evolutionisten" (er nennt explizit HAYEK und NOZICK), sie kämen „in normativen Schlüssen zu dem Ergebnis, daß ausdrückliche Bemühungen um 'konstruktive' Reformen nicht wünschenswert seien. Das Recht entstehe spontan, wie von einer 'unsichtbaren Hand' geschaffen, als Ergebnis von Anpassungen an begrenzte Entscheidungssituationen, die von vielen Einzelnen vorgenommen werden. Der Archetypus ist die Entwicklung des englischen 'common law', oder, allgemeiner, die spontane Ordnung, die der dezentralisierte Prozeß einer auf Konkurrenz basierenden Marktwirtschaft hervorbringt"[167]. Dieses Erklärungsmodell ist nun aber nach BUCHANAN unbefriedigend, denn: „Wir können das, was mit uns geschieht, mit Hilfe einer Logik der 'unsichtbaren Hand' angemessen erklären. Und wer kann dies auch nur andeutungsweise als wünschenswert oder annehmbar bezeichnen"[168]. Dementsprechend hält er „(e)twas wie eine vertragstheoretische Position" für notwendig, „wenn wir über die reine Erklärung hinauskommen und befähigt sein wollen, die bestehenden Elemente der Verfassungsordnung zu bewerten, mit der Aussicht, sie zu verbessern"[169].

Vergleicht man HAYEK mit BUCHANAN, dann scheint der entscheidende Unterschied beider Ansätze zunächst darin zu bestehen, daß nach HAYEK sich Abweichungen von effizienten Ord-

---

mischen Kalküls durch die Herausnahme moralischer Wertungen („positiver" Wertvorstellungen); insofern handelt es sich bei dem Reziprozitätsprinzip um eine mögliche Ausprägung des Begriffes der „negativen" Freiheit; ohne hier auf die Diskussionen um den Freiheitsbegriff näher eingehen zu können scheint mir das Problem der Verwendung eines bloß negativen Freiheitsverständnisses darin zu liegen, daß politikrelevante Aussagen auf dieser Basis allein nicht hinreichend begründet werden können; an irgendeiner Stelle müssen immer wieder (dann nicht weiter erklärbare) „positive" Vorstellungen bemüht werden (in den Ausführungen im Text wird bewußt versucht, die auftretenden Argumentationsbrüche nicht durch ad-hoc-Strategien zu glätten); zum negativen Freiheitsbegriff vgl. besonders BAUMANN, Bernd, Offene Gesellschaft..., a.a.O.; BERLIN, Isaiah, Zwei Freiheitsbegriffe, in: Ders., Freiheit. Vier Versuche, Frankfurt a.M., 1995, S. 197 ff. (engl. orig.: 1958); insbesondere zu BUCHANAN und HAYEK vgl. ZINTL, Reinhard, Individualistische Theorien und die Ordnung der Gesellschaft, Berlin, 1983, S. 186 ff.; einige grob verallgemeinernde weitere Überlegungen zur Freiheitsproblematik werden in Teil III der vorliegenden Studie angestellt

166 insbesondere aus dem Blickwinkel der politischen Philosophie dürfte der Ansatz von John RAWLS der Arbeit von BUCHANAN (mindestens) ebenbürtig sein

167 BUCHANAN, James M., Freiheit und Gesellschaftsordnung, in: MOLDEN, Otto (Hrsg.), Zu den Grenzen der Freiheit, Wien u.a., 1977, S. 62; man beachte den Bezug auf das „common law", der auch in der „social-cost"-Arbeit von COASE eine wichtige Rolle spielt

168 ebenda, S. 66

nungen aus „Instinkten“ ergeben, die in gewisser Weise „irrational“ in bezug auf die gegebene Situation großer, offener Gesellschaften sind, während nach BUCHANAN „soziale Dilemmata“[170] gerade auf das Rationalverhalten der Individuen zurückgeführt werden können.

Dagegen trifft es nicht zu, daß der evolutionstheoretische Ansatz nach HAYEK lediglich den status quo begründen kann oder will. Vielmehr zieht auch HAYEK wirtschaftspolitische Schlußfolgerungen, die sich u.a. auf die Geldordnung („Denationalisierung“)[171] und die Staatsverfassung beziehen. So tritt HAYEK für eine strikte institutionelle Trennung von Regelsetzung und Regeldurchsetzung ein, um die Gefahr des Umschlagens in totalitäre Tendenzen so gering wie möglich zu halten (die unangebrachten, aber latenten und wohlfahrtsbedrohenden (Umverteilungs-) Instinkte sollen durch eine möglichst vollständige Gewaltenteilung in Schach gehalten werden)[172]. Für eventuelle Regeländerungen empfiehlt er zudem eine Orientierung an den traditionellen Regeln, also nur jeweils einzelne Regelanpassungen zur Sicherung des Systems einer spontanen Handelnsordnung[173].

Dementsprechend zeigt es sich schließlich auch, daß die Positionen von BUCHANAN und HAYEK viel ähnlicher sind, als es zunächst den Anschein hat. Denn auch BUCHANAN betont die Wichtigkeit einer strengen Gewaltenteilung im Rahmen seiner Unterscheidung von „Rechtsschutzstaat“ („protective state“) und „Leistungsstaat“ („productive state“), und zwar ebenfalls im wesentlichen mit der Intention HAYEKS, damit die ursprünglich vereinbarte Rechtsordnung nicht durch die Machtausübenden zu im Regelsystem unvereinbarter Umverteilung mißbraucht werden kann. Und genau wie es HAYEK tun würde, betrachtet BUCHANAN in neueren Veröffentlichungen einen gänzlichen Neuentwurf sozialer Arrangements als „konstruktivistische Torheit“[174].

Was schließlich ein mögliches Umweltproblem angeht, so kann man insgesamt auch diesbezüglich von einer grundsätzlichen Gemeinsamkeit beider Ansätze sprechen, zumindest im Endeffekt. Denn während bei HAYEK das Umweltproblem „irgendwie“ im Evolutionsprozeß formuliert werden muß, ergibt sich nach BUCHANAN das Umweltproblem aus einem „sozialen Dilemma“ (etwa im Sinne der Theorie öffentlicher Güter) und wird damit ein Problem des „Leistungsstaates“; wie aber bereits im Rahmen der Diskussion um öffentliche Güter betont wurde, müßte die Dilemmasituation selbst erst einmal von irgendwo hergeleitet werden. Da BUCHANAN - wie HAYEK und COASE -

---

[169] ebenda, S. 62

[170] vgl. ebenda, S. 65 f.

[171] vgl. HAYEK, Friedrich A. von, Entnationalisierung des Geldes, Tübingen, 1977

[172] vgl. insbesondere HAYEK, Friedrich A. von, Recht, Gesetzgebung und Freiheit, Bd. III: Die Verfassung einer Gesellschaft freier Menschen, Landsberg am Lech, 1981

[173] vgl. z. B. HAYEK, Friedrich A. von, Rechtsordnung und Handelnsordnung, in: Ders., Freiburger Studien, Tübingen, 1969; weitere Hinweise bei FELDMANN, Horst, Eine institutionalistische Revolution?, a.a.O., S. 37 f.

[174] vgl. KOLAN, Iris, Normative Wirtschaftswissenschaft, Sinzheim, 1996, S. 176 (mit Hinweis auf

aber eine Normsetzung durch irgendetwas anderes als Marktprozesse explizit ausschließen will, kann sich eine gesellschaftliche Problemlage letztlich auch bei BUCHANAN kaum anders als „irgendwie evolutiv“ ergeben[175].

Interessanterweise zeigt sich hier eine gewisse Affinität zum sowohl von HAYEK wie BUCHANAN und COASE abgelehnten „konstruktivistischen“ Modell der Theorie öffentlicher Güter[176]. Denn letztlich ist auch ein ökologischer Primat im Sinne des hier besprochenen Ansatzes legitim. Dies kann problemlos aus der „kostitutionellen“ oder „rationalen“ Unsicherheit bzw. Unwissenheit folgen, die sowohl HAYEK wie BUCHANAN als Ausgangspunkt nehmen. Denn die politische Aktualisierung des evolutiv erworbenen Wissens erfolgt jeweils innerhalb des bereits vorhandenen Regelsystems und setzt ein hinreichendes Wissen um die Funktionsweise dieses Systems, ein „konstitutionelles Wissen“, voraus. Da letzteres aber wiederum nicht kostenlos erworben wird, kann die Delegation von politischen Problemformulierungen die transaktionskostengünstigste Lösung sein[177].

BUCHANAN)

[175] in diesem Sinne ist es nur konsequent, daß BUCHANAN in neueren Arbeiten seine Staatstheorie mit einem evolutionstheoretischen Grundmodell verknüpft, was sich insbesondere in der Konzeption eines Ordnungswettbewerbs auf konstitutioneller Ebene zeigt, die er zusammen mit VANBERG (weiter-)entwickelt hat; vgl. VANBERG, Viktor und James M. BUCHANAN, Constitutional Choice, Rational Ignorance and the Limits of Reason, in: Jahrbuch für Neue Politische Ökonomie, 1991, S. 61 ff. sowie VANBERG, Viktor, Wettbewerb in Markt und Politik - Anregungen für die Verfassung Europas, St. Augustin, 1994; vgl. dazu auch KOLAN, Iris, Normative Wirtschaftswissenschaft, a.a.O., S. 172 ff.

[176] wie weit die Parallele zur Theorie der öffentlichen Güter gehen kann, ist alles andere als klar; Faktum ist, daß z.B. BUCHANAN den Begriff „Öffentliches Gut“ im traditionellen wohlfahrtsökonomischen Sinn auffaßt (vgl. z.B. BUCHANAN, James M. und Marilyn FLOWERS, The Public Finances, Illinois, 1975[4], S. 26 ff.); andererseits läßt sich BUCHANAN auch durchaus den „Non-Konstruktivisten“ zurechnen, wie dies auch hier geschieht; HAYEKs Äußerungen zum Problem der öffentlichen Güter sind bestenfalls „verwirrend“ zu nennen (vgl. z.B. HAYEK, Friedrich A. von, Recht, Gesetzgebung und Freiheit, Bd. 2, S. 20 ff.); COASE hat zwar gegen einzelne öffentliche Güter argumentiert, aber gerade das scheint auch auf eine gewisse grundsätzliche Akzeptanz der Theorie öffentlicher Güter hinzudeuten (vgl. COASE, Ronald A., The Lighthouse in Economics, in: The Journal of Law and Economics, 1969, S....); ich möchte hier die Diskussion um die Verwendung der Theorie öffentlicher Güter im COASE'schen Ansatz allerdings nicht weiter vertiefen (vgl. aber unten, passim); in Anlehnung an BAUMANN wird im folgenden davon ausgegangen, daß nicht die Menge eines öffentlichen Gutes, sondern die „Produktionsregel“ im Vordergrund der Überlegungen der genannten Autoren steht (vgl. BAUMANN, Bernd, Offene Gesellschaft, Marktprozeß und Staatsaufgaben, Baden-Baden, 1993, S. 332 ff., siehe besonders S. 336); anmerken möchte ich allerdings, daß ich mich BAUMANNs Argumentation insgesamt nicht anschließen kann, u.a. wenn er COASE *im Gegensatz zu HAYEK oder POPPER* zu den Konstruktivisten rechnet (vgl. ebenda, S. 276 f.), oder praktisch über seine gesamte These hinweg einen unüberwindlichen Gegensatz von utilitaristischer Wohlfahrtsökonomik und der Theorie der offenen Gesellschaft (beinahe „verzweifelt“) zu konstruieren versucht (vgl. dazu die Überlegungen in Teil III dieser Arbeit)

[177] vgl. dazu weiter unten in diesem Kapitel

Insgesamt kann man damit bei aller Verschiedenheit im Detail eine grundsätzliche Übereinstimmung der beiden wichtigsten Legitimationsansätze staatlichen, umweltpolitischen Handelns im COASE'schen Paradigma zumindest sinnvoll konstruieren.

Es sei weiterhin zumindest noch kurz hervorgehoben, daß sich der Ansatz nach COASE (sowie HAYEK und BUCHANAN) ziemlich lückenlos in das philosophische System des sog. Kritischen Rationalismus von Karl Raimund POPPER und dessen sozialphilosophischen Ansatz der „offenen Gesellschaft" einfügen läßt[178].

Erkenntnistheoretisch ergibt sich der Bezug dabei aus der zentralen Bedeutung der „kostitutionellen Unwissenheit" einerseits und der Notwendigkeit des permanenten Wissenserwerbs zur Verbesserung der Lebensumstände der Gesellschaft andererseits. Das notwendige Vehikel der Entwicklung zum „Besseren" ist unter diesen Umständen nämlich die prinzipielle eindeutige Erkennbarkeit und quasi naturwissenschaftliche Logik der Tatsachen („objektive Erkenntnis")[179] ebenso wie die ständige Revidierbarkeit der daraus jeweils gefolgerten Steuerungsmodelle (eben aufgrund neuerer Erkenntnisse); die Revidierbarkeit setzt dabei wiederum eindeutige Falsifizierbarkeit voraus.

Die sozialphilosophische Übereinstimmung ergibt sich aus der Unterstellung der Reziprozität im COASE'schen Ansatz, welche (wie bereits angedeutet) nichts anderes ist als eine Ausformulierung des Postulates der „negativen Freiheit", die auch HAYEK und BUCHANAN als Wohlstandsbedingungen zu begründen versuchen[180]. Auch POPPER grenzt sich von den übrigen wohlfahrtstheoretischen „konstruktivistischen" Ansätzen ab und fordert stattdessen, „die utilitaristische Formel 'Vermehre Glückseligkeit, so sehr du nur kannst' durch die Formel 'Vermindere das Leiden, so sehr du nur kannst' zu ersetzen"[181]. Der Wohlfahrtsmaximierung im Sinne der Theorie der öffentlichen

---

[178] vgl. auch die Rede von der „großen, offenen Gesellschaft" bei HAYEK (s.o.); ich habe nicht weiter untersucht, wie sich die genannten Autoren gegenseitig beeinflußt haben; zumindest bei POPPER, HAYEK und COASE zeigt sich eine gewisse Parallelität der theoretischen Entwicklung

[179] zweifelos bewegt sich POPPER damit auf der Linie des logischen Empirismus - das bedeutet in diesem Zusammenhang die Behauptung der Möglichkeit reiner Beobachtungssätze - selbst wenn er dies immer abgestritten hat (die bei POPPER nämlich bekannterweise auch betonte „Theoriegeladenheit" wird für seinen Ansatz nicht konsequent beibehalten; vgl. für einen Nachweis z.B. die zusammenfassende Darstellung der diesbezüglichen Argumente bei TUSCHLING, Bernhard und Marie RISCHMÜLLER, Kritik des logischen Empirismus, Berlin, 1983, bes. S. 98 ff.); die prinzipielle eindeutige Erkennbarkeit ist nicht zu verwechseln mit der „Wahrheit" von wissenschaftlich-theoretischen Aussagen; bekanntlich geht der Kritische Rationalismus gerade von der Prämisse aus: „...wir können nur wissen, was falsch ist, und wissen, was noch nicht falsch, aber nur vorübergehend richtig ist. Und wenn wir wissen, was falsch ist, wissen wir es nicht absolut sicher" (HAGIWARA, Yoshihisa, Zum Verständnis von Liberalismus bei POPPER und HAYEK, in: SALAMUN, Kurt (Hrsg.), Moral und Politik aus der Sicht des Kritischen Rationalismus, Amsterdam u.a., 1991, S. 61);

[180] vgl. dazu besonders auch die Arbeit von BAUMANN, Bernd, Offene Gesellschaft..., a.a.O.)

[181] POPPER, Karl Raimund, Die offene Gesellschaft und ihre Feinde, Bd.2, Bern u.a., 1973[3], S. 154 f.); zum Zusammenhang von POPPERs Wissenschaftstheorie und seiner Sozialphilosophie vgl. auch HAGIWARA, Yoshihisa, Zum Verständnis..., a.a.O., S 61 ff., sowie POPPER, Karl Raimund, Die of-

Güter und der externen Effekte tritt damit die Forderung einer Politik der „Leidminimierung" gegenüber[182]. Diese Forderung läßt sich auch auf ein als „Leid" empfundenes Umweltproblem beziehen.

Bisher wurde versucht, die wesentlichen Ansätze zur Legitimation staatlichen Handelns im Sinne des Ansatzes nach COASE zu beleuchten, und es wurde auch versucht, dabei bereits einen Bogen zur Ermittlung des Umweltproblems zu schlagen. Die Ausbeute in bezug auf das letztgenannte mutet dabei wohl zunächst etwas dürftig an: ein Umweltproblem entsteht „irgendwie evolutiv". Tatsächlich findet sich weder bei COASE, noch bei HAYEK, BUCHANAN oder POPPER (oder deren Nachahmern[183]) die Herleitung eines Umweltproblems. Ein Umweltproblem kann sich irgendwie ergeben, interessant wird es erst, wenn es bereits formuliert ist. Dies korrespondiert allerdings auch exakt mit dem Kritischen Rationalismus, nach welchem der „context of discovery" (z.B. eines Umweltproblems) wissenschaftlich völlig unerheblich ist[184]. Hypothesen über ein Umweltproblem können buchstäblich erträumt sein; solange sie falsifizierbar formuliert sind und gleichzeitig den Falsifizierungsbemühungen standhalten, können sie berechtigte Grundlage einer rationalen Umweltpolitik sein.

In diesem Zusammenhang sind dann allerdings insbesondere zwei Aspekte herauszustellen.

Erstens zeigt sich eine fundamentale Abhängigkeit des umweltökonomischen Ansatzes nach COASE von wissenschaftstheoretischen Erwägungen. Denn wenn die Bestätigung (bzw. Falsifizierung) der Behauptung eines Umweltproblems sowie dessen Art und Ausmaß nicht eindeutig und mit intersubjektivem Geltungsanspruch möglich wäre, könnte allein in Anlehnung an COASE oder HAYEK oder BUCHANAN eine „falsche" Umweltpolitik nicht von einer „richtigen" unterschieden werden, was aber notwendig ist, wenn man - wie die genannten Autoren - eine Anmaßung von Wissen ausschließen und überhaupt eine Politikbeurteilung ermöglichen möchte[185].

---

fene Gesellschaft und ihre Feinde, Bd.1, München, 1975⁴, S. 388)

182 „Ich verlange, daß der fundamentale Zweck des Staates nicht aus dem Auge verloren werde; nämlich der Schutz jener Freiheit, die den anderen Bürgern keine Schäden zufügt" (POPPER, Karl Raimund, Die offene Gesellschaft und ihre Feinde, Bd. 1, a.a.O., S. 156 f.); dieser „Schutzstaat" korrespondiert mit BUCHANANs „protective state"

183 vgl. z.B. BAUMANN, Bernd, Offene Gesellschaft..., a.a.O., S.289 ff.; BAUMANN beruft sich dabei auf die oben vorgetragene COASE'sche Auffassung externer Effekte

184 vgl. dazu POPPER, Karl Raimund, Erkenntnis ohne Autorität (1960), in: Ders., Lesebuch, Tübingen, 1995, S. 26 ff.

185 die bereits konstatierte Unergiebigkeit der hier behandelten Ansätze resultiert nicht zuletzt gerade daraus, daß sie einerseits mit dem Postulat einer „objektiven Erkenntnis" im Sinne einer eindeutigen Trennbarkeit von synthetischen und analytischen Sätzen arbeiten, aber andererseits sich diese eindeutige Trennbarkeit nicht allgemein und erst recht nicht im Hinblick auf die Ableitung politisch relevanter Beurteilungen durchhalten läßt; zur diesbezüglichen wissenschaftstheoretischen Diskussion vgl. u.a. die genannte Arbeit von TUSCHLING, Bernhard und Marie RISCHMÜLLER, Kritik des logischen Empirismus,..., a.a.O.

Zweitens lenkt die Ablehnung konstruktivistischer Ansätze bei gleichzeitig möglicher Eindeutigkeit von Umweltproblemen (bestimmter Art und bestimmten Umfanges) die Aufmerksamkeit auf die politische Aktualisierung, d.h. auf diejenigen Marktprozesse, die zu (umwelt-) politischen Entscheidungen führen. Im Mittelpunkt der Politikanalyse sollten daher auch weniger die Zielsetzungen als die prozeduralen Aspekte, die Funktionsweise der politischen Märkte, stehen. Die nicht falsifizierten Erkenntnisse müssen sich im politischen Marktsystem jeweils durchsetzen können, um die „richtigen" politischen Entscheidungen herbeiführen und mittlerweile falsifizierte Politikgrundlagen revidieren zu können[186]. Eine entscheidende Frage ist daher, wie das politische Marktgeschehen zu gestalten ist, um den berechtigten Umweltschutzinteressen zum Durchbruch zu verhelfen, letztlich also die Frage nach dem „institutionellen Arrangement". Die Ansatzpunkte, die sich für eine rationale Umweltpolitik im Sinne von COASE daraus ergeben, sollen im folgenden etwas näher betrachtet werden.

4.3. Die Ableitung von Ansatzpunkten für umweltpolitische Maßnahmen

Im vorangehenden Abschnitt zeigte sich, daß die umweltökonomische Theorie nach COASE von einem Umweltproblem ausgeht (bzw. ausgehen muß), welches aus erkennbaren Sachverhalten und falsifizierbaren Hypothesen über Umweltzusammenhänge resultiert. Ein solches Umweltproblem könnte dabei durchaus analog zu den Überlegungen im Rahmen der Theorie der öffentlichen meritorischen Umweltgüter formuliert sein. Würde es dann der Logik der COASE'schen Argumentation entsprechen, das Umweltproblem auch mit vergleichbaren politischen Mitteln anzugehen?
Wie gezeigt wurde, sollte dies offensichtlich nicht der Fall sein. Die im Rahmen der Theorie der öffentlichen meritorischen Umweltgüter abgeleiteten Ansatzpunkte für umweltpolitische Maßnahmen scheinen im Sinne des COASE'schen Ansatzes als „konstruktivistisch" ablehnbar zu sein. Und doch - sieht man einmal von der strengen, ergebnisorientierten Betrachtung ab, dann könnten die im

---

[186] dies entspricht einer „Politik der kleinen Schritte" im Sinne von POPPERs sozialtechnologischem Ansatz: „Eine solche Politik wird Veränderungen und Neuerungen vorsichtig und versuchsweise vornehmen - da nur so eine genügend detaillierte Erfolgskontrolle möglich ist -, und sie wird sich über die Resultate ihrer Maßnahmen durch laufende Erfolgskontrolle informiert halten und bereit sein, aus Fehlern zu lernen, d.h. falls das Gesamtresultat negativ zu bewerten ist, ihre Politik entsprechend ändern" (RADNITZKY, Gerard, Wertfreiheitsthese: Wissenschaft, Ethik und Politik, in: Ders. und Gunnar Andersson (Hrsg.), Voraussetzungen und Grenzen der Wissenschaft, Tübingen, 1981, S.118); vgl. auch OLSON, Mancur, Umwelt-Unteilbarkeiten und Informationskosten. Fanatismus, Unwissenheit und geistiger Fortschritt, in: Ders., Umfassende Ökonomie, Tübingen, 1991, S. 244 ff (orig.: Environmental Indivisibilities and Information Costs: Fanaticism, gnosticism, and Intellectual Progress, in: American Economic Review, Papers and Proceedings, 1982, S. 262 ff.)

Zusammenhang mit der Theorie der öffentlichen meritorischen Umweltgüter angedeuteten Lösungsansätze auch für den COASE'schen Ansatz akzeptabel erscheinen. Denn warum sollten nicht Öko-Steuern oder Zertifikate transaktionskostenminimale Lösungen sein, vorausgesetzt, daß Standards oder handelbare Emissionsmengen genügend flexibilisiert werden könnten?

Damit beginnt wiederum der Unterschied zwischen dem Ansatz der öffentlichen meritorischen Umweltgüter und der COASE'schen Theorie zu verschwimmen. Sollte am Ende gar der betont antikonstruktivistische Ansatz diesen Anspruch nicht einlösen können?

Um sich einer Antwort auf diese Frage nähern zu können, bietet es sich an, die entsprechend auf COASE'schen (bzw. HAYEK'schen, POPPER'schen etc.) Vorstellungen aufbauende Literatur zu konsultieren. Dabei ist zunächst festzustellen, daß die oben vordringlich behandelten Exponenten des COASE'schen Paradigmas sich in bezug auf allzu konkrete Aussagen zu Ansätzen für umweltpolitische Maßnahmen eher zurückgehalten haben. Ohne hier sämtliche Aussagen von COASE, HAYEK, BUCHANAN oder POPPER im einzelnen bewerten zu wollen oder zu können, möchte ich bei aller Vorsicht doch behaupten, daß sie sich alle - im Gegensatz zu ihren verbalen Anschlägen auf die „konstruktivistische Torheit" der Wohlfahrtsökonomik - mehr oder weniger dem Ansatz der öffentlichen meritorischen Umweltgüter annähern, und dabei letztlich auch um „konstruktivistische" Urteile nicht herumkommen[187]. Denn wenn auch vorhin hervorgehoben wurde, daß der An-

[187] für COASE wurde dies bereits oben andeutungsweise belegt, indem er nämlich administrative Lösungen für Umweltprobleme befürwortet (vgl. COASE, Ronald H., Das Problem..., a.a.O., S. 151 f. und entsprechend FN 186); damit korrespondiert auch die von EL-SHAGI hervorgehobene Tatsache, daß WEGEHENKEL für Probleme, die im Rahmen seines Ansatzes möglicherweise auftreten, „ausgesprochen interventionistische Lösungen vorschlägt" (EL-SHAGI, El-Shagi, Verhandlungsthese..., a.a.O., S. 126); HAYEKs latenter Konstruktivismus zeigt sich u.a. dann, wenn er Mehrheitsentscheidungen nicht gelten lassen will, sondern es geradezu als Regelfall beschreibt, daß Minderheiten besser informiert sind als Mehrheiten, so daß „Mehrheitsentscheidungen sagen..., was Menschen im Augenblick wollen, aber nicht, was sie in ihrem Interesse wollen würden, wenn sie besser informiert wären" (HAYEK, Friedrich August von, Die Verfassung der Freiheit, a.a.O., S. 134); ARNOLD hat ihn u.a. deshalb einen „non-teleological constructivist" genannt (ARNOLD, R. A., Hayek and Institutional Reform, abgedruckt in:WOOD, John Cunningham und Ronald N. WOODS (eds.), Friedrich A. Hayek: Critical Assessments, Vol. III, London u.a., 1991, S. 234; orig. in: Journal of Libertarian Studies, 1980); daß sich auch bei BUCHANAN konstruktivistische Elemente finden, braucht wohl kaum eigens belegt zu werden; interessant ist, daß sich BUCHANAN gelegentlich eine „konstitutionelle Revolution" ausmalt, die auf der Grundlage eines „Erziehungswunders" durch einzelne Menschen umgesetzt werden soll, die von einem „'großen Entwurf'...begeistert sind" und seines Erachtens „sehr wohl bereit sein (könnten), die ....öffentliche Güter-Schwelle zu überschreiten" (BUCHANAN, James M., Freiheit und Gesellschaftsordnung, a.a.O., S. 66 f.); was schließlich POPPER betrifft, so scheint zunächst das von ihm polemisch bis aufs Messer verteidigte Prinzip der negativen Freiheit, das Leidminimierungsprinzip im Gegensatz zum utilitaristischen Glücksmaximierungsprinzip, eine eindeutige Ablehnung des Konstruktivisvus zu implizieren; daß dem nicht so ist, ergibt sich aus der von POPPER nicht beantworteten Frage, wo die Leidminimierung aufhört und die Glücksmaximierung beginnt; darauf wird später (in Teil III dieser Arbeit) noch einzugehen sein; daß die von ihm vorgeschlagene Stückwerktechnologie durchaus eine interventionistische Tendenz hat, wird überdies von POPPER auch nicht immer geleugnet (vgl. z.B. POPPER, Karl Raimund, Die offene Gessellschaft...., Bd. 2,

satz nach COASE logischerweise stärker auf die prozeduralen Aspekte umweltpolitischer Maßnahmen abstellt, so kommt doch auch eine solche Politikorientierung, die sich auf einen negativen Freiheitsbegriff stützt, nicht ohne Kriterien für „richtige" oder „falsche" Politikbeurteilungen aus. Im Gegensatz zur Theorie der öffentlichen meritorischen Umweltgüter bleibt allerdings die normative Basis des COASE'schen Paradigmas nicht nur verborgen, die Möglichkeit einer (auch umweltpolitischen) Normbegründung wird sogar explizit verneint.

Daraus ergibt sich dann allerdings die Frage, wie aus der falsifizierbaren Hypothese eines Umweltproblems eine umweltpolitische Handlungsanweisung folgt. Dazu wurde bereits vorhin ausgeführt, daß eine wichtige Forderung des Ansatzes nach COASE darin bestehen muß, die politischen Märkte institutionell so zu gestalten, daß eben die falsifizierbaren Hypothesen im poltischen Willensbildungsprozeß angemessen wirksam werden können. Aber was heißt hier „angemessen"? Wer bestimmt, ob sich eine geäußerte umweltpolitische These unter dem gegebenen institutionellen Arrangement „angemessen" durchsetzen läßt oder nicht? Eine häufig anzutreffende These lautet in diesem Zusammenhang, daß in einem demokratischen System eben die Wähler über die Angemessenheit der Gewichtung politischer Eingriffe entscheiden sollen, und daß deswegen dasjenige institutionelle Gefüge umzusetzen sei, das eine bestmögliche Durchsetzung der einzelnen Wählerpräferenzen erlaube. So plausibel diese Auffassung auf den ersten Blick ist, so unplausibel ist sie auf den zweiten. Denn die Umsetzung einer ökologischen, nicht-falsifizierten, objektiven Erkenntnis gelingt unter den genannten Umständen nur dann, wenn zumindest einer Mehrheit der Wähler die Erkenntnis überhaupt bekannt ist, und diese sich nicht wider besseres Wissen dann für eine Ignoranz gegenüber jener Hypothese entscheiden.

Insgesamt ist es daher auch nicht weiter überraschend, daß auch der Ansatz nach COASE letztlich auf „konstruktivistische" Elemente zurückgreifen muß, wobei dann bei gleichzeitig propagierter Ablehnung eines „konstruktivistischen" Ansatzes der Begründungszusammenhang systematisch verdunkelt bleibt. M.E. erklärt sich daraus die Vagheit des vorliegenden Ansatzes, sobald es um die Ableitung konkreter politischer Maßnahmen geht[188].

Diese Unsicherheit ist meiner Ansicht nach in der gesamten Literatur spürbar, die sich zur Ableitung (umwelt-) politischer Maßnahmen auf neoinstitutionalistische Ansätze a la COASE stützt[189].

---

a.a.O., S. 154 ff. sowie HAGIWARA, Yoshihisa, Zum Verständnis..., a.a.O., S. 64)

[188] z.B. heißt es bei OLSON: „Wenn es wichtig ist, ein Verhalten rasch ändern zu können, sobald bzw. wenn wir schließlich wissen, daß das Ökosystem weiteren Belastungen nicht ausgesetzt werden darf, dann ist es auch wichtig, daß wir die nötige Aufgeschlossenheit besitzen, um unsere Ansichten und unsere Politik bei Eintreffen entscheidender Information augenblicklich zu verändern." (OLSON, Mancur, Umwelt-Unteilbarkeiten..., a.a.O., S. 253); den im Zitat offenbarten kumpelhaften Paternalismus findet man nicht nur bei OLSON

[189] vgl. z.B. die mehrfach genannte Arbeit von RICHTER und FURUBOTN, die bemüht sind, den Stand der

Wenn ich recht sehe, lassen sich dabei drei unterschiedliche Argumentationsgänge unterscheiden, deren Gewicht innerhalb der umweltökonomischen Diskussion ebenfalls stark differiert.

Zunächst einmal ist auf den Lösungsvorschlag von WEGEHENKEL zu verweisen, der zwar - wie oben bereits erklärt - der COASE'schen Argumentation insgesamt nicht gerecht wird, aber immerhin versucht, das (vermeintliche) COASE-Theorem durch die Forderung nach einer möglichst vollständigen Spezifizierung von Eigentumsrechten an Umweltmedien in die Tat umzusetzen. Dieser Ansatz - so versichert BAUMANN - sei auch der mit der POPPER'schen Sozialtheorie der offenen Gesellschaft am besten harmonisierende Ansatz[190]. Daß eine Lösung in dieser Richtung gerade aufgrund von Transaktionskostenerwägungen kaum zu erwarten ist, wurde oben bereits festgestellt. Zudem tritt das Problem auf, daß die bei vorliegender vollständiger Spezifizierung von Eigentumsrechten an Umweltmedien sich durch Markttransaktionen ergebende Umweltqualität nur zufällig einem aus der „objektiven Umwelterkenntnis" folgenden anzustrebenden ökologischen Zustand entsprechen würde. Ist eine vollständige Spezifizierung von Eigentumsrechten nicht möglich, sondern nur eine „grobkörnige" „'angepaßte Exklusivität'"[191], ergibt sich die Frage nach der Begründung von entsprechenden Abgrenzungskriterien. M.E. ist allerdings trotz aller Schwächen dieses Vorschlages zu betonen, daß er zumindest eine prinzipiell mögliche Ausprägung des COASE'schen Ansatzes thematisiert (und dabei allerdings auch verabsolutiert). WEGEHENKEL muß meiner Ansicht nach zumindest der Versuch zugute gehalten werden, eine strikt non-konstruktivistische Lösung ermitteln zu wollen, selbst wenn ihm das nicht gelingt bzw. aus den angegebenen Gründen auch gar nicht gelingen kann.

Eine zweite Argumentationslinie, die wohl dem Großteil der umweltökonomischen Literatur entspricht, geht im wesentlichen direkt von einem (dann nicht weiter begründeten) Primat des Umweltproblems aus, und fragt analog zur Theorie der öffentlichen meritorischen Umweltgüter nach dem kostengünstigsten Instrument. Rudimente des COASE'schen Ansatzes erhalten sich dabei in der Analyse der politischen Institutionen mit Hilfe der Neuen Politischen Ökonomik, und zwar vor allem mit der Fragestellung, unter welchen Bedingungen sich die kostengünstigsten Instrumente durchsetzen lassen, bzw. warum sie sich bis jetzt nicht hinreichend durchgesetzt haben[192]. Unter Hinzuziehung des (i.d.R.) nicht weiter hinterfragten sog. Brückenprinzips „Sollen setzt Können voraus" kann im Rahmen einer solchen Vorgehensweise weiterhin untersucht werden, welche In-

Diskussion zu präsentieren, und nicht umhin kommen ständig zu betonen, „daß eine große Zahl wichtiger Fragen noch offen ist" (RICHTER, Rudolf und Eirik FURUBOTN, Neue Institutionenökonomik, a.a.O., S 508)

190 vgl. BAUMANN, Bernd, Offene Gesellschaft..., a.a.O., S. 292 ff.

191 vgl. WEGEHENKEL, Lothar, Gleichgewicht, Transaktionskosten und Evolution, Tübingen, 1981, S. 10 ff.

strumentenempfehlung „aus ökonomischer Sicht“ vor dem Hintergrund gegebener politischer Institutionen am erfolgversprechendsten ist. Daraus kann sich dann auch eine andere „beste“ Instrumentenempfehlung ergeben als im Rahmen der Theorie der öffentlichen meritorischen Umweltgüter. Unbefriedigend bleibt bei einem solchen Argumentationsgang allerdings die m.E. aus dem COASE'schen Ansatz nicht unmittelbar abzuleitende Gegenüberstellung von „Markt“ und „Staat“; es leuchtet jedenfalls nicht ein, nach welchem Effizienzkriterium die ohne Berücksichtigung der politischen Märkte abgeleiteten Instrumente überhaupt sinnvoll geordnet werden können. Eine solche isolierte Effizienzbetrachtung scheint mir gerade im Widerspruch zur COASE'schen Intention zu stehen[193].

Eine dritte Variante schließlich versucht dem Ansatz nach COASE durch eine Betrachtung des Handlungskontextes selbst gerecht zu werden, wobei allerdings ebenfalls von einem ökologischen Primat ausgegangen wird. Diesbezügliche Argumentationen zielen im wesentlichen auf eine Beurteilung des jeweiligen politischen Interventionsmusters durch die auf privatwirtschaftlichen Märkten handelnden Akteure ab[194]. Es geht dabei einerseits darum, den Handlungskontext im Hinblick auf die ökologischen Erfordernisse zu steuern (sog. „Kontextsteuerung“[195]), andererseits aber auch die jeweiligen Eingriffsmuster einer Effizienzkontrolle durch privatwirtschaftliche Märkte zugänglich zu machen. Die Kontextsteuerung sollte dabei den Anforderungen des COASE'schen Ansatzes möglichst gerecht werden, nämlich ausgehend von einem negativen Freiheitsbegriff unter Berück-

---

[192] vgl. z.B. BALKS, Marita, Umweltpolitik..., a.a.O.

[193] deshalb wird diese Argumentationslinie der sog. Neuen Politischen Ökonomie im weiteren Verlauf der Arbeit (vgl. besonders die Überlegungen zum Kriterium der politischen Durchsetzbarkeit in Teil II) eher der Theorie der öffentlichen meritorischen Umweltgüter zugeordnet, zumal der größere Teil der Literatur im Rahmen dieser Verbindung zu argumentieren scheint; auf die damit einhergehenden Spannungen wird noch genauer Bezug genommen; wiederum macht sich hier das tendenzielle Ineinanderübergehen der Theorie der öffentlichen meritorischen Umweltgüter und des neoinstitutionalistischen Ansatzes nach COASE bemerkbar

[194] diese dritte Variante eines auf COASE aufbauenden Räsonnements befindet sich weitgehend noch in einem Konsolidierungs-, wenn nicht gar erst Entstehungsprozeß; neben der „Kontextsteuerung“ (s.u.) steht dabei der sog. Ordnungswettbewerb im Mittelpunkt der Betrachtung; vgl. zu älteren Entwicklungen ebenso wie zu neueren Tendenzen GERKEN, Lüder und Andreas RENNER, Ordnungspolitische Grundfragen einer Politik der Nachhaltigkeit, Gutachten im Auftrag des Bundeswirtschaftsministeriums, Walter Eucken Institut, Freiburg, o.J. (1996); von ökonomischer Seite wurde der Ansatz besonders von Gerhard WEGNER weiterentwickelt, vgl. WEGNER, Gerhard, Wirtschaftspolitik zwischen Selbst- und Fremdsteuerung - ein neuer Ansatz, Baden-Baden, 1996, sowie Ders., Marktkonforme Umweltpolitik zwischen Dezisionismus und Selbststeuerung, Tübingen, 1994; in diese Richtung sind wohl auch FREY/SCHNEIDER einzuordnen; von der zweiten im Text genannten Variante rücken sie insoweit ab, als sie die unabhängig vom politischen Marktsystem (nach ihrer Terminoogie) „neoklassischen“ Lösungen nicht mehr als first-best betrachten; vgl. FREY, Bruno S. und Friedrich SCHNEIDER, Warum wird die Umweltökonomik kaum angewendet?, in: Zeitschrift für Umweltpolitik und Umweltrecht, 1997, S. 153 ff.

[195] vgl. WEGNER, Gerhard, Kontextsteuerung - Alternative zu Dirigismus und Laissez-Faire?, in: ORDO, 1993, S. 271 ff.; WEGNER wiederum führt den Begriff auf den Soziologen Helmut WILLKE zurück

sichtigung des Evolutionsgedankens (das impliziert eine Abwendung von einer Zustandsorientierung und eine stärkere Beachtung von Innovationspotentialen) transaktionskostenminimierende Lösungen zu initiieren und dabei genügend Möglichkeiten zur Überprüfung und Revision der erzielten Steuerungsergebnisse vorzusehen. Idealerweise könnte man sich einen ökologischen Innovationswettbewerb vorstellen, der weitgehend von den privaten Wirtschaftseinheiten getragen wird[196]. Die notwendigen Staatseingriffe beziehen sich im Rahmen dieses Konzeptes vor allem auf die Vorgabe der Richtung des Wettbewerbs.

Die Vorgabe einer ökologischen Ausrichtung der privaten Wirtschaftsaktivitäten erstreckt sich dabei einerseits auf die Bildung und Förderung von Ökopräferenzen und andererseits auf die systematische „Entwertung von (umweltschädigenden) Handlungsmöglichkeiten“[197] bzw. spiegelbildlich gesprochen: die Senkung von Transaktionskosten zur Durchführung umweltfreundlicher Handlungen[198]. Die Frage ist allerdings, auf welchem Wege diese „Entwertung von Handlungsmöglichkeiten“ oder die Stärkung der Ökopräferenzen vollzogen werden kann, und vor allem auch, in welchem Umfang. WEGNER führt bezüglich der ersten Teilfrage im Prinzip die gesamte Palette der bekannten umweltpolitischen Instrumente von der Informationspolitik bis zur Auflage auf[199], bezüglich des Steuerungsumfangs verweist er auf die politischen Entscheidungsprozesse bzw. auf die eigenständige Rolle der Politik[200]. Als Richtschnur verbleibt letztlich die Devise, daß die Politik nicht dauerhaft gegen den Markt intervenieren könne, ohne das Gesamtsystem zu gefährden: „In diesem Sinne könnte ein regulierungsarmer Instrumenteneinsatz entwickelt werden, der möglichst eng an den Selbststeuerungskräften des Marktes orientiert bleibt“[201].

Der hier offensichtlich bestehenden Schwierigkeit, Interventionismus von Marktkonformität abzugrenzen, wird mit dem Postulat eines „Ordnungswettbewerbs“ begegnet. Danach würde ein Steuerungssystem, welches über die ökologischen Präferenzen der Bürger hinaus umweltpolitisch interveniert, durch entsprechende ökonomische Abwanderungsreaktionen bestraft; z.B. könnte eine übertriebene Umweltpolitik zu „Kapitalflucht“ führen. Durch Ordnungswettbewerb soll also gewis-

---

[196] vgl. dazu und im folgenden WEGNER, Gerhard, Marktkonforme Umweltpolitik..., a.a.O., S. 43 ff.

[197] vgl. WEGNER, Gerhard, Wirtschaftspolitik..., a.a.O., S. 163 ff.; mir leuchtet allerdings die Argumentation von WEGNER nicht ein, daß die Entwertung von Handlungsmöglichkeiten nicht auch uno actu die relative Aufwertung anderer Handlungs*möglichkeiten* bedeutet („mittelbar“ und als „Nebenfolge“ schließt dies allerdings auch WEGNER nicht aus;vgl. ebenda, S. 164 ff.)

[198] nicht ganz klar ist mir dabei, warum etwa WEGNER sich dabei auf die Nachfrager und Anbieter beschränkt, die sich auf den privatwirtschaftlichen Produktmärkten gegenüberstehen; eine solche Begrenzung scheint mir eher willkürlich und keineswegs notwendig zu sein; vgl. WEGNER, Gerhard, Marktkonforme Umweltpolitik..., a.a.O., S. 43 ff.

[199] vgl. WEGNER, Gerhard, Marktkonforme Umweltpolitik...,a.a.O., S. 46 ff. und Ders., Wirtschaftspolitik..., a.a.O., S. 165 f.; zu den einzelnen Instrumenten vgl. Teil II dieser Arbeit

[200] vgl. WEGNER, Gerhard, Marktkonforme Umweltpolitik..., a.a.O., S. 49 ff.

[201] ebenda, S. 48

sermaßen ein endogener Mechanismus der Abwägung von ökonomischen und ökologischen Präferenzen oder Interessen gewährleistet werden[202].

Der Gedanke eines Ordnungswettbewerbs kollidiert jedoch erstens, wie den vorangehenden Überlegungen zu entnehmen ist, mit dem vorausgesetzten Primat des Umweltproblems, indem die Gleichwertigkeit ökonomischer und ökologischer Präferenzen unterstellt wird. Selbst in dem unwahrscheinlichen Fall, daß sich die Präferenzen einer Wählermehrheit in bezug auf ein bestimmtes umweltpolitisches Interventionsmuster durchsetzen, ist damit nicht unbedingt eine im Sinne der obigen Theorie sinnvolle Umweltpolitik anvisiert.

Zweitens setzt die Nutzung von Ordnungswettbewerb zur Entscheidung über das marktwirtschaftlichste umweltpolitische Steuerungsmodell voraus, daß die ökonomischen „Abwanderungsreaktionen" in bestimmtem Ausmaß eindeutig auf die umweltpolitischen Eingriffe zurückgeführt werden können. Das dies unmöglich ist, wird selbst von den Befürwortern des Ordnungswettbewerbskonzepts (implizit) zugegeben[203].

Ohne die Liste der Probleme des Ordnungswettbewerbskonzeptes noch weiter verlängern zu wollen (was problemlos möglich wäre) kann m.E. festgehalten werden, daß auch die dritte hier diskutierte Variante des COASE'schen Ansatzes eine Fülle von Umsetzungsproblemen erwarten läßt, und schließlich ebenfalls die Gefahr eines von einem Schwall Marktwirtschaftsrethorik begleiteten Interventionismus nicht stichhaltig abwehren kann.

Zusammenfassend muß gesagt werden, daß die Ableitung von Ansatzpunkten für umweltpolitische Maßnahmen im Rahmen des COASE'schen Ansatzes aufgrund der mit diesem Ansatz verbundenen immanenten Schwierigkeiten nicht befriedigend gelungen ist. Immerhin kann man der Argumentation nach COASE verschiedene „Fluchtpunkte" entnehmen, die zur Beurteilung umweltpolitischer Strategien berücksichtigt werden müssen, nämlich vor allem den als Reziprozitätsannahme formulierten negativen Freiheitsbegriff und das Transaktionskostenminimierungsprinzip[204]. Auch wenn sich diese „Charaktereigenschaften" nicht abstrakt auf den Punkt bringen lassen, soll versucht werden, sie bezüglich der bereits bestehenden Vorschläge für umweltpolitische Handlungsanweisungen und zur Beurteilung der bisherigen bundesdeutschen Umweltpolitik im Hinblick auf Implikationen des COASE'schen Ansatzes auszuwerten.

---

[202] vgl. GERKEN, Lüder und Andreas RENNER, Ordnungspolitische Grundfragen..., a.a.O., S. 102 ff.; Ordnungswettbewerb kann sich dabei auf regional oder international bestehende Steuerungsstrategien beziehen; auch könnte auf eine potentielle Konkurrenz (etwa Regierungsprogramme) abgestellt werden

[203] vgl. ebenda, S. 112, FN 59

[204] wie in Teil II noch deutlicher werden wird, sich aber auch schon in der m.E. unvermeidbaren Vagheit der vorangehenden Überlegungen widerspiegelte, läßt sich besonders das Reziprozitätspostulat tatsächlich nicht vollkommen durchhalten, sondern führt zu Widersprüchen, die letztlich „konstruktivistisch" aufgelöst werden müssen

TEIL II IMPLIKATIONEN DER DREI UMWELTÖKONOMISCHEN ANSÄTZE

Im vorangehenden ersten Teil der vorliegenden Arbeit wurde versucht, die wohlfahrtstheoretisch begründete (traditionelle) Umweltökonomik so, wie sie in der Literatur beschrieben wird, in drei deutlich voneinander unterscheidbare, wesentlich inkommensurable Theorien aufzugliedern. Wenn im folgenden angestrebt wird, aus diesen einzelnen Theorien Schlußfolgerungen für umweltpolitische Maßnahmen zu ziehen, dann soll auch dabei das zugrunde gelegt werden, was die umweltökonomische Literatur anbietet. Es kommt mir entsprechend primär darauf an, die in der Literatur bereits bekannten Beurteilungskriterien, Instrumente und Darstellungen deutscher Umweltpolitik jeweils aus Sicht der drei umweltökonomischen Ansätze zu erörtern. Das Ziel der folgenden Ausführungen ist es demgegenüber nicht, neue Lösungsansätze oder -varianten zu entwickeln. Deshalb, und weil m.E. eine ganze Reihe hervorragender Abhandlungen zu den genannten Problemkreisen vorliegen, glaube ich mich hier so kurz wie möglich fassen zu dürfen.

1. Die Bedeutung unterschiedlicher Beurteilungskriterien für umweltpolitische Instrumente aus Sicht der drei Ansätze

Es ist natürlich eine Binsenweisheit, daß ein Vergleich unterschiedlicher umweltpolitischer Strategien mindestens ein Vergleichskriterium voraussetzt. Und wenn es nur ein einziges einheitliches Beurteilungskriterium gäbe, wäre es nicht weiter schwierig, modellmäßig formulierte Politikvorschläge in eine konsistente Rangfolge zu bringen. Nun werden in der umweltökonomischen Literatur allerdings verschiedene Beurteilungskriterien genannt, deren Stellenwert nicht immer eindeutig ist, so daß auch die diesbezüglich diskutierten Instrumente nicht mehr in einer Art „Hitliste" geordnet werden. Typisch für den Großteil der umweltökonomischen Literatur dürfte das Ergebnis von ENDRES sein, der verschiedene Instrumente mit explizit als „Alternativen" bezeichneten Beurteilungskriterien konfrontiert: „Die Analyse ergab, daß kein 'ideales' umweltpolitisches Instrument existiert, das alle Alternativen dominierte und daher allein zur Erreichung des Ziels einer Emissionssenkung verwendet werden sollte. Den Stärken eines Instrumentes bei einem Beurteilungskriterium stehen seine Schwächen bei einem anderen Kriterium gegenüber"[205]. Ebenso typisch scheint

[205] ENDRES, Alfred, Umweltökonomie, a.a.O., S. 177

mir der von ENDRES daran anschließende „Ratschlag" zu sein, „eine vernünftige Umweltpolitik (möge) ein Portefeuille verschiedener, wohl aufeinander abgestimmter Instrumente einsetzen"[206]. Um einer solch deprimierenden Schlußfolgerung zu entkommen, soll im folgenden zunächst versucht werden, den Stellenwert verschiedener Beurteilungskriterien im Rahmen der drei besprochenen Ansätze zu untersuchen, damit möglicherweise eindeutigere Ergebnisse bezüglich wichtiger umweltpolitischer Instrumente abgeleitet werden können. Neben den häufig genannten Kriterien der ökonomischen Effizienz, der ökologischen Wirksamkeit, der dynamischen Anreizwirkung und der politischen Durchsetzbarkeit sollen dabei auch die Frage nach den umweltpolitischen Handlungsprinzipien, die Frage der monetären Bewertung und die Problematik gesamtwirtschaftlicher Zielkonflikte miteinbezogen werden.

1.1. Prinzipienkonformität

Wohl der größte Teil umweltökonomischer Abhandlungen enthält einen Abschnitt über die „umweltpolitischen Handlungsprinzipien" oder „Prinzipien der Umweltpolitik"[207]. Darunter werden „grundsätzliche Handlungsanweisungen an den wirtschaftspolitischen Entscheidungsträger"[208] verstanden, die der „Komplexitätsreduktion (dienen), indem sie Leitlinien für die Auswahl und den Einsatz von umweltpolitischen Maßnahmen geben, so daß eine rationale Umweltpolitik betrieben werden kann"[209]. Etwas anders ausgedrückt kann man die umweltpolitischen Handlungsprinzipien auch als Kostenzurechnungsprinzipien[210] auffassen, denn sie dienen primär dazu, der Politik vorzugeben, wer bzw. welche Personengruppe durch Umweltpolitik vor allem zu belasten sei. Vor diesem Hintergrund ist es dann allerdings einerseits überraschend, daß die „Prinzipien der Umweltpolitik" bestenfalls in lockerem Bezug zu den übrigen Kriterien zur Auswahl umweltpolitischer Instrumente diskutiert werden[211], und daß andererseits der theoretische Zusammenhang zwischen ein-

---

[206] ebenda; etwas später empfiehlt er mit Blick auf die deutsche Umweltpolitik eine „ausgewogenere Gestaltung des zur Verfolgung umweltpolitischer Ziele eingesetzten Instrumentariums" (ebenda)

[207] vgl. u.a. WICKE, Lutz, Umweltökonomie, a.a.O., S. 150 ff.; CANSIER, Dieter, Umweltkonomie, a.a.O., S. 130 ff.; PÄTZOLD, Jürgen und Gerhard MUSSEL, Umweltpolitik, Sternenfels u.a., 1996, S. 51 ff.; TISCHLER, Klaus, Umweltökonomie, München u.a., 1994; siehe auch WEIMANN, Joachim, Prinzipien der Umweltpolitik, in: JUNKERNHEINRICH, Martin, Paul KLEMMER und Gerd Rainer WAGNER (Hrsg.), Handbuch zur Umweltökonomie, Berlin, 1995, S. 215 ff. und LINTZ, Gerd, Vom Verursacherprinzip zum Aufteilungsprinzip, in: Zeitschrift für Umweltpolitik und Umweltrecht, 1994, S. 57 ff.

[208] WEIMANN, Joachim, Prinzipien..., a.a.O., S. 215

[209] MEYER, Sigrid, Ökonomische Theorie..., a.a.O., S. 32

[210] so z.B. LINTZ, Gerd, Vom Verursacherprinzip...,a.a.O., S. 57

[211] vgl. z.B. CANSIER, Dieter, Umweltökonomie, a.a.O., Kap. 6 und 7; SEEL, Andreas, Zur Effizienz der

zelnen umweltpolitischen Handlungsprinzipien keineswegs eindeutig geklärt zu sein scheint[212]. Zudem lassen bereits die einzelnen Prinzipien jeweils für sich genommen unterschiedliche Deutungen zu.

Um angesichts der bestehenden Unklarheiten eine Beurteilung umweltpolitischer Maßnahmen zu ermöglichen, kann zum einen jeweils für einen konkreten Fall von den Definitionen ausgegangen werden, die der zu untersuchende Politikträger selbst vorgenommen hat[213]. Zum anderen können inhaltliche Bedeutung und relativer Stellenwert der umweltpolitischen Handlungsprinzipien auch aus den theoretischen Grundlagen erschlossen werden. Im Rahmen der vorliegenden Untersuchung ist der letztgenannte Weg zu wählen, wobei von den in der Literatur vorrangig diskutierten Prinzipien ausgegangen wird.

Das sicherlich bekannteste umweltpolitische Handlungsprinzip dürfte das **Verursacherprinzip** sein, nach welchem „(j)eder, der die Umwelt belastet oder sie schädigt,...für die Kosten dieser Belastung oder Schädigung aufkommen“[214] soll.

Im hier zu diskutierenden Zusammenhang setzt das Verursacherprinzip dabei zunächst voraus, daß der Verursacher eindeutig identifiziert werden kann. Ein Blick in die umweltökonomische Literatur verrät, daß in dieser Voraussetzung eines der Hauptprobleme einer Operationalisierung des Verursacherprinzips gesehen wird[215]. Für die mangelnde Eindeutigkeit des Verursacherprinzips wird dabei einerseits auf das COASE-Theorem verwiesen, andererseits werden die komplexen ökologischen Zusammenhänge angeführt, die eine Ermittlung einzelner Verursacher systematisch erschweren. Weiterhin wird darauf hingewiesen, daß bestimmte ökologische Schäden der Vergangenheit entstammen (Altlasten), wobei deren Verursacher nicht mehr festgestellt werden können, oder daß Verursacher ökologischer Schäden außerhalb eines betreffenden politisch-rechtlichen Hoheitsbereiches angesiedelt sind. Etwas anders gelagert ist demgegenüber der Einwand, daß eine Schadenszurechnung auf Produzenten und Konsumenten nicht eindeutig vorgenommen werden kann.

Vor dem Hintergrund der in dieser Arbeit formulierten drei unterschiedlichen umweltökonomischen Theorien treffen allerdings diese Einwände nicht mehr uneingeschränkt zu.

Umweltpolitik: die Sicht der ökonomischen Theorie der Politik, München, 1993, Kap. 2.6 und 2.7

212 in diesem Sinne formuliert auch HOLZINGER: „Über das Verhältis dieser verschiedenen, teilweise widersprüchlichen umweltpolitischen Prinzipien herrscht in Politik und Forschung noch weitgehende Unklarheit“ (HOLZINGER, Katharina, Umweltpolitische Instrumente aus Sicht der staatlichen Bürokratie, München, 1987, S. 97)

213 eine solche Vorgehensweise ist allerdings nur dann sinnvoll, wenn die Prinzipien vom Politikträger in eindeutiger Weise formuliert sind, was tatsächlich selten genug der Fall sein dürfte

214 JARRE, Jan, Verursacherprinzip, in: Umwelt und Energie, Freiburg, 1980, Gr. 3/100

215 vgl. z.B. PÄTZOLD, Jürgen und Gerhard MUSSEL, Umweltpolitik, a.a.O., S. 51 f.; TISCHLER, Klaus, Umweltökonomie, a.a.O., S. 42 f.

Sicherlich wird man sagen können, daß immer dann, wenn man vom ökologischen Schaden bzw. einer einzuhaltenden ökologischen Zielvorgabe her argumentiert, das Verursacherprinzip in der Tat wenig aussagekräftig ist. So zeigt etwa die Herleitung des Umweltproblems im Rahmen der Theorie der öffentlichen meritorischen Umweltgüter, daß es kaum Personen gibt, die nicht in irgendeiner Weise Verursacher von Umweltproblemen sind. Das Verursacherprinzip stellt daher im Sinne dieser Theorie eine „Leerformel" da, die für praktisch jede politisch-ideologische Position problemlos in Anspruch genommen werden kann[216].

Große Probleme entstehen auch bei Verwendung des COASE'schen Ansatzes. Zwar existiert dort eine theoretisch eindeutige Kostenzurechnungsregel, nach welcher derjenige mit den Kosten für einen ökologischen Schaden zu belasten ist, für den diese Kosten am niedrigsten sind, aber dies entspricht zum einen nicht mehr der oben angegebenen Formulierung des Verursacherprinzips und ist andererseits außerhalb der übersimplifizierten COASE'schen Beispiele nicht mehr durchführbar, wie die Diskussion um die Umsetzung des COASE'schen Ansatzes wohl hinreichend deutlich gezeigt hat.

Tatsächlich ist das Verursacherprinzip nur für die (hier abgeleitete) Theorie externer Effekte in Anlehnung an PIGOU eindeutig definiert. Wie die Überlegungen in Abschnitt I.3. gezeigt haben, ist dies deshalb der Fall, weil die Externalitätenanalyse gleichsam auf der Grundlage des Verursacherprinzips durchgeführt wird. M.E. ist es auch gerade darauf zurückzuführen, daß das Verursacherprinzip in der umweltökonomischen Diskussion überhaupt so lange eine so große Popularität genoß. Je mehr die PIGOU'sche Analyse in der Theorie der öffentlichen meritorischen Umweltgüter aufging - und im Verlauf der Arbeit wird noch zu zeigen sein, daß dieser Übergang fast notwendig aus den anwendungsbezogenen Problemen folgt -, desto fragwürdiger mußte eine Fixierung auf das Verursacherprinzip zwangsläufig werden. Mittlerweile wurden in der umweltökonomischen Diskussion eine Reihe weiterer Prinzipien entwickelt, die als Kostenzurechnungsprinzipien das Verursacherprinzip weitgehend abgelöst haben.

Als das vermutlich bekannteste von diesen ist zunächst das **Gemeinlastprinzip** zu nennen, welches - glaubt man der umweltökonomischen Literatur - lediglich als Ergänzung zum Verursacherprinzip konzipiert wurde[217]. Insofern fordere das Gemeinlastprinzip, daß immer dann und nur dann, wenn

---

[216] das betont besonders FEESS, Eberhard, Umweltökonomie..., a.a.O., S. 142 ff.; FEESS hält allerdings - im Gegensatz zu der hier vertretenen Position - aus der ökonomischen Theorie generell kein Verursacherprinzip für ableitbar; auch HANSMEYER/SCHNEIDER beklagen, daß das Verursacherprinzip „mittlerweile zur unverbindlichen politischen Leerformel degeneriert" ist (HANSMEYER, Karl-Heinrich und Hans Karl SCHNEIDER, Umweltpolitik, Göttingen, 1990, S. 13)

[217] so z.B. BARTEL, Rainer, Allgemeine Grundlagen der Umweltpolitik, in: Ders. und Franz Hackl, Einführung in die Umweltpolitik, München, 1994, S. 26; WEIMANN, Joachim, Prinzipien der Umweltpolitik, a.a.O., S. 217 f.; WICKE, Lutz, Umweltökonomie, a.a.O., S.156

sich die Verursacher von Umweltschäden nicht eindeutig ermitteln lassen, die öffentliche Hand für die Kosten der Beseitigung/Vermeidung von Umweltschäden aufzukommen hat. Oft werden in diesem Zusammenhang die bereits oben angedeuteten Fälle grenzüberschreitender Schäden und von Altlasten genannt. Wie allerdings bereits die oben und auch in früheren Abschnitten angestellten Überlegungen zeigen, ist es immer dann, wenn man vom ökologischen Schaden her argumentiert (und dies gilt für die Theorie der öffentlichen meritorischen Güter ebenso wie für den Ansatz nach COASE[218]), nicht mehr theoretisch schlüssig möglich, eindeutige Verursacherzuweisungen auch unabhängig von den genannten „Spezialfällen" vorzunehmen. Und weil es sich so verhält, kann dann auch weder sinnvoll zwischen Verursacher- und Gemeinlastprinzip differenziert werden, noch ist die Rede vom angeblich lediglich ergänzenden Charakter des Gemeinlastprinzips besonders aussagekräftig.

Dasselbe läßt sich denn auch praktisch für alle weiteren umweltpolitischen Handlungsprinzipien sagen, die zwischenzeitlich ausdifferenziert bzw. dazu erfunden wurden, wie etwa das Vorsorgeprinzip und das Nutznießerprinzip.

Nach dem **Nutznießerprinzip**[219] sind die Kosten für eine Verbesserung der Umweltqualität oder für die Verhinderung von Umweltschäden denjenigen zuzurechnen, die von der umweltschutzpolitischen Maßnahme profitieren. Dementsprechend kann das Nutznießerprinzip je nach Geschmack sowohl als Spezialfall des Gemeinlast- wie auch des Verursacherprinzips[220] aufgefaßt werden, und unterliegt damit denselben Unbestimmtheitsproblemen.

Ähnliches gilt auch für das **Vorsorgeprinzip**[221], das seit den 80er Jahren mehr und mehr in den Mittelpunkt der Prinzipiendiskussion gerückt ist[222]. Allerdings handelt es sich m.E. auch hierbei um eine Art Verursacher- (oder Gemeinlast-) Prinzip, wobei zukünftig zu erwartende Kosten der ge-

---

[218] in praxi gilt dies auch für die Theorie externer Effekte, vgl. die Diskussion um das Monetarisierungsproblem unten in Abschnitt II.1.7.

[219] die Namensgebung geht auf MEISSNER zurück; vgl. MEISSNER, Werner, Prinzipien der Umweltpolitik, in: WILDENMANN, Rudolf (Hrsg.), Umwelt, Wirtschaft, Gesellschaft. Wege zu einem neuen Grundverständnis, (Gerlingen), 1986, S. 199; WICKE bezeichnet das Nutznießerprinzip auch als „Geschädigtenprinzip"; vgl. WICKE, Lutz, Umweltökonomie, a.a.O., S. 159 ff.

[220] dem Gemeinlastprinzip wird das Nutznießerprinzip z.B. von TISCHLER und von WICKE zugeordnet (vgl. TISCHLER, Klaus, Umweltökonomie, a.a.O., S. 47; WICKE, Lutz, Umweltökonomie, a.a.O., S. 156 ff).; für BONUS ist es eine Ausprägung des Verursacherprinzips (vgl. z.B. BONUS, Holger, Eine Lanze für den „Wasserpfennig", in: Wirtschaftsdienst, 1986, S. 451 ff.)

[221] das Vorsorgeprinzip wird häufig noch weiter aufgegliedert in die Aspekte Gefahrenabwehr, Risikovorsorge und Zukunftsvorsorge (vgl. z.B. TISCHLER, Klaus, Umweltökonomie, a.a.O., S. 38 ff.); in Anbiederung an den Zeitgeist kann man auch von einem Prinzip der „Nachhaltigkeit" sprechen (vgl. z.B. WEIMANN, Joachim, Prinzipien..., a.a.O., S. 218 ff.)

[222] vgl. BEYER, Hans-Martin, Das Vorsorgeprinzip in der Umweltpolitik, Ludwigsburg u.a., 1992, S. 33; ZIMMERMANN, Klaus, Zur Anatomie des Vorsorgeprinzips, in: Aus Politik und Zeitgeschichte. Beilage zur Wochenzeitung Das Parlament, 6/90, 1990, S. 3

genwärtigen Generation zugerechnet werden[223]. Wiederum gilt: wird von einem klar definierten ökologischen Ziel ausgegangen (wie z.B. Reduktion bestimmter Schadstoffemissionen, Bekämpfung des Treibhauseffektes), nur dann macht eine Ausdifferenzierung des Vorsorgeprinzips aus den schon genannten Prinzipien einen Sinn. Gerade für die Theorie der öffentlichen meritorischen Umweltgüter hat das Vorsorgeprinzip daher (zurecht) eine zentrale Bedeutung erlangt. Wie aus den Überlegungen im ersten Teil dieser Arbeit hervorgeht, gilt dies allerdings nicht in demselben Maße für den Ansatz nach COASE. Die im Rahmen dieser Theorie betonte ständige Öffnung für Politikrevisionsmöglichkeiten führt zu einer gewissen Skepsis gegenüber längerfristig angelegten Eingriffsstrategien „von oben“[224].

Gerade für Vertreter einer eher an COASE'schen Grundgedanken orientierten Umweltökonomik gewinnt daher das **Kooperationsprinzip** an Relevanz. Die Forderung nach umweltpolitischer Kooperation zielt dabei einerseits auf die Beteiligung von Bürgern und Interessengruppen an der ökologischen Zielsetzung und andererseits auf die dadurch verbesserte Möglichkeit zur Bildung von ausgeprägten Umweltpräferenzen möglichst breiter Bevölkerungs- (und damit auch Käufer-) Schichten ab[225]. Und wie bereits im Abschnitt über die Ansatzpunkte umweltpolitischer Maßnahmen aus Sicht des COASE'schen Ansatzes beschrieben wurde, zählt das Vorhandensein hinreichend ausgeprägter Ökopräferenzen mit zu den Voraussetzungen eines möglichst marktendogen getragenen ökologischen Innovationswettbewerbs[226]. Aus COASE'scher Sicht wird somit einerseits dem ökologischen Primat, andererseits der prozeduralen Orientierung am besten durch das so verstandene Kooperationsprinzip[227] entsprochen.

---

223 in diesem Sinne spricht WEIMANN auch von einem „intergenerativem Verteilungsprinzip“ (siehe WEIMANN, Joachim, Prinzipien..., a.a.O., S. 220)

224 vgl. dazu WEGNER, Gerhard, Marktkonforme Umweltpolitik..., a.a.O., S. 41 ff.; WEGNER verweist dabei u.a. auf das Beispiel der Kfz-Katalysatoren, deren „vorsorglicher“ Einsatz möglicherweise per Saldo gar nicht zu einer Umweltentlastung geführt hat, und betont die damit in Zusammenhang stehende Gefahr einer Interventionsspirale; wie bereits in Teil I hervorgehoben, beharrt er (im Sinne des COASE'schen Ansatzes) aber gleichzeitig auf der Notwendigkeit einer politischen „Außensteuerung“, was zu einer gewissen Vagheit seiner Schlußfolgerungen (notwendigerweise) beiträgt (vgl. ebenda, bes. S. 48 ff.)

225 vgl. in diesem Sinne HOFFMANN-RIEM, Wolfgang und Martin EIFERT, Umweltpolitische Kooperation, in: JUNKERNHEINRICH, Martin, Paul KLEMMER und Gerd Rainer WAGNER (Hrsg.), Handbuch..., a.a.O., S. 318 f. sowie TISCHLER, Klaus, Umweltökonomie, a.a.O., S. 44 f.

226 vgl. dazu wiederum WEGNER, Gerhard, Marktkonforme Umweltpolitik..., a.a.O., S. 46 ff. (bes. auch S. 49) sowie auch FREY, Bruno S. und Friedrich SCHNEIDER, Warum..., a.a.O., S. 165 f.

227 das Kooperationsprinzip wird z.T. allerdings auch anders ausgelegt, nämlich als direktes Verhandlungsprinzip zwischen einzelnen Verursachern und Betroffenen oder zwischen Staat und einzelnen Verursachern, also etwa im Sinne des COASE-Theorems (vgl. z.B. WEIMANN, Joachim, Prinzipien..., a.a.O., S. 216; siehe zu einer Unterscheidung auch MEISSNER, Werner, Prinzipien..., a.a.O., S. 198); wie die Diskussion um den Ansatz von COASE in dieser Arbeit ergab, ist eine solche Interpretation aber im Rahmen des COASE'schen Ansatzes gerade nicht geeignet; vielleicht ist es jedoch u.a. auf die „Widerlegung“ des COASE-Theorems zurückzuführen, daß dem Kooperationsprinzip in der

In der umweltökonomischen Literatur beginnt sich zunehmend die Meinung durchzusetzen, die ganze Prinzipiendiskussion bringe nichts und sei im Grunde bloß leeres Wortgeklingel[228]. Ein solches Ergebnis liegt m.E. immer dann nahe, wenn man der zum Teil recht konfusen umweltökonomischen Diskussion eine einheitliche theoretische Grundlage im Sinne der Theorie öffentlicher meritorischer Umweltgüter unterstellt. Da es in der vorliegenden Studie darum ging, einen unterschiedlichen Charakter umweltökonomischer Argumentationen herauszustellen, verwundert es nicht, daß je nach zugrunde gelegter Theorie den einzelnen Prinzipien auch ein unterschiedlicher Stellenwert zukommt. Insgesamt läßt sich so feststellen, daß das umweltpolitische Instrumentarium nach der Theorie der öffentlichen meritorischen Umweltgüter vor allem dem Vorsorgeprinzip, nach der Theorie externer Effekte einzig und allein dem auch nur dort eindeutig definierten Verursacherprinzip[229] und nach dem COASE'schen Ansatz primär dem Kooperationsprinzip genügen sollte. Ungeachtet eines mitunter gravierenden Konkretisierungsproblems[230] läßt sich damit m.E. doch

---

umweltökonomischen Diskussion vergleichsweise am wenigsten Beachtung geschenkt wird; ein zweiter Grund für die Vernachlässigung in der theoretischen Diskussion dürfte sein, daß i.d.R. aus der Sichtweise der Theorie der öffentlichen meritorischen Umweltgüter argumentiert wird, in welcher prozedurale Aspekte nicht direkt im Vordergrund stehen; schließlich könnte drittens argumentiert werden, daß das Kooperationsprinzip - gerade als Verfahrensprinzip - nicht direkt als Kostenzurechnungsprinzip verstanden werden kann und deshalb aus dem normalen Rahmen der Prinzipiendiskussion fällt; letzteres trifft natürlich zu, allerdings läßt sich auch das Kooperationsprinzip zumindest indirekt als Zurechnungsprinzip konstruieren (die Zurechnung stellt ja das Ergebnis der Kooperation dar)

228 so resümiert GAWEL u.a.: „Die Prinzipiendiskussion verfängt sich zudem in zunehmend grotesk anmutenden Abgrenzungs- und Differenzierungsbemühungen, die nicht nur zur Genese immer neuer Unter- und Teilprinzipien mit jeweils begrenztem Geltungsanspruch führen muß; auch koinzidieren einzelne Prinzipien (Verursacher-, Gemeinlast-, Nutznießerprinzip) je nach Problemstellung und verweisen den akademischen Streit im Einzelfall in den Rang der Spiegelfechterei" ; kein Wunder, daß deshalb für GAWEL „damit wohl kein Weg an der Einschätzung vorbei (führt), daß der Versuch, umweltpolitisches Handeln unter Rückgriff auf allgemein verbindliche und konsensuale Prinzipien gleichsam axiomatisch zu begründen, gescheitert ist" (GAWEL, Erik, Ökonomie der Umwelt..., a.a.O., S. 41 und S. 40); wie oben im Text gezeigt wurde, trifft GAWELs Verdikt wohl auf die Unterscheidung der bei ihm im Zitat genanten Prinzipien zu, wenn man wie GAWEL offenbar von der Theorie der meritorischen öffentlichen Güter ausgeht; aber auch dann gilt das nicht mehr unbedingt hinsichtlich des Vorsorgeprinzips (das GAWEL nicht eingehender behandelt, vgl. ebenda, S. 41); und letztlich wird sicher auch GAWEL nicht ernsthaft für eine prinzipienlose Umweltpolitik eintreten wollen; schon von daher glaube ich, daß die Prinzipienfrage nicht völlig unsinnig ist

229 oben wurden zwei Fälle genannt, die eine Politik nach dem Verursacherprinzip nicht abdeckt (Altlasten, Verursacher im Ausland), weshalb ja in der Literatur auch vom „ergänzenden Charakter" des Gemeinlastprinzips gesprochen wird; da in dieser Arbeit zu ermitteln versucht wird, was sich aus Sicht der umweltökonomischen Theorien sagen läßt, ist zu betonen, daß sich auch im Sinne der Theorie externer Effekte bei Eindeutigkeit des Verursacherprinzips eine Ergänzung durch das Gemeinlastprinzip aus der Theorie heraus nicht begründen läßt

230 besonders dem Kooperationsprinzip wird in diesem Zusammenhang unterstellt, „allgemein als vageste und unbestimmteste Prinzipienformel" zu gelten (GAWEL, Erik, Ökonomie der Umwelt..., a.a.O., S.41, sowie ähnlich MEYER, Sigrid, Ökonomische Theorie..., a.a.O., S. 38); auch hier möchte ich meinen, daß die Vagheit von der damit in Zusammenhang gebrachten theoretischen Grundlage in nicht zu vernachlässigendem Umfang abhängt; zudem glaube ich, daß sich Konkretisierungsprobleme bei politischen Anwendungen theoretischer Aussagen generell kaum vermeiden lassen, und diese deshalb

zumindest der Tendenz nach auf eine unterschiedliche Ausrichtung der aus den verschiedenen Theorien folgenden umweltpolitischen Strategien schließen, welche dementsprechend bei der Beurteilung von Instrumentenvorschlägen jeweils zu berücksichtigen ist[231].

1.2. Statische Allokationseffizienz

Die im ersten Teil der vorliegenden Untersuchung beschriebenen umweltökonomischen Theorien basieren wesentlich auf wohlfahrtsökonomischen Erwägungen, was u.a. auch bedeutet, daß sie soziale Optimalvorstellungen explizieren. Von daher gesehen verwundert es nicht, wenn für die Beurteilung umweltpolitischer Strategien dem Kriterium der ökonomischen Effizienz eine zentrale Bedeutung zukommt. Und nach dem in Teil I gesagten verwundert es auch nicht weiter, daß dieses Kriterium im weit überwiegenden Teil der Literatur übereinstimmend im Sinne der Theorie der öffentlichen meritorischen Umweltgüter beschrieben wird. Demnach wird unter statischer Allokationseffizienz „die Erreichung einer umweltpolitisch angestrebten Emissionsminderung mit minimalem gesamtwirtschaftlichen Ressourcenverzehr"[232] verstanden. Häufig wird auch von „Kosteneffizienz" gesprochen. Wie bereits im Zusammenhang mit der Beschreibung der Theorie öffentlicher meritorischer Umweltgüter hervorgehoben wurde (vgl. Abschnitt I.2.3.) umfaßt der Kostenbegriff dabei nicht nur die privatwirtschaftlichen Kosten der Erfüllung einer ökologischen Zielvorgabe, sondern auch die übrigen gesamtwirtschaftlichen Kostenkomponenten hinsichtlich etwa der Einbußen bei anderen gesamtwirtschaftlichen Zielen sowie die „Transaktionskosten" der Formulierung, Umsetzung und Kontrolle umweltpolitischer Strategien. Die in den folgenden Abschnitten noch zu besprechenden Kriterien sind daher - zumindest aus der Sicht der Theorie der öffentlichen meritorischen Umweltgüter - auf das Kriterium der statischen Allokationseffizienz bezogen[233]. Da so die

---

auch kein alles entscheidender Einwand sein können

231 in der Literatur lassen sich noch weitere Prinzipien der Umweltpolitik ermitteln, wie etwa das „Schwerpunktprinzip" (WICKE, Lutz, Umweltökonomie..., a.a.O., S. 168 ff.) oder das „Aufteilungsprinzip" (LINTZ, Gerd, Vom Verursacherprinzip..., a.a.O., S. 64 ff.), die jedoch m.E. keine grundlegend verschiedenen Ausrichtungen der Umweltpolitik thematisieren und deshalb auch hier nicht behandelt werden müssen

232 BALKS, Marita, Umweltpolitik..., a.a.O., S. 54; vgl. auch ENDRES, Alfred, Umweltökonomie, a.a.O., S. 118; MICHAELIS, Peter, Ökonomische Instrumente in der Umweltpolitik, Heidelberg, 1996, S. 42; CANSIER, Dieter, Umweltökonomie, a.a.O., S. 170; FEESS, Eberhard, Umweltökonomie..., a.a.O., S. 19; BARTEL, Rainer, Allgemeine Grundlagen..., a.a.O., S. 37; KEMPER, Manfred, Das Umweltproblem..., a.a.O., S. 85 ff. (BALKS unterstellt an der genannten Stelle (siehe FN 32) KEMPER eine andere Definition, was aber nicht zutrifft; es handelt sich m.E. lediglich um eine andere Art der Formulierung)

233 dies gilt im Prinzip auch für das Kriterium der dynamischen Effizienz, welches allerdings auch (aus Sicht

einzelnen Kostenkomponenten das Kriterium der statischen Allokationseffizienz eigentlich erst mit Leben füllen, wird die „Kosteneffizienz“ in einem engeren Sinne in der Literatur i.d.R. auf die privatwirtschaftlichen Kosten eingeschränkt. Dies soll im folgenden auch hier so gehandhabt werden. „Kosteneffizienz“ als Beurteilungskriterium umweltpolitischer Instrumente soll im Rahmen der Theorie der öffentlichen meritorischen Umweltgüter also nur auf eine Kostenkomponente unter mehreren bezogen sein.

In der umweltökonomischen Literatur wird die eben angesprochene Kosteneffizienz häufig als „second-best-Lösung“ bezeichnet, da die first-best-Lösung im Sinne einer PIGOU'schen Theorie externer Effekte insbesondere aufgrund von Problemen der monetären Bewertung nicht realisierbar sei[234]. Wie schon im ersten Teil dieser Arbeit zu zeigen versucht wurde, trifft diese Position nicht unbedingt zu; vielmehr entspricht es m.E. der Theorie der öffentlichen meritorischen Güter, ebenfalls ein first-best zu formulieren[235].

Jedenfalls ist bereits damit angedeutet, daß die Theorie externer Effekte unter statischer Allokationseffizienz etwas anderes versteht, nämlich die vollständige Internalisierung externer Effekte auf Empfänger- und Verursacherseite nach dem Verursacherprinzip. Da keine ökologische Zielvorstellung unmittelbar politisch handlungsleitend wird, ist selbstverständlich das Kriterium der statischen Allokationseffizienz für den Ansatz nach PIGOU hochgradig relevant.

Etwas schwieriger gestaltet sich die Beurteilung des Kriteriums der statischen Allokationseffizienz nach dem COASE'schen Ansatz. Wie im ersten Teil der vorliegenden Untersuchung bereits ausgeführt, versucht sich der Ansatz einerseits gerade vehement von der statischen Allokationsbetrachtung abzugrenzen, die dort als theoretische Grundlage des Konstruktivismus erscheint. Andererseits kommt aber auch der Ansatz nach COASE nicht ganz ohne konstruktivistische Elemente aus, zumindest sofern er (umwelt-) politische Maßnahmen begründen soll. Deshalb kommt auch im Rahmen des COASE'schen Ansatzes der statischen Effizienzbetrachtung, aufgefaßt analog zur Theorie der öffentlichen meritorischen Umweltgüter, eine gewisse Bedeutung zu. Allerdings dürfte die relative Bedeutung des Kriteriums der Kosteneffizienz niedriger anzusetzen sein.

Insgesamt zeigt sich damit auch für das Kriterium der statischen Allokationseffizienz, daß sich der Stellenwert im Rahmen der Beurteilung umweltpolitischer Strategien je nach zugrundegelegter umweltökonomischer Theorie unterscheidet.

---

anderer umweltökonomischer Ansätze) alternativ ausgelegt werden kann (vgl. unten, Abschnitt II.1.4.)

[234] vgl. z.B. KEMPER, Manfred, Das Umweltproblem..., a.a.O., S. 31; WEIMANN, Joachim, Umweltökonomik, a.a.O., S. 103; SIEBERT, Horst, Analyse der Instrumente.., a.a.O., S.37

[235] vgl. die eigentlch in diese Richtung weisende Bemerkung bei KEMPER, Manfred, Das Umweltproblem...,

1.3. Ökologische Effektivität

„Mit der ökologischen Treffsicherheit ist die Fähigkeit eines Instrumentes gemeint, das vorgegebene Zielniveau exakt zu erreichen“[236]. Nach dem oben zur statischen Allokationseffizienz Gesagten ist der Stellenwert dieses Kriteriums nicht übermäßig schwer abzuschätzen.

Im Rahmen der Theorie der öffentlichen meritorischen Umweltgüter ist der ökologischen Effektivität allerhöchste Priorität zuzuordnen, denn dort kommt es ja gerade darauf an, das ermittelte Umweltqualitätsniveau zu erreichen, und dies möglichst kostengünstig. Dementsprechend ist, wie bereits oben angedeutet, die ökologische Zielerreichung der Kosteneffizienz vorgeordnet. Es ist jeweils dasjenige Instrument zu wählen, das ein vorgegebenes Umweltqualitätsziel mit den geringsten Gesamtkosten zu realisieren imstande ist.

Die „ökologische Inzidenz“ ist auch im Rahmen des COASE'schen Ansatzes von herausragender Bedeutung. Wie im ersten Teil zu zeigen versucht wurde, gilt auch dort der Primat der Ökologie. Ähnlich wie für das Kriterium der statischen Allokationseffizienz gilt aber auch hier eine gewisse Einschränkung. Nach dem COASE'schen Ansatz resultiert diese aus dem größerem Gewicht, das dort dem ökologischen Zielbildungsprozeß im Sinne ständiger Revisionsbereitschaft eingeräumt wird. Wenn man berücksichtigt, daß der ökologischen Effektivität auch eine zeitliche Komponente eignet und man dementsprechend das Kriterium unter dem Aspekt der Wirkungsgenauigkeit ebenso wie unter dem Aspekt der Wirkungsgeschwindigkeit betrachten kann[237], dann dürfte im Vergleich mit der Theorie der öffentlichen meritorischen Umweltgüter die Schnelligkeit der Zielerreichung stärker zu gewichten sein. Dies gilt nicht zuletzt auch im Hinblick auf das im COASE'schen Ansatz wichtigere Motiv der ökologischen Innovation[238].

Nach der im ersten Teil beschriebenen umweltökonomischen Theorie externer Effekte in Anlehnung an PIGOU spielt dagegen das Kriterium der ökologischen Treffsicherheit überhaupt keine Rolle, da für diese Theorie kein eigenständiges ökologisches Ziel politisch wirksam formuliert ist. Im Zusammenhang mit der Erörterung der Monetarisierungsfrage wird sich allerdings herausstellen,

---

a.a.O., S. 15, FN 1

236 ENDRES, Alfred, Umweltökonomie, a.a.O., S. 101 (im Original mit Hervorhebungen); vgl. auch SIEBERT, Horst, Analyse der Instrumente..., a.a.O., S. 111, KEMPER, Manfred, Das Umweltproblem..., a.a.O., S. 65 ff., BARTEL, Rainer, Allgemeine Grundlagen..., a.a.O., S. 37 ff., STEPHAN, Gunther und Michael AHLHEIM, Ökonomische Ökologie, a.a.O., S. 97 ff. und BALKS, Marita, Umweltpolitik..., a.a.O., S. 57

237 vgl. zur Wirkungsgenauigkeit und Wirkungsgeschwindigkeit MICHAELIS, Peter, Ökonomische Instrumente..., a.a.O., S. 39 f.; vgl. auch WICKE, Lutz, Umweltökonomie, a.a.O., S. 438 f.

238 in diesem Sinne kann wohl auch die Vorstellung von WEGNER verstanden werden, umweltpolitische Interventionen eher auf „ein momentanes 'Anstoßen', nicht aber auf einen permanenten Dirigismus auszurichten“ (WEGNER, Gerhard, Marktkonforme Umweltpolitik..., a.a.O., S. 47)

daß sich die PIGOU-Lösung im Anwendungsfall nicht aufrechterhalten läßt, so daß sich für die praktische Umweltpolitik auch bezüglich der anzulegenden Kriterien in etwa die gleichen Schlußfolgerungen ergeben wie im Rahmen der Theorie der öffentlichen meritorischen Umweltgüter.

1.4. Dynamische Anreizwirkung

Bereits im Zusammenhang mit der Ableitung von Ansatzpunkten für umweltpolitische Maßnahmen im Rahmen der Theorie der öffentlichen meritorischen Umweltgüter wurde darauf hingewiesen, daß ein nach dem Kriterium der statischen Allokatonseffizienz unterlegen erscheinendes Instrument sich unter Einbezug zeitlicher Aspekte dennoch als das kostengünstigste erweisen könnte, indem es etwa zu einer dauerhaften Senkung statischer Kostenkomponenten anreizt (vgl. Abschnitt I. 2.3.). Das dementsprechende Beurteilungskriterium wird in der Literatur überwiegend als „dynamische Anreizwirkung" diskutiert, worunter die Fähigkeit eines umweltpolitischen Instrumentes verstanden wird, „die Entwicklung und Einführung umwelttechnischen Fortschritts zu induzieren"[239].
Diese grundlegende Beschreibung läßt bereits erkennen, daß erstens hinter diesem Kriterium wiederum eine ökologische Zielsetzung stehen muß, von der zwar die Theorie der öffentlichen meritorischen Umweltgüter und der Ansatz nach COASE, nicht aber die Theorie externer Effekte dominiert wird.
Wie bereits im ersten Teil dieser Arbeit besprochen, stellt die Theorie der öffentlichen meritorischen Umweltgüter auf eine jeweils klar formulierte ökologische Zielsetzung ab, eben das jeweils qualitativ und quantitativ festgelegte Umweltgut. Von daher gesehen steht zunächst die dynamische Anreizwirkung in der Ausprägung als Minimalprinzip im Mittelpunkt der Betrachtung (das gesetze Umweltqualitätsvolumen mit über die Zeit hinweg jeweils geringeren Kosten zu erreichen). Die Ausprägung als Maximalprinzip (mit dem kostenmäßig gleichen Ressourceneinsatz ständig größere Mengen eines Umweltqualitätsgutes zu produzieren) entspricht demgegenüber eigentlich nicht der Logik der Theorie öffentlicher Güter, da eine Überproduktion von Umweltqualität zu Wohlfahrtseinbußen führen würde[240]. Insgesamt dürfte das Kriterium der dynamischen Anreizwirkung daher

---

[239] ENDRES, Alfred, Umweltökonomie, a.a.O., S. 131; vgl. auch BALKS, Marita, Umweltpolitik..., a.a.O., S. 57, FÜRST, Urs Christoph, Umweltökonomik..., a.a.O., S. 73, FEESS, Eberhard, Umweltökonomie..., a.a.O., S.19, KEMPER, Manfred, Das Umweltproblem..., a.a.O., S. 92, CANSIER, Dieter, Umweltökonomie, a.a.O., S. 174 f., sowie MICHAELIS, Peter, Ökonomische Instrumente..., a.a.O., S. 48 ff.

[240] bei der Beurteilung umweltpolitischer Instrumente wird nichtsdestoweniger auch das Maximumprinzip herangezogen, worauf in Abschnitt II.2. noch hinzuweisen sein wird; in der Literatur werden die beiden Ausprägungen des Effizienzprinzips i.d.R. als gleich wichtig dargestellt; vgl. z.B. ENDRES, Al-

im Rahmen der Theorie der öffentlichen meritorischen Umweltgüter zwar als nicht unwichtig, aber auf jeden Fall dem Kriterium der statischen Allokationseffizienz nachrangig einzustufen sein.

Was die umweltökonomische Theorie nach COASE betrifft, so wurde ebenfalls bereits in Teil I der vorliegenden Studie die herausragende Bedeutung betont, die der ökologischen Innovationstätigkeit nach diesem Ansatz beigemessen wird. Schließlich versuchen sich die Vertreter einer so an COASE orientierten Position gerade von der ihrer Ansicht nach „konstruktivistischen“ Statik durch eine prozeßorientierte Sicht abzugrenzen. Demnach wäre also nach diesem Ansatz die Bedeutung der dynamischen Anreizwirkung relativ hoch gegenüber etwa der statischen Allokationseffizienz oder der ökologischen Inzidenz zu veranschlagen. Allerdings muß m.E. im Rahmen des COASE'schen Ansatzes die dynamische Anreizwirkung etwas anders interpretiert werden, als dies oben (entsprechend dem überwiegenden Teil der umweltökonomischen Literatur) dargestellt wurde. Wiederum ergibt sich dabei die Schwierigkeit, daß auch der COASE'sche Ansatz letztlich ohne „konstruktivistische“ Elemente nicht auskommt. Je stärker die „konstruktivistische“ Komponente im COASE'schen Ansatz zum Tragen kommt, desto ähnlicher wäre auch das Kriterium der dynamischen Anreizwirkung einzuschätzen. Immerhin läßt sich m.E. sagen, daß die dynamische Anreizwirkung nach COASE stärker auf das Innovationspotential schlechthin ausgerichtet ist. Das heißt, daß die Innovationstätigkeit nicht so sehr unter der Forderung nach Erreichung eines bestimmten ökologischen Zielwertes, als vielmehr unter Flexibilitätsgesichtspunkten betrachtet werden muß[241]. Demensprechend wären umweltpolitische Instrumente eher im Hinblick auf die Anpassungsmöglichkeiten an veränderte Situationen oder auch ökologische Vorgaben zu beurteilen.

Für die umweltökonomische Theorie externer Effekte in Anlehnung an PIGOU gilt grundsätzlich und auf der rein theoretischen Ebene, daß auch das Kriterium der dynamischen Anreizwirkung keiner besonderen Betrachtung bedarf. Nicht nur, weil es nach diesem Ansatz kaum instrumentelle Alternativen gibt, sondern auch, weil die übergeordnete ökologische Zielvorstellung fehlt. Wie im Zusammenhang mit dem Kriterium der ökologischen Treffsicherheit erwähnt, ändert sich dies allerdings im Zuge der praktischen Bewältigung des Monetarisierungsproblems, so daß sich auch hier zur Theorie der öffentlichen meritorischen Umweltgüter analoge Konsequenzen ergeben.

---

fred, Umweltökonomie..., a.a.O., S. 131 ff.

[241] vgl. in diese Richtung gehend STEPHAN, Gunther und Michael AHLHEIM, Ökonomische Ökologie, a.a.O., S. 86; für ein Beispiel vgl. wiederum die Katalysatorpolitik, WEGNER, Gerhard, Marktkonforme Umweltpolitik..., a.a.O., S. 41 f.

1.5. Gesamtwirtschaftliche Zielkonformität

Es dürfte unbestritten sein, daß eine aktive Umweltpolitik, so wie jeder andere politische Eingriff auch, Auswirkungen auf die sog. „gesamtwirtschaftlichen Ziele" hat, die für die Bundesrepublik Deutschland im Stabilitäts- und im Sachverständigenratsgesetz formuliert sind, also auf die Ziele angemessenes und stetiges Wirtschaftswachstum, Preisniveaustabilität, hoher Beschäftigungsstand, außenwirtschaftliches Gleichgewicht und gerechte Einkommensverteilung[242]. Keineswegs unumstritten ist allerdings erstens die Frage, ob sich umweltpolitische Maßnahmen eher konfliktär, neutral oder sogar zielharmonisch auswirken. Zweitens stellt sich vor dem Hintergrund der hier auseinandergehaltenen drei umweltökonomichen Theorien die Frage, inwieweit diese Auswirkungen überhaupt für Art und Umfang eines umweltpolitischen Eingriffs entscheidungsrelevant werden.

Im folgenden soll hier ohne weitere (mögliche) Differenzierungen zunächst ganz allgemein davon ausgegangen werden, daß Umweltpolitik gleich welcher Form zu einer Veränderung des Ressourceneinsatzes führt. Nimmt man zusätzlich eine ökologische Zielsetzung an (wie die Theorie der öffentlichen meritorischen Umweltgüter und der Ansatz nach COASE), dann zielt eine aktive Umweltpolitik auf einen vermehrten Ressourceneinsatz zur Produktion von Umweltqualität ab; eine Steigerung der Umweltqualität wird dann als prinzipiell gleichberechtigte Zielsetzung zu den anderen gesamtwirtschaftlichen Zielen begriffen.

Betrachtet man unter diesen Voraussetzungen die Auswirkungen aktiver Umweltpolitik auf das Wachstumsziel, dann könnte man zuerst die Frage stellen, ob zwischen den beiden Zielen „Steigerung der Umweltqualität" und „angemessenes und stetiges Wirtschaftswachstum" eher ein Konflikt oder eher eine Harmonie besteht. Daß schon diese einfache Frage alles andere als einfach zu beantworten ist, deutet bereits auf die grundsätzliche Schwierigkeit hin, die die Einführung einer neuen gesamtwirtschaftlichen Zielsetzung mit sich bringt: Die Postulierung des Zieles „Steigerung der Umweltqualität" kann den Charakter der anderen Zielsetzungen, insbesondere des Wachstumszieles verändern.

So wird argumentiert[243], daß das Wachstumsziel ja eigentlich auf die gesamtgesellschaftliche Wohlfahrtssteigerung abzielt, und - da Umweltqualität eine Wohlfahrtskomponente darstelle - es deshalb

---

[242] hier soll keine intensive Auseinandersetzung um die Sinnhaftigkeit dieser gesamtwirtschaftlichen Ziele selbst geführt werden; wie unten aber zumindest angedeutet wird, stellt gerade auch die Forderung nach Berücksichtigung eines Umweltqualitätszieles u.U. den bisherigen Charakter der anderen gesamtwirtschaftlichen Ziele in Frage

[243] Zweck des folgenden Abschnitts ist es nicht, möglichst viele einzelne Argumente für und wider abzuhandeln, sondern lediglich an einigen zentralen Aussagen den Kostenaspekt der gesamtwirtschaftlichen Zielkonflikte zu verdeutlichen; für eine detaillierte Beschreibung möglicher Zusamenhänge zwischen Umweltqualitätsziel und Wachstumsziel (und ebenso anderer Ziele) vgl. WICKE, Lutz, Umweltöko-

zumindest keinen prinzipiellen Konflikt zwischen Wachstum und Umweltqualitätssicherung[244] geben könne[245]. Und Umweltqualität stellt nach dieser Argumentation vor allem insoweit eine Wohlstandwachstumskomponente dar, als „saubere Umwelt“ mit steigendem Einkommen höher gewichtet werde.

Weiterhin wird häufig darauf abgestellt, daß schon allein deswegen, weil „die natürlichen Ressourcen auch langfristig Basis jeden materiellen Wohlstands und jeder Produktion materieller Wirtschaftsgüter sein werden, ...Umweltschutz...conditio sine qua non jeden wirtschaftlichen Wachstums“[246] sei.

Schon für sich genommen, sind beide Argumente allerdings nicht ganz unproblematisch. So stellt die höhere Gewichtung von Umweltqualität mit steigendem Einkommen zwar keine unplausible Annahme dar, kann aber keineswegs zwingend unterstellt werden; und selbst wenn dies tendenziell gelten sollte, hängt die daraus hergeleitete Begründung aktiver Umweltpolitik ebenso wie die Harmonie mit dem Wachstumsziel von der Verteilung der Umweltnutzungen im Raum wie auch von der Verteilung der Einkommen bzw. Einkommenszuwächse ab.

Das zweite genannte Argument für eine Zielharmonie abstrahiert zumindest in der zitierten strikten Fassung von den Möglichkeiten einer effizienteren Nutzung des jeweils übrig bleibenden Ressourcenberges und von der Möglichkeit der Entdeckung neuer Ressourcen[247]. Dem kann auch nicht entgegengehalten werden, daß „ganz langfristig“ (zumindest nach heutigem Erkenntnisstand) alle natürlichen Ressourcen irgendwie nur begrenzt zur Verfügung stehen. Denn gerade dann ließe sich

---

nomie, a.a.O., S.535 ff. (bzw. S. 463 ff.); m.E. kommt allerdings bei WICKE trotz oder gerade wegen der Detailmenge der allokationstheoretische Zusammenhang zu kurz; vgl. für einen Überblick über gesamtwirtschaftliche Wirkungen auch DIETRICH, Vera, Makroökonomische Wirkungen von Umweltschutz, in: Vierteljahresheft zur Wirtschaftsforschung, 1994, S. 341 ff.

244 natürlich kann ein Unterschied zwischen „Umweltqualitätssteigerung“ und „Umweltqualitätssicherung“ bestehen, wenn man von der ökologischen Zielsetzung ausgeht; bezogen auf den Ressourceneinsatz bedeutet allerdings das Ziel einer „Umweltqualitätssicherung“ ebenfalls einen steigenden Faktoreinsatz, weshalb die beiden unterschiedlichen Begriffe hier tendenziell synonym gebraucht werden; vgl. dazu auch BINSWANGER, Hans Christoph, Wachstum und Umweltschutz, in: JUNKERNHEINRICH, Martin, Paul KLEMMER und Gerd Rainer WAGNER, Handbuch..., a.a.O., S. 370

245 vgl. BINSWANGER, Hans Christoph, Holger BONUS und Manfred TIMMERMANN, Wirtschaft und Umwelt, Stuttgart, 1981, S. 158; ähnlich behaupten auch PÄTZOLD/MUSSEL: „Je stärker die Wirtschaft wächst, um so müheloser kann sie Produktionsfaktoren für den Umweltbereich abstellen. Insoweit besteht zwischen Wachstum und Umwelt durchaus eine Zielharmonie“ (PÄTZOLD, Jürgen und Gerhard MUSSEL, Umweltpolitik, a.a.O., S. 113); unabhängig davon, daß PÄTZOLD/MUSSEL hier unzulässigerweise von dem in der jeweiligen Situation bestehenden Wohlfahrtsniveau abstrahieren, besteht eine Zielharmonie in ihrem Sinne wohl nur dann, wenn man bereits eine einigermaßen konkrete ökologische Zielsetzung unterstellt

246 SCHLAGE, Wolfgang, Umweltpolitik..., a.a.O., S. 79; vgl. in diesem Sinne auch WICKE, Lutz, Umweltökonomie, a.a.O., S. 559 ff.

247 vgl. dazu auch BECKERMAN, Wilfred, Economists..., a.a.O.

aus Sicht etwaiger zukünftiger Generationen eher (oder zumindest genauso gut) ein Zielkonflikt zwischen Wirtschaftswachstum und Umweltschutz ableiten[248].

Auf jeden Fall ergibt sich aber ein Zielkonflikt, wenn man beide Argumente für Zielharmonie zusammen betrachtet, denn dieselbe Menge an sauberer Umwelt kann nur entweder als „postmaterielles" Gut an sich genossen, oder als Produktionsfaktor für die Herstellung anderer materieller Güter genutzt werden.

Ebenfalls auf einen Zielkonflikt deutet die Tatsache hin, daß Umweltpolitik unter den oben gemachten Annahmen bei nach unten relativ inflexiblen Löhnen und unvollständigen Überwälzungsmöglichkeiten zu Gewinnschmälerungen im Unternehmenssektor führt und über diesen negativen Kosteneffekt[249] (der sich bei intensivem internationalem Wettbewerb noch verstärkt) die Investitionsneigung verringern dürfte.

Der von BINSWANGER in diesem Zusammenhang zur Abwägung gebrachte positiv wirkende „Einkommenseffekt" in der Umweltschutzindustrie[250], der zweifellos in diesem Sektor Investitionen induzieren dürfte, wird bei funktionsfähigem Marktmechanismus allerdings den negativen Effekt kaum übertreffen, sondern im Gegenteil geringere Wachstumswirkungen zeitigen, da die Umweltschutzinvestitionen annahmegemäß dort getätigt werden, wo sie ohne Umweltpolitik nicht vorgenommen worden und mithin aus privatwirtschaftlicher Sicht unrentabler gewesen wären[251]. Natürlich läßt sich kaum leugnen, daß bei einer Vorreiterolle der einheimischen Umweltschutzindustrie über Technologievorsprünge im internationalen Vergleich positive Wachstumswirkungen realisierbar sind, doch läßt sich zum einen generell ex post nicht beweisen, daß Investitionen ohne Umweltpolitik in andere Technologien nicht noch positiver gewirkt hätten, und zum anderen hängen diese möglichen positiven Effekte von äußerst unsicheren Annahmen über die zukünftige allgemeine technologische Entwicklung, die bestehende und zukünftige Politik des In- und Auslands sowie die individuelle Präferenzentwicklung der potentiellen ausländischen Käufer ab[252].

---

[248] dies gilt um so mehr bei Berücksichtigung der thermodynamischen Sätze (vgl. Abschnitt I.2.2.); die angegebene Argumentation deutet als ein typisches Beispiel an, daß die Bemühung sehr langer Fristen i.d.R. die Interessen zukünftiger Generationen in's Feld führen muß; gerade im Rahmen der Theorie der öffentlichen meritorischen Umweltgüter ist ja dementsprechend die Zukunftsorientierung von besonderer Bedeutung (vgl. auch die obigen Überlegungen zum Vorsorgeprinzip)

[249] vgl. BINSWANGER, Hans Christoph, Wachstum..., a.a.O., S. 371

[250] vgl. ebenda; eshandelt sich dabei um eine Form der These von MEISSNER und HÖDL (vgl. unten die Diskussion um das Verteilungsziel)

[251] dies dürfte im übrigen auch dann gelten, wenn man - wie BINSWANGER (ebenda) - mit unterausgelasteten Kapazitäten („insbesondere freie Arbeitskräfte", ebenda) rechnet

[252] die Unwägbarkeiten gerade bei der unbestreitbaren „akademischen" Logik des Argumentes machen dieses zu einer ideologisch gut ausbeutbaren Waffe; so fällt auch bei BINSWANGER in diesem Zusammenhang die kaum eindeutig nachweisbare Ökodumping-These (vgl. ebenda)

Insgesamt spricht daher m.E. einiges dafür, daß zwischen dem Umweltqualitätsziel und dem Wachstumsziel eine konfliktäre Beziehung besteht, die sich demenstprechend vor allem im Rahmen der Theorie der öffentlichen meritorischen Umweltgüter als Kostenkomponente bemerkbar macht und bei der Beurteilung umweltpolitischer Strategien zu berücksichtigen ist[253].

Wiederum schwieriger gestaltet sich die Einschätzung des gesamtwirtschaftlichen Zielkonfliktes aus Sicht des Ansatzes nach COASE. Einerseits gilt auch hier i.d.R. ein Primat des ökologischen Problems, andererseits würde es aber nicht der dynamischen Perspektive der Institutionentheorie entsprechen, die ökonomischen Aspekte wie die umweltökonomische Theorie öffentlicher Güter nur in der Weise „passiv" hinzunehmen, daß lediglich eine Kostenminimierungsstrategie zu suchen wäre. Die Interventionslogik des COASE'schen Ansatzes legt demgegenüber eher die Integration des gesamtwirtschaftlichen Kostenaspektes in die umweltpolitischen Zielbildungsprozesse nahe. Grundsätzlich sollte auch dabei wieder die Interventionskontrolle (als Rückkoppelungsinstrument und Politikrevisionsindikator) im Sinne des Ordnungswettbewerbskonzeptes gewährleistet werden, ohne daß jedoch die erkannten ökologischen Notwendigkeiten außer Kraft gesetzt werden. Für die Beurteilung umweltpolitischer Instrumente ergibt sich daraus, daß wiederum möglicherweise ein flexibleres, transparenteres Instrument einem starreren, aber kostenminimierenden Instrument vorzuziehen wäre. Allerdings stellt sich die Frage, in welchem Umfang die eben angestellten reichlich abstrakten Überlegungen tatsächlich operationalisiert werden können[254].

Für die Theorie externer Effekte gilt schließlich, daß grundsätzlich zwar wegen des Fehlens einer ökologischen Zielvorgabe über einen quasi definitionsgemäß nicht vorhandenen Zielkonflikt auch nicht disputiert werden muß, aber wegen des Monetarisierungsproblems auf einer anderen Ebene dann doch für die praktisch relevanten Fälle mit einer ökologischen Zielsetzung gearbeitet wird, so daß dann die Überlegungen, wie sie oben für die Theorie der öffentlichen meritorischen Umweltgüter angestellt wurden, mutatis mutandis auch auf die Theorie externer Effekte Anwendung finden. Die genannten unterschiedichen Einschätzungen aus Sicht der in dieser Arbeit behandelten umweltökonomischen Ansätze gelten prinzipiell auch für die im folgenden kurz zu behandelnden Wirkungen umweltpolitischer Maßnahmen auf die übrigen gesamtwirtschaftlichen Ziele.

Was zunächst das Ziel „hoher Beschäftigungsstand" betrifft, so finden sich auch dazu in der umweltökonomischen Literatur gegenläufige Stellungnahmen. Und analog zur Diskussion um das

---

[253] für eine bündige Zusammenfassung der gegeneinanderstehenden Argumente vgl. auch SPRENGER, Rolf-Ulrich, Umweltschutz und Wirtschaftswachstum, in: GMH, 1994, S. 534 ff.

[254] der Problematik des „hätte, wäre, wenn" kommt im COASE'schen Ansatz, wie auch bereits im ersten Teil der vorliegenden Untersuchung darzulegen versucht wurde, nicht zuletzt deshalb eine große Bedeutung zu, weil der im Rahmen dieser Theorie anvisierte schmale Grat zwischen Interventionismus und laissez faire besonders schwer (sofern überhaupt) ermittelbar ist

Wachstumsziel werden auch hier zur Konstruktion einer angeblichen Zielharmonie zwischen Umweltqualitätsziel und Beschäftigungsziel zukünftige Generationen und langfristig mögliche Katastrophenszenarien bemüht[255], denen prinzipiell dieselben Einwendungen gegenüber stehen.
Weiterhin wird zugunsten einer Zielharmonie u.a. argumentiert, daß Umweltschutzpolitik „ja bedeutet, daß die Produktion der Güter mit mehr Aufwand verbunden ist. Dieser Mehraufwand führt entweder in dem betreffenden Betrieb selbst oder aber in den Zuliefer- und Investitionsgüterindustrien zu Mehrbeschäftigung“[256]. Obwohl sich kaum bestreiten läßt, daß Investitionen in Umweltschutztechnologien auch entsprechende Beschäftigungsmöglichkeiten schaffen, kommt es für eine Untermauerung der Harmoniethese auf die gesamtwirtschaftlichen Effekte an. Diesbezüglich ist allerdings weit eher anzunehmen, daß die Verdrängungseffekte in anderen Bereichen die Beschäftigungseffekte im Umweltschutzbereich übertreffen. Und selbst, wenn das Gegenteil zuträfe, wie dies einige Simulationsstudien glauben machen wollen[257], wäre es unwahrscheinlich, daß gerade Umweltschutzindustrien von den zu einem gegebenen Augenblick bestehenden Investitionsalternativen diejenigen mit der höchsten Arbeitsintensität darstellen würden[258].
Wie bereits hinichtlich des Wachstumszieles wird auch für langfristig positive Nettobeschäftigungseffekte auf die nicht von der Hand zu weisende Möglichkeit der Entstehung eines international florierenden Marktes für Umwelttechnologie hingewiesen; aber leider ist auch bei diesem Argument aufgrund der oben genannten Probleme größte Vorsicht angeraten.

---

255 Für WICKE etwa gilt: „Langfristig ist die Antwort eindeutig: Wenn es überhaupt keinen Umweltschutz gäbe, würde das Leben in dichtbesiedelten und industrialisierten Gebieten bald unerträglich werden. Luft und Wasser wären vergiftet, Tier- und Pflanzenwelt nachhaltig geschädigt und deformiert. Eine wirtschaftliche Betätigung wäre nur noch in stark eingeschränktem Umfang möglich, und allmählich würden die wirtschaftlichen und sonstigen Lebensgrundlagen für die Bevölkerung weitgehend zerstört, so daß folglich auch kaum noch Arbeitsplätze vorhanden wären.“ (WICKE, Lutz, Umweltökonomie, a.a.O., S. 474); diese erstaunliche „Harmoniethese“ spricht eigentlich für sich selbst; angemerkt sei zusätzlich, daß WICKE unzulässigerweise auch noch Umweltschutzpolitik mit Umweltschutz gleichsetzt

256 SCHLAGE, Wolfgang, Umweltpolitik..., a.a.O., S. 71; auch PÄTZOLD/MUSSEL konstatieren eine Zielharmonie aufgrund derartiger Partialeffekte (vgl. PÄTZOLD, Jürgen und Gerhard MUSSEL, Umweltpolitik, a.a.O., S. 113); vgl. auch hier das zur Verteilungsthese von MEISSNER und HÖDL Gesagte

257 vgl. z.B. DEUTSCHES INSTITUT FÜR WIRTSCHAFTSFORSCHUNG (DIW), Beschäftigungswirkungen des Umweltschutzes, Berlin, 1993 sowie überblickshalber LÖBBE, Klaus und Martin WENKE, Beschäftigung und Umweltschutz, in: JUNKERNHEINRICH, Martin, Paul KLEMMER und Gerd Rainer WAGNER (HRSG.), Handbuch..., a.a.O., S. 18 ff. und PÄTZOLD, Jürgen und Gerhard MUSSEL, Umweltpolitik, a.a.O., S. 113 ff.; die empirischen Untersuchungen behandelt ausführlich WICKE, Lutz, Umweltökonomie, a.a.O., S. 475 ff.; hier ist nicht der Ort für eine systematische und umfassende Würdigung dieser Untersuchungen; die Ergebnisse sind nicht nur aufgrund der bei solchen Analysen unvermeidlichen ceteris-paribus-Annahmen und Trendfortschreibungen jedoch mit äußerster Vorsicht zu interpretieren; vgl. zu der Problematik empirischer Analysen auch KÖHLER, Axel, Arbeitslose für den Umweltschutz?, in: Zeitschrift für Umweltpolitik und Umweltrecht, 1985, S. 29 ff.

258 vgl. dazu auch WICKE, Lutz, Umweltökonomie, a.a.O., S. 481

Da unter den gegebenen Voraussetzungen davon ausgegangen werden muß, daß bei einem politisch motivierten Ressourceneinsatz zur Produktion des Gutes Umweltqualität mit tendenziell der gleichen Faktorausstattung weniger private Endprodukte hergestellt werden, ist aller Wahrscheinlichkeit nach mit Beschäftigungseinbußen durch aktive Umweltpolitik zu rechnen, sofern relative Lohninflexibilität nach unten besteht[259].

Insgesamt ist deshalb auch für das Verhältnis von Umweltqualitätsziel und Beschäftigungsziel mit einem Zielkonflikt zu rechnen[260].

Während die Wachstums- und Beschäftigungswirkungen einer auf die Produktion von Umweltqualität ausgerichteten aktiven Umweltpolitik in der Literatur stark umstritten sind, gilt dies weniger für potentielle Konflikte oder Harmonien mit den Zielen „außenwirtschaftliches Gleichgewicht" und „Preisniveaustabilität".

Bezüglich des außenwirtschaftlichen Gleichgewichts zumindest liegt das allerdings auch daran, daß sich eindeutige Zielbeziehungen losgelöst von einem konkreten Anwendungsfall noch weniger ge-

---

[259] gelegentlich wird behauptet, daß zumindest in einer Situation mit Unterbeschäftigung positive Nettobeschäftigungseffekte einer aktiven Umweltpolitik zu erwarten seien (vgl. zu diesbezüglichen Andeutungen WICKE, Lutz, Umweltökonomie, a.a.O., S. 500 ff.; LÖBBE, Klaus und Martin WENKE, Beschäftigung..., a.a.O., S. 20 und PÄTZOLD, Jürgen und Gerhard MUSSEL, Umweltpolitik, a.a.O., S. 113); diese These ist m.E. theoretisch nicht besonders überzeugend: geht man davon aus, daß die nun im Umweltschutzsektor beschäftigten Ex-Arbeitslosen ein höheres Einkommen als ihr vormaliges Arbeitslosengeld beziehen, dann steht diesen Zusatzbeträgen wiederum kein entsprechender Berg an privaten Endprodukten gegenüber etc.; eine andere Frage ist, ob nicht zumindest kurz- bis mittelfristig eine aktive Umweltpolitik eine Überbeschäftigungssituation entschärfen helfen könnte; weiterhin können sich Abmilderungen der tendenziell negativen Beschäftigungseffekte durch Überwälzungsmöglichkeiten der Kostensteigerungen in das Ausland ergeben; es ist allerdings fraglich, ob solche Effekte (mit etwas Phantasie lassen sich noch weitere Möglichkeiten finden) legitimerweise noch als Wirkungen einer aktiven Umweltschutzpolitik bezeichnet werden können; MAIER-RIGAUD's Position (die hier nicht vollständig gewürdigt werden kann) läßt sich sogar so auslegen, daß bereits die allokationstheoretisch hergeleiteten negativen Beschäftigungswirkungen eigentlich nicht der Umweltpolitik, sondern dem Lohnzusammenhang anzulasten seien; wenn hier auch nicht so weit gegangen werden soll, so läßt sich m.E. ein gewisses Abgrenzungsproblem jedenfalls nicht vollständig leugnen (vgl. MAIER-RIGAUD, Gerhard, Umweltpolitik in der offenen Gesellschaft, Opladen, 1989, S. 95 ff.; vgl. auch MAIER-RIGAUD, Gerhard, Die Armut der Umweltökonomik. Eine Entgegnung, in: Jahrbücher für Nationalökonomie und Statistik. 1991, S. 205 ff.); schließlich können auch die von anderen Ursachen herrührenden positiven Beschäftigungseffekte, die negative Beschäftigungseffekte einer aktiven Umweltpolitik abmildern oder überwinden helfen, nicht mit diesen negativen Wirkungen saldiert werden

[260] auch bei einer Verlagerung der Produktionsaktivitäten als Folge einer Internalisierungspolitik im Sinne der PIGOU'schen Theorie externer Effekte können (selbstverständlich) Arbeitsplatzverluste eintreten; so heißt es im Umweltgutachten von 1974: „Für das Ziel der Vollbeschäftigung läßt sich behaupten, daß eine vollständige Anlastung der sozialen Zusatzkosten der Produktion sicherlich die Zielrealisation gefährdet" (RAT VON SACHVERSTÄNDIGEN FÜR UMWELTFRAGEN, Umweltgutachten 1974, Stuttgart u.a., 1974, Tz. 626); trotzdem läßt sich aus Sicht der umweltökonomischen Theorie externer Effekte auch hier nicht sinnvoll von einem Zielkonflikt sprechen; eher kann gesagt werden, daß eine konsequente Internalisierungspolitik versteckte Subventionierungen bestimmter Arbeitsplätze aufhebt (was auch zu Beschäftigungsrückgängen führen kann); vgl. dazu HACKMANN, Johannes, Die Über-

nau abschätzen lassen. Immerhin wird man vorsichtig sagen können, daß sich die Preise derjenigen Exportgüter eines Landes tendenziell erhöhen werden, bei denen sich die umweltpolitischen Maßnahmen kostenmäßig bemerkbar machen, woraus sich passivierende Wirkungen auf die Handelsbilanz ergeben können[261]. Abgesehen davon, daß eine passivierende Handelsbilanz sich bei enstprechender Ausgangslage durchaus harmonisch zu dem Ziel eines außenwirtschaftlichen Gleichgewichts verhalten kann, wirken der Passivierung allerdings auch aktivierende Effekte (nicht nur auf die Handelsbilanz, sondern auf die Grundbilanz insgesamt) entgegen, die von einer (wegen möglicher Schrumpfung des inländischen Sozialprodukts) sinkenden Importnachfrage, über (bei steigenden Inlandszinsen) Kapitalimporte bis zu den aktivierenden Wirkungen von Wechselkursanpassungen reichen[262]. Aufgrund der Fülle möglicher gegenläufiger Effekte scheint daher die Ausklammerung der an sich relevanten Kosten-/Nutzenkomponente für den Zweck der Beurteilung umweltpolitischer Instrumente aus Sicht der Theorie der öffentlichen meritorischen Umweltgüter (und letztlich auch aus Sicht des Ansatzes nach COASE) eine der plausibleren Vereinfachungen zu sein[263].
Gegenüber den Wirkungen einer umweltqualitätsorientierten Politik auf das Ziel des außenwirtschaftlichen Gleichgewichts sind die Preisniveaueffekte relativ eindeutig.
Es ist in der Literatur weitgehend unbestritten, daß eine aktive Umweltpolitik, die auf die vermehrte Protuktion von Umweltqualität ausgerichtet ist, zu Preissteigerungen bei Investitions- und Konsumgütern führt[264]. „Aufwendungen für den Umweltschutz stellen einen zusätzlichen Kostenfaktor dar, der das Niveau der privaten Kosten in der Volkswirtschaft erhöht. Dies kann nur dadurch kompensiert werden, daß andere Kostenkomponenten sinken - und das sind, von Importgütern abgesehen, gesamtwirtschaftlich die Faktorentgelte, die Preise der Produktionsfaktoren Arbeit, Kapital, Risikobereitschaft"[265].

---

legenheit..., a.a.O., S. 51

[261] ob und wie stark der Passivierungseffekt wirkt, hängt nicht zuletzt von der Preiselastizität der Auslandsnachfrage (und deren Entwicklung) ab; je höher diese ist, desto geringer fällt ceteris paribus der Passivierungseffekt aus

[262] zu diesen und weiteren möglichen Effekten vgl. EL-SHAGI, El-Shagi, Volkswirtschaft und Umwelt IV: Umweltschutz und Außenhandel, in: DREYHAUPT, Franz Joseph, Franz-Joseph PEINE und Gerhard W. WITTKÄMPER, Umwelt Handwörterbuch, Berlin u.a., 1992, S. 111 ff. sowie CANSIER, Dieter, Umweltökonomie, a.a.O., S. 337 ff.

[263] zwar ist (wie im Text angedeutet) die Stärke der jeweiligen Effekte von der konkreten historischen Situation abhängig, so daß theoretisch ein Nettoeffekt ermittelt/geschätzt werden könnte; trotzdem besteht für die diesbezügliche Beurteilung umweltpolitischer Instrumente erstens das Problem, die Wirkungen im voraus abschätzen zu müssen, und zweitens dürften (wenn auch - theoretisch - in reduzierter Form) aufgrund der Vielzahl der Variablen, von denen die zu bestimmenden Wirkungen abhängen, die Ermittlungsschwierigkeiten im wesentlichen bestehen bleiben

[264] vgl. u. a. RAT VON SACHVERSTÄNDIGEN FÜR UMWELTFRAGEN, Umweltgutachten 1974, a.a.O., Tz. 627, PÄTZOLD, Jürgen und Gerhard MUSSEL, Umweltpolitik..., a.a.O., S. 117, SCHLAGE, Wolfgang, Umweltpolitik..., a.a.O., S. 73

[265] TOMANN, Horst, Gesamtwirtschaftliche Wirkungen der Umweltpolitik, in: Konjunkturpolitik, 1979, S.

Ob es zu einem Anstieg des Preisniveaus kommt, hängt also wiederum von der Flexibilität der Güter- und Faktorpreise nach unten ab. Unterstellt man realistischerweise nur eine eingeschränkte, unzureichende Flexibilität, dann führt eine im angegebenen Sinne aktive Umweltpolitik unvermeidlich zu Preissteigerungen.

Inwieweit die Preisniveausteigerung auch zu einem inflationären Prozeß führt, hängt zum einen von der monetären Alimentierung durch die Zentralbank und zum anderen auch vom Verhalten der Beteiligten, insbesondere der Gewerkschaften ab[266]. Versuchen etwa die Gewerkschaften (erfolgreich), Lohnerhöhungen zur Kompensation für die gestiegenen Güterpreise durchzusetzen, und wird die Zentralbank zur Verhinderung umweltpolitikbedingter Arbeitslosigkeit expansiv tätig, könnte sich durchaus ein kumulativer inflationärer Prozeß entwickeln[267]. Dabei wird gerade in bezug auf das Ziel Preisniveaustabilität die enge Verzahnung der gesamtwirtschaftlichen Ziele sichtbar, weshalb es mitunter auch schwierig sein könnte, für eine Bestimmung dieser gesamtwirtschaftlichen Kostenkomponente Doppelzählungen zu vermeiden.

Insgesamt kann man festhalten, daß eine aktive Umweltpolitik, die auf die Produktion von Umweltqualität abstellt, i.d.R. zu Preisniveausteigerungen führen wird und auch immerhin eine Tendenz zu Inflation fördern dürfte[268].

Dabei hängt die Stärke einer Inflationsgefahr (mit den negativen Folgen für Wachstum und Beschäftigung) nicht zuletzt von den Verteilungswirkungen der Umweltpolitik ab.

Betrachtet man nämlich beispielsweise zunächst die funktionelle Einkommensverteilung, dann kann die verteilungspolitische (und etwa inflationsfördernde) Brisanz der Umweltpolitik nicht zuletzt davon abhängen, ob der Faktor Arbeit oder der Faktor Kapital stärker belastet wird.

So wurde oben bereits mehrfach darauf hingewiesen, daß eine auf die Produktion des öffentlichen Gutes ausgerichtete Umweltpolitik schon allein deshalb einen Druck auf die Entlohnung des Faktors Arbeit bewirken wird, weil bei tendenziell gleichem Faktoreinsatz weniger private Endprodukte hergestellt werden. Zusätzlich wird argumentiert, daß der durch umweltpolitische Maßnahmen induzierte Mehreinsatz von Umweltschutztechnologie (pro Produkteinheit) auf eine Erhöhung des

---

61

[266] vgl. dazu ausführlich ebenda, S. 60 ff.

[267] auch hier kann man Abgrenzungsprobleme geltend machen; SCHLAGE z.B. hält verteilungskampfinduzierte Inflation ausdrücklich nicht für ein Problem der Umweltpolitik (vgl. SCHLAGE, Wolfgang, Umweltpolitik..., a.a.O., S. 74); auf dieser Basis bliebe dann nur noch der (einmalige) Preissteigerungseffekt durch die Minderproduktion privater Endprodukte bei tendenziell gleichem Faktoreinsatz

[268] wiederum hinge die Beurteilung der Inflationstendenz auch davon ab, ob die umweltpolitische Komponente vielleicht gerade „das Tüpfelchen auf dem i" ist, um einen Inflationsprozeß in Gang zu setzten; im einzelnen dürfte das natürlich schwer genau nachzuweisen sein; vgl. auch SCHLAGE, Wolfgang, Umweltpolitik, a.a.O., S. 74, der auf die diesbezüglich möglichen konjunkturellen Überlagerungen hinweist

Kapitalkoeffizienten hinwirke, die Gewinnquote also insgesamt ansteige[269]. Dieses Argument hat partialanalytisch betrachtet einiges für sich, allerdings müßten für eine gesamtwirtschaftliche Abwägung u.a.[270] auch die Produktionsprozesse der Umweltschutzbranche selber, die durchaus relativ arbeitsintensiv sein können, miteinbezogen werden.

Der tendenziellen Umverteilung zugunsten der Kapitaleinkommensbezieher wird unter der Annahme tendenziell arbeitsintensiverer Produktionsprozesse bei der Herstellung „umweltfreundlicher" Güter die These entgegengehalten, daß wegen der durch Umweltpolitik bewirkten Konsumverlagerung auf diese arbeitsintensiver produzierenden Sektoren (in denen deshalb der Anteil der Entlohnung des Faktors Arbeit höher sei als der des Faktors Kapital) auch gesamtwirtschaftlich der Anteil der Löhne im Vergleich zu den Gewinnen steige[271]. Dazu ist einerseits zu sagen, daß das genannte Argument der MEISSNER/HÖDL-These eigentlich nicht widerspricht, sondern sie nur ergänzend relativiert, denn beide Wirkungen können gleichzeitig auftreten. Andererseits kann wohl nicht ohne weiteres davon ausgegangen werden, daß „umweltfreundliche" Sektoren generell arbeitsintensivere Produktionsverfahren anwenden, und selbst wenn dies so wäre, würde eine möglicherweise umweltpolitikinduzierte Lohnsteigerung in diesen Sektoren die Bemühung um eine Erhöhung der Kapitalintensität verstärken, was sich langfristig wiederum negativ für die Bezieher von Arbeitseinkommen auswirken könnte.

Bedenkt man zusätzlich, daß die Verteilungswirkungen auch von den Preiselastizitäten der Güternachfrage abhängen[272], so können die Wirkungen der Umweltpolitik auf die funktionelle Einkommensverteilung wohl nur sehr schwer als eindeutige Tendenz zugunsten des Faktors Arbeit oder zugunsten des Faktors Kapital ausgewiesen werden[273]. Allerdings spricht zumindest das statische allokationstheoretische Argument für eine eher regressive Tendenz, und das wohl auch, wenn man die genannten Wirkungen im Hinblick auf die personelle Einkommensverteilung interpretiert[274].

---

[269] dies ist eine der Thesen von MEISSNER/HÖDL, die damit ihr Argument positiver Wachstums- und Beschäftigungseffekte der Umweltschutzpolitik untermauern wollen; vgl. MEISSNER, Werner und Erich HÖDL, Positive ökonomische Aspekte des Umweltschutzes, Berlin, 1977; vgl. dazu (mit einigen relativierenden Argumenten) TOMANN, Horst, Gesamtwirtschaftliche Wirkungen..., a.a.O., S. 66 f.

[270] vgl. dazu auch die oben geführte Diskussion zum Wachstums- und Beschäftigungsziel mit weiteren Argumenten

[271] vgl. NOWOTNY, Ewald, Wirtschaftspolitik..., a.a.O., S. 257 ff.

[272] wobei die Lage durch Querüberwälzungen, Mischkalkulationen und Überwälzungsmöglichkeiten auf nachgelagerte Produktionsstufen noch weiter verkompliziert wird

[273] dies ändert natürlich nichts daran, daß deshalb trotzdem einzelne Argumente (etwa zuungunsten des Faktors Arbeit) für den politischen Verteilungskampf strategisch eingesetzt und damit z.B. zur Mitursache inflationärer Prozesse werden können

[274] eine regressive Verteilungswirkung kann im Prinzip durch die Finanzierung der politischen Maßnahmen aus allgemeinen Steuermitteln bei progressiver Einkommensbesteuerung abgemildert werden; vgl. dazu GLATZ, Harald und Werner MEISSNER, Verteilungswirkungen der Umweltpolitik, in: Wirtschaft und Gesellschaft, 1982, S. 795); allerdings gilt dies zunächst nur kurz- bis mittelfristig; langfristig

Umgekehrt spricht einiges dafür, daß sich die durch Umweltpolitik erzielten Verbesserungen der Umweltqualität progressiv verteilen, also ebenfalls bestehende Einkommensungleichheiten eher verstärken[275].

Dies gilt vor allem dann, wenn man von der nicht unplausiblen (allerdings keineswegs zwingenden) Annahme der Höherbewertung von Umweltqualität bei steigendem Einkommen ausgeht. Wie ZIMMERMANN gezeigt hat, wirken sich unter dieser Annahme sogar Umweltprogramme, die auf eine Umweltverbesserung z.B. in ärmeren Wohngebieten abzielen, tendenziell negativ für die unteren Einkommensgruppen aus, u.a. deswegen, weil Umweltverbesserungen über Erhöhungen der Mietpreise kapitalisiert werden[276].

Es ist nicht das Ziel der hier angestellten Überlegungen, die Annahme der Superiorität des Gutes Umweltqualität noch weiter kritisch zu hinterfragen, deshalb seien auch als vorläufiges Fazit tendenziell eher regressive Verteilungswirkungen angenommen[277].

Als Ergebnis der Betrachtung der gesamtwirtschaftlichen Zielkonformität läßt sich festhalten, daß im Rahmen der Theorie der öffentlichen meritorischen Umweltgüter insbesondere die Zielkonflikte einer umweltqualitätsorientierten Umweltpolitik mit dem Wachstums-, Beschäftigungs-, Preisniveaustabilitäts- und Verteilungsziel als Kostenkomponenten bei der Beurteilung umweltpolitischer Instrumente zu berücksichtigen sind.

---

kann der Effekt über entsprechende Sekundärwirkungen trotzdem regressiv sein

275 „Die Quintessenz der Theorie kann also nur lauten: die Inzidenz der Nutzen der Umweltpolitik ist eindeutig positiv" (ZIMMERMANN, Klaus W., Verteilung und Umweltschutz, in: JUNKERNHEINRICH, Martin, Paul KLEMMER und Gerd Rainer WAGNER (Hrsg.), Handbuch..., a.a.O., S. 364); vgl. auch Ders., Umweltpolitik und Verteilung - Sozio-ökonomische Hintergründe einer „modernen" Verteilungsfrage, abgedruckt in: MÖLLER, Hans, Rigmar OSTERKAMP und Wolfgang SCHNEIDER, Umweltökonomik, a.a.O., S. 235 ff. (original in: Hamburger Jahrbuch für Wirtschafts- und Gesellschaftspolitik, 1977)

276 vgl. ebenda; „Damit aber ergibt sich die sicherlich provokante Schlußfolgerung: Umweltpolitik und Verteilungspolitik scheinen sich in einem marktwirtschaftlichen System zwangsläufig antinomisch zu verhalten - der Ansatz zur Verbesserung der Lebenslage einkommensbenachteiligter Gruppen über die nutzenmäßige Internalisierung von Umweltgütern muß als Strategie der Verteilungsharmonisierung letztlich eben an den Verteilungsgesetzmäßigkeiten eines solchen Systems scheitern" (ebenda, S. 248); m.E. ist diese Schlußfolgerung allerdings vorsichtig zu beurteilen, selbst wenn man berücksichtigt, unter welchen Annahmen sie abgeleitet wurde; jedenfalls müssen sich auch, wenn man ZIMMERMANN zustimmt, Verteilungspolitik und Umweltpolitik nicht zwangsläufig antinomisch verhalten, denn warum sollte eine unabhängig von der Umweltpolitik betriebene Verteilungspolitik die Umweltqualität nicht verbessern können?

277 ZIMMERMANN weist beleghalber auf die wichtigsten empirischen Studien hin (ZIMMERMANN, Klaus W., Verteilung und Umweltschutz, a.a.O., S. 364 f.) und bilanziert (S. 365): „Also: Umweltqualitätsprogramme mögen real die Umwelt der armen Leute mehr verbessern als die der reichen, der subjektive Wert auch der kleinen Verbesserung ist bei den Reichen allemal höher als bei den Armen"; dies unterstreicht nochmals die Bedeutung der Superioritätsannahme; zu einer Würdigung empirischen Materials vgl. auch GLATZ, Harald und Werner MEISSNER, Verteilungswirkungen..., a.a.O., S. 792 f.

Auch aus Sicht des Ansatzes nach COASE sind die Zielkonflikte relevant und sollten über geeignete Institutionen politikmitgestaltend wirksam werden können (die damit verbundenen Schwierigkeiten wurden oben bereits angedeutet).
Für die Theorie externer Effekte gilt wiederum einerseits auf der rein theoretischen Ebene, daß wegen Fehlens einer ökologischen Zielvorgabe sich zwar selbstverständlich auch Wirkungen auf die gesamtwirtschaftlichen Ziele ergeben, diese aber kaum als Effizienzverluste oder -gewinne bezeichnet werden können. Andererseits bringen aber die Bemühungen um die monetäre Bewertung in der praktischen Anwendung eine Abkehr von der rein theoretischen PIGOU-Lösung mit sich, die letztlich zu nahezu den gleichen Folgerungen führt, wie sie sich für die Theorie der öffentlichen meritorischen Umweltgüter ergeben. Und dann sind natürlich auch die gesamtwirtschaftlichen Zielkonflikte beurteilungsrelevant.

1.6. Politische Durchsetzbarkeit

Da auch umweltpolitische Maßnahmen konzipiert, beschlossen, durchgeführt und auf diese Durchführung hin kontrolliert werden müssen, nimmt es wenig wunder, daß auch diese im weitesten Sinne politischen Prozesse zur Beurteilung geeigneter umweltpolitischer Instrumente herangezogen werden. Insbesondere die Frage, inwieweit sich die nach den bereits angesprochenen Kriterien schon beurteilten theoretisch abgeleiteten Instrumente im politischen Prozeß auch durchsetzen lassen, hat in der umweltökonomischen Literatur zur Formulierung eines entsprechenden Kostenkriteriums geführt (da die relativen politischen Umsetzungsschwierigkeiten als Kosten beschrieben werden können), das häufig als Kriterium der politischen Durchsetzbarkeit oder auch als Kriterium der politischen Akzeptanz bezeichnet wird[278].
Schon bei dieser vielleicht harmlosen Kriterienbeschreibung fallen allerdings zwei Voraussetzungen auf, die jedenfalls nicht als selbstevident gelten können. Zum einen wird offenbar für eine fundierte Diskussion dieser politischen Problematik davon ausgegangen, diese gehöre in den Kompetenzbereich der ökonomischen Theorie. Zum anderen wird vorausgesetzt, die statische Allokationseffizienz, ökologische Treffsicherheit etc. ließen sich unabhängig vom Kriterium der politischen Durchsetzbarkeit behandeln[279].

---

[278] vgl. z.B. FEESS, Eberhard, Umweltökonomie..., a.a.O., S. 20; BALKS, Marita, Umweltpolitik..., a.a.O., S. 57; KEMPER, Manfred, Das Umweltproblem..., a.a.O., S. 93 ff.; WICKE, Lutz, Umweltökonomie, a.a.O., S. 441 ff., CANSIER, Dieter, Umweltökonomie, a.a.O., S. 227

[279] diese letztere Vorstellung manifestiert sich in der häufig geäußerten Frage, warum umweltökonomische

Gerade anhand dieser beiden - i.d.R. ungenannt bleibenden - Voraussetzungen zeigen sich deutliche Unterschiede der drei in der vorliegenden Arbeit behandelten umweltökonomischen Theorien, die sich dementsprechend auch auf den Stellenwert des Kriteriums der politischen Durchsetzbarkeit auswirken.

So gilt für die umweltökonomische Theorie externer Effekte, daß die Kompetenz zur theoretischen Erfassung sämtlicher politischer Zusammenhänge nicht beansprucht wird. Daraus folgt einerseits keineswegs die Verharmlosung des politischen Zusammenhangs, andererseits aber auch nicht die Forderung nach Berücksichtigung der politischen Durchsetzungsprobleme, die für die aus dieser Theorie abgeleiteten Implikationen möglicherweise folgen.

Vom Grundsatz her steht, wie im ersten Teil der Arbeit dargelegt wurde, die umweltökonomische Theorie nach COASE der Theorie externer Effekte diametral gegenüber. Der Ansatz nach COASE beansprucht prinzipiell die Erhellung der gesamten Realität mit Hilfe des wohlfahrtsökonomischen Kalküls, also auch des politischen Prozesses. Und gerade dadurch, daß die Tauschhandlung das einheitliche Grundmuster ökonomischer und politischer Vorgänge ist, verschwindet ebenfalls die oben angesprochene Dichotomie. Deshalb kann es nach diesem Ansatz eigentlich kein „optimales" Ergebnis ökonomischen Denkens geben, das dann durch die Transaktionskosten der politischen Umsetzungsprozesse relativiert wird. Das ist gerade eine der Hauptursachen dafür, daß im Rahmen dieses Ansatzes der Handlungskontext selbst, das institutionelle Handlungsgefüge, als strategisches Element in Vordergrund der Analyse rückt, sofern unter Berufung auf diese Theorie politische Reformen im weitesten Sinne durchgeführt werden sollen. Wie ebenfalls schon mehrfach angesprochen wurde, bleibt dabei weitgehend offen, woraus ein Reformbedarf überhaupt abgeleitet wird. Das ist aus Sicht des COASE'schen Ansatzes auch sekundär[280]. Geht man im Rahmen dieses Ansatzes davon aus, daß ein bisher nicht bewältigtes Umweltproblem besteht, dann rücken natürlich auch die politisch-institutionellen Probleme in den Mittelpunkt des Interesses. Wiederum kann allerdings kein Kriterium der politischen Durchsetzbarkeit den anderen Kriterien auf der gleichen

---

Vorschläge nicht in die politische Tat umgesetzt werden; nicht nur ältere umweltökonomische Arbeiten beantworten diese Frage häufig unter Annahme der oben angegebenen Separierbarkeit: vgl. z.B. HORBACH, Jens, Neue Politische Ökonomie..., a.a.O.; AEBERHARDT, Werner, Die Umweltpolitik im Spannungsfeld politischer und wirtschaftlicher Interessen, Köln, 1985; MEYER, Sigrid, Ökonomische Theorie..., a.a.O.; SEEL, Andreas, Zur Effizienz..., a.a.O., S. 70 ff.; neuerdings wird diese Frage aber auch differenzierter beantwortet: vgl. z.B. FÜRST, Urs Christoph, Umweltökonomik..., a.a.O., S. 127 ff.; FREY, Bruno S. und Friedrich SCHNEIDER, Warum wird die Umweltökonomik..., a.a.O., vgl. auch bereits FREY, Bruno S., Umweltökonomie, a.a.O., S. 141; tatsächlich scheint ein Großteil der Literatur zur sog. Neuen Politischen Ökonomie allerdings noch immer von dieser dichotomen Ausgangslage her zu argumentieren

[280] vgl. zu diesen Überlegungen oben, Abschnitt I.4.2. und I.4.3.

Ebene gegenübergestellt werden, denn das, was „optimal" ist, läßt sich nur unter Einbezug des institutionellen Gefüges überhaupt bestimmen[281].

Während der Ansatz nach COASE das politische Geschehen als Marktgeschehen konsequent integriert (zumindest prinzipiell[282]) und die hier abgeleitete Theorie externer Effekte bewußt auf eine Integration verzichtet, ist die Theorie der öffentlichen meritorischen Umweltgüter der einzige hier besprochene Ansatz, der die dem möglichen Einbezug des Kriteriums der politischen Durchsetzbarkeit zugrundeliegende Dichotomie von Markt und Staat grundsätzlich zuläßt. Tatsächlich fragt sich allerdings, welches Kriterium bei der Anwendung desselben wohlfahrtsökonomischen Kalküls für eine Trennung von ökonomischer und politischer Sphäre angegeben werden kann.

Wie dem auch sei, der weit überwiegende Teil der umweltökonomischen Literatur hat sich jedenfalls von solchen Fragen nicht sonderlich beeindrucken lassen, und (in gewisser Weise ebenfalls konsequent) auf der Basis der Theorie der öffentlichen meritorischen Umweltgüter und unter Beibehaltung der angegebenen Dichotomie die sog. Neue Politische Ökonomie im Rahmen des Kostenkriteriums der politischen Durchsetzbarkeit eingebracht. Ähnlich wie die ökologische Rahmenbedingung geht auch die „politische Rahmenbedingung" in die Theorie der öffentlichen meritorischen Güter ein, wobei der politische Rahmen allerdings ebenfalls mit ökonomischen Mitteln strukturiert und erklärt wird[283]. Demgemäß müssen auch die Kosten der politischen Durchsetzung in die Beurteilung umweltpolitischer Instrumentenvorschläge eingehen; dabei sind sie der ökologischen Zielsetzung zwar einerseits untergeordnet, andererseits repräsentieren sie jedoch als Flaschenhals eine conditio sine qua non.

Es bietet sich vor diesem Hintergrund an, diejenige umweltökonomische Literatur zu konsultieren, die sich diesbezüglich auf Erkenntnisse der Neuen Politischen Ökonomie stützt, um genaueres über die politischen Durchsetzungskosten erfahren zu können.

---

281 wie bereits im ersten Teil dieser Arbeit zu zeigen versucht wurde, entsteht dabei das gravierende Problem, nicht-falsifizierte Thesen über Umweltprobleme im politischen Prozess zur Geltung zu bringen, was einerseits aus dieser Theorie heraus notwendig erscheint, andererseits aber dem dort abgelehnten „konstruktivistischen" Urteil Eingang verschafft; vgl. etwa OLSON, Mancur, Umwelt-Unteilbarkeiten..., a.a.O.

282 die eben angedeuteten Probleme dieses Integrationsversuch haben, wie ebenfalls im ersten Teil hervorgehoben wurde, zu einer gewissen Grauzone zwischen dem Ansatz nach COASE und der Theorie der öffentlichen meritorischen Umweltgüter geführt; je stärker die konstruktivistische Komponente im Ansatz nach COASE zum Tragen kommt, desto wirksamer wird auch die konstatierte Dichotomie, und desto relevanter wird dementsprechend auch das Kriterium der politischen Durchsetzbarkeit

283 die Neue Politische Ökonomie läßt sich also gewissermaßen als auf den politischen Bereich beschränkter Neoinstitutionalismus verstehen (wobei die Frage des Beschränkungskriteriums nicht befriedigend gelöst ist); der umweltökonomische Ansatz nach COASE wurde in der vorliegenden Arbeit bereits im ersten Teil in die Strömung neoistitutionalistischen Denkens eingeordnet

Dabei stößt man unweigerlich auf eine weitere Schwierigkeit, die ebenfalls weiter oben schon einmal angedeutet wurde: da sich das politische Geschehen nach den Vorstellungen der Neuen Politischen Ökonomie innerhalb mannigfacher hierarchischer Systeme aus einer zumindest sehr großen Anzahl möglicher Tauschkalküle zusammensetzt, besteht zur Herstellung eines handhabbaren theoretischen Konstrukts ein durchaus gravierendes Strukturierungs- und Abgrenzungsproblem.
So ist sicherlich zunächst SEEL dahingehend zuzustimmen, daß „(a)ls relevanter Akteur ... bei der Analyse von Parteien, Regierungen, Bürokratien, Interessenverbänden, etc. das Individuum, nicht die Gesamtgruppe, angesehen“[284] wird. Aber einmal ganz abgesehen davon, daß das „etc.“ hier bereits ein Abgrenzungsproblem andeutet, werden auch im Rahmen der Neuen Politischen Ökonomie selbstverständlich nicht die einzelnen Individuen selbst betrachtet, sondern allenfalls wird eine typisierende Darstellung gewählt, wobei den Möglichkeiten der Typisierung kaum Grenzen gesetzt sind; jede ist so plausibel wie jede andere, wenn nicht zusätzliche Wertungen eingeführt werden. Wenn schon typisierende Darstellungen gewählt werden müssen, dann können dieselben „Typen“ auch gleich zu Gruppen zusammengefaßt werden; diese Gruppen erscheinen in umweltökonomischen Erörterungen dann häufig als personifizierte Interessen[285]. Die nach Durchlaufen von gruppeninhärenten Tauschprozessen artikulierten Interessen sind nun aber i.d.R. alles andere als klar formuliert, so daß für die Theoriebildung wiederum vereinfachte „Tatsachen“ geschaffen werden müssen. Daß diese (wohl unumgänglichen) Vereinfachungsprozesse mit einer Applizierung der verschiedensten Werturteile einher gehen (müssen), versteht sich zwar von selbst, wird aber nicht immer deutlich gemacht. Im folgenden wird unter diesen Voraussetzungen kurz auf einige der in der umweltökonomischen Literatur vordringlich behandelte Durchsetzungskostenverursacher Bezug genommen.
Es liegt dabei der Logik der Theorie der öffentlichen meritorischen Umweltgüter nicht ganz fern, von dem ökologischen Problem bzw. von dem Gut Umweltqualität auszugehen. Von daher gesehen kann man einerseits „Umweltschützer“ und „Umweltschutzgegner“ (einzeln als Wähler oder wiederum in Interessengruppen organisiert) isolieren, denen andererseits „Politiker“/„Parteien“ (wie-

[284] SEEL, Andreas, Zur Effizienz..., a.a.O., S. 71

[285] natürlich können im Rahmen der Neuen Politischen Ökonomie auch Prozesse innerhalb der Gruppen modelliert werden; auf diese Weise kann nahezu jedes gewünschte oder aus den Messungen ermittelte „Faktum“ generiert werden (ein Problem, auf das - wie in Abschnitt I.4.2. angegeben - z.B. auch BUCHANAN hingewiesen hat); vor diesem Hintergrund sind Äußerungen wie die folgende zu sehen (die sich nicht eben selten finden): „Als grundlegendes Verhaltensmotiv wird individuelles Handeln nach dem Rationalprinzip unterstellt. Die Relevanz dieser Verhaltensannahme für den politischen Prozeß belegen die empirische Ausführungen im vorstehenden Kapitel.“ (MEYER, Sigrid, Ökonomische Theorie..., a.a.O., S. 220; im Vorwort der angegebenen Arbeit schreibt MACKSCHEIDT: „Dabei erweisen sich die theoretischen Bausteine als leistungsfähig. Zum einen sind sie in der Lage, für fast jede Art der umweltpolitischen - insbesondere der instrumentellen Entwicklung - eine singuläre Erklärung

derum einzeln oder als Gruppe wie „Opposition" oder „Regierung" gefaßt) und im wesentlichen „Bürokraten"/„Bürokratien" gegenüberstehen.

Wenn eben zuerst von „Umweltschützern" und „Umweltschutzgegnern" die Rede war, so sind diese Begriffe relativ zu den umweltökonomischen Instrumenten zu verstehen, und werden dementsprechend in der Literatur häufig mit „Umweltschutzverbänden" und „Verbänden der umweltverschmutzenden Industrie" identifiziert[286], wobei erstere entweder auf den weitestgehenden Umweltschutz (Begründung: eigennutzfundierter Altruismus[287], politische Taktik[288]) oder auf eine möglichst große Öffenlichkeitswirkung (Macht-/Prestigegewinn, politisches Unternehmertum[289]) aus sind, während letztere sich für Instrumente mit den geringsten einzelwirtschaftlichen Kosten stark machen[290]. Politiker / Parteien / Regierung / Opposition wiederum verhalten sich im wesentlichen (wieder-) wahltaktisch, und präferieren daher Instrumente, mit derem erfolgreichen Einsatz sie sich wählerstimmenwirksam verknüpfen können[291]. Bürokraten/Bürokratien schließlich sind machtbewußt, risiko- und vor allem arbeitsscheu, weshalb sie i.d.R. für das althergebrachte ordnungsrechtliche Instrumentarium eintreten, das ohne große institutionelle Innovationen zu handhaben ist, und ihnen einen hinreichend großen Kontroll- und Ermessensspielraum sichert[292].

Da neben den genannten Akteuren „eine Vielzahl weiterer (besteht), die die Chancen einer Umweltpolitik beeinflussen" und das Für und Wider des politischen Bargaining von den „jeweils herrschenden ökologischen, wirtschaftlichen und politischen Gegebenheiten" abhängt, so daß auch die genannten Gruppen „in keinem festen Verhältnis zueinander" stehen („die Koalitionen ändern sich immer wieder")[293], könnte man zu der Vermutung verleitet werden, daß sich (allein) aufgrund des Kriteriums der politischen Durchsetzbarkeit kaum eindeutige Instrumentenempfehlungen aussprechen lassen[294].

Dem ist nicht so, und zwar vor allem aus zwei Gründen: erstens wäre es aus Sicht einer Theorie, die die Analyse des politischen Prozesses zur Herstellung größerer „Realitätsnähe" mit geradezu revo-

---

zu liefern.");

[286] vgl. z.B. WECK-HANNEMANN, Hannelore, Die politische Ökonomie der Umweltpolitik, in: BARTEL, Rainer und Franz HACKL (Hrsg.), Einführung in die Umweltpolitik, a.a.O., S. 103; MICHAELIS, Peter, Ökonomische Instrumente..., a.a.O., S. 100 ff.

[287] vgl. ebenda, S. 103

[288] vgl. MEYER, Sigrid, Ökonomische Theorie..., a.a.O., S. 124

[289] vgl. MICHAELIS, Peter, Ökonomische Istrumente..., a.a.O., S. 104

[290] vgl. ebenda, S. 100

[291] vgl. z.B. KEMPER, Manfred, Das Umweltproblem..., a.a.O., S. 100 f.

[292] vgl. MEYER, Sigrid, Ökonomische Theorie..., S. 85 ff.; KEMPER, Manfred, Das Umweltproblem..., a.a.O., S. 96 f.; FREY, Bruno S., Umweltökonomie, a.a.O., S. 136 f.

[293] für die eben zitierten Stellen siehe FREY, Bruno, Umweltökonomie, a.a.O., S. 139-141

[294] es sei darauf hingewesen, daß sich die beschriebene Problematik in entsprechend verschärfter Form natürlich auch und gerade für den Ansatz nach COASE ergibt

lutionärem Pathos verkündet[295], und den Nichteinbezug dieser Prozesse gerade anderen Theorien zum Hauptvorwurf macht, fatal, wenn aus dem Einbezug keine halbwegs eindeutigen Schlüsse gezogen werden könnten. Und zweitens scheint deswegen zumindest in der Umweltökonomik ein weitreichender Konsens zur Übernahme der oben angegebenen stereotypen Interessenkonstellation (mit Variationen) gegeben zu sein[296]. Was sich daraus für die Beurteilung einzelner Instrumente ergibt, wird weiter unten (Abschnitt II.2.) noch anzusprechen sein[297].

1.7. Monetarisierungserfordernis und Monetarisierungspotential

In den vorangehenden Abschnitten wurden Beurteilungskriterien für umweltpolitische Instrumente problematisiert, die sich vor allem auf die Kostenkomponenten der Umweltpolitik bezogen. Die Nutzen, die aus einer möglicherweise angestrebten Umweltqualitätsverbesserung oder -sicherung folgen, spielten insofern weniger eine Rolle, als im Rahmen der umweltökonomischen Theorie externer Effekte (zunächst und grundsätzlich) direkt gar keine Umweltqualitätsverbesserung anstrebt und bei den beiden anderen Ansätzen von einer rein ökologisch bestimmten Umweltqualitätsvorgabe ausgegangen wird. Das bedeutet aber nicht, daß nicht zumindest im Rahmen der Theorie der öffentlichen meritorischen Umweltgüter und des Ansatzes nach COASE ein Interesse und u.U. sogar eine Notwendigkeit besteht, sich über das Ausmaß einer bestimmten Umweltqualitätsverbesserung klar zu werden.

---

295 vgl. dazu etwa RICHTER, Rudolf und Eirik FURUBOTN, Neue Institutionenökonomik, a.a.O., S. V ff.; für eine kritischere Würdigung vgl. FELDMANN, Horst, Gibt es eine institutionalistische Revolution?, a.a.O.

296 deutlich wird dies auch bei FREY, der trotz der oben zitierten Aussagen zu dem Ergebnis kommt: „Eine erfolgversprechende Umweltpolitik muß sich vor allem auf eine Kombination folgender Instrumente abstützen: - individuelle Verbote (...); - Umwelt-Steuern; - Umwelt-Subventionen.“ (FREY, Bruno S., Umweltökonomie, a.a.O., S. 141); vgl. auch MEYER, Sigrid, Ökonomische Theorie.., a.a.O.; KEMPER, Manfred, Das Umweltproblem..., a.a.O. sowie die weitere in diesem Abschnitt angegebene Literatur

297 ein wenig untergegangen sind bei der obigen Betrachtung die „Wähler an sich“; deshalb sei hier angemerkt, daß die Wählerseite bereits indirekt über die „Politiker“ angesprochen wurde; direkt wird den Wählern (oder der Bevölkerung) i.d.R. unterstellt, daß sie Instrumente präferieren, „die eine sichere Zielerfüllung gewährleisten und dabei möglichst wenig Opfer von der Bevölkerung verlangen“ (KEMPER, Manfred, Das Umweltproblem..., a.a.O., S. 101); in der Literatur gibt es auch eine Diskussion darüber, ob der Wählereinfluß zu einem Über- oder Unterangebot des Gutes Umweltqualität führt (vgl. SEEL, Andreas, Zur Effizienz..., a.a.O., S. 134 f. und MEYER, Sigrid, Ökonomische Theorie..., a.a.O., S. 133 f.); auf diese Diskussion kann hier nicht näher eingegangen werden; jedenfalls überrascht es nach dem gesagten nicht, daß beide Thesen sich bei geeigneter Werturteilsvariation etwa gleich gut begründen lassen

Deshalb kann es sinnvoll sein, die unterschiedlichen Nutzen- und Kostenkomponenten in Geldeinheiten auszudrücken, nicht zuletzt, um damit zu einer „Rationalisierung" der Umweltdiskussion beizutragen[298].

Zu einem Beurteilungskriterium für umweltpolitische Strategien kann das Monetarisierungserfordernis allerdings erst durch die nicht unerheblichen gesamtwirtschaftlichen Kosten werden, die durch eine fehlerhafte Bewertung und ein damit verbundenes zuviel oder zuwenig an Umweltqualität und im Umweltschutz gebundenen Ressourcen entstehen können[299]. Die Möglichkeit einer Fehlbewertung hängt dabei in nicht unbeträchtlichem Ausmaß davon, ab wem die Bewertungskompetenz zugestanden wird.

So wurde bereits im ersten Teil dieser Arbeit darauf hingewiesen, daß die PIGOU-Lösung, also dasjenige Instrument, das unmittelbar aus der hier abgeleiteten umweltökonomischen Theorie externer Effekte folgt, die Bewertungskompetenz den jeweils einzelnen Geschädigten zuweist, die dann entsprechend ihrer subjektiv empfundenen Schadenswerte entschädigt werden müssen.

Das für die umweltpolitische Anwendung der Theorie externer Effekte entscheidende Problem besteht nun - und darüber ist sich auch die umweltökonomische Literatur weitgehend einig - in der praktischen Unmöglichkeit, die tatsächlichen Präferenzen der betroffenen Individuen vollständig zu erfassen[300].

Um eine Annäherung an die PIGOU-Lösung im Sinne der in Teil I besprochenen Anforderungen doch zu erreichen, wird auf verschiedene Bewertungsmethoden zurückgegriffen, die als „direkte" oder „indirekte" Präferenzermittlungsverfahren bezeichnet werden, und auf die hier nur ganz knapp Bezug genommen werden kann[301].

Die „indirekten" Bewertungsverfahren, z.T. auch als „Schadenskostenansatz" bekannt[302], stellen im wesentlichen darauf ab, die Präferenzen für Umweltschäden anhand beobachtbarer Marktpreisdiffe-

---

298 für einzelne Monetarisierungsvorteile vgl. auch CANSIER, Dieter, Umweltökonomie, a.a.O., S. 79 f.

299 hinzu kommen natürlich noch die Kosten der Monetarisierung selbst (die mitunter nicht unerheblich sein können)

300 vgl. dazu MISHAN, Ezra J., Ein Überblick über die Wohlfahrtsökonomik 1930-1959, a.a.O., S. 176, FN 143 sowie ENDRES, Alfred, Ökonomische Grundprobleme der Messung sozialer Kosten, Konstanz, 1981

301 vgl. grundlegend HANLEY, Nick und Clive SPASH, Cost-Benefit Analysis and the Environment, Bodmin, 1993; CANSIER, Dieter, Umweltökonomie, a.a.O., S. 79 ff.; MÜHLENKAMP, Holger, Nutzen-Kosten-Analyse, München u.a., 1994; Pflügner, Walter, Nutzen-Analysen im Umweltschutz; GORONZY, Jörg, Monetary Valuation of Unmarketed Goods, Especially Environmental Pollution, Vortrag im Rahmen eines Seminars zum Thema „Environnement et Assurance - Envirance?", Arlon, 22.04.1994

302 vgl. z.B. HEINZ, Ingo, Methoden zur ökonomischen Bewertung von Umweltschäden, in: BRANDER, Sylvia und Otto ROLOFF (Hrsg.), Beiträge zur Theorie der Umweltökonomie, Regensburg, 1990, S. 21

renzen (sog. Marktpreismethode“) oder tatsächlich getätigter Aufwendungen für konplementäre und substitutive Güter (sog. Aufwandmethode) zu messen.
Die bekannteste Marktpreismethode dürfte der „hedonische Preisansatz“[303] sein, der davon ausgeht, daß die Umweltqualität einen wertbildenden Faktor bei Immobilienpreisen darstellt und dann versucht, aufgrund von Vergleichsuntersuchungen diesen Wertanteil zu isolieren. Auf diese Weise erhält man eine monetäre Bewertung der Umweltqualität. Probleme[304] ergeben sich bei dieser Bewertungsmethode zum einen daraus, daß möglichst alle relevanten Nachfragedaten gemessen und in ihrer jeweiligen Korrelation bestimmt werden müssen, um ökonometrische Schätzfehler möglichst gering zu halten. Zum anderen müssen die Unvollkommenheiten des jeweiligen Immobilienmarktes berücksichtigt werden, da z.B. aufgrund von staatlichen Eingriffen oder räumlicher Immobilität der Wohnungsuchenden der implizite Preis nicht die tatsächliche Zahlungsbereitschaft abbildet. Schließlich ist der hedonische Preisansatz nur bei hinreichender Variation regionaler Umweltqualitäten anwendbar, da sonst kaum valide Vergleichsmöglichkeiten bestehen.
Die Aufwandmethode läßt sich in Varianten aufgliedern, die die Aufwendungen für komplementäre und solche, die die Aufwendungen für substitutive Güter in Bezug auf das Gut Umweltqualität zu messen versuchen.
Bezüglich der Bewertung komplementärer Güter geht z.B. die bekannteste sog. Reisekostenmethode davon aus, daß die Individuen auf Märkten gehandelte Güter aufwenden müssen, um in den Genuß eines öffentlichen Gutes zu kommen (eben z.B. die Transport- bzw. Reisekosten zu einem Naturpark); diese Kosten werden dann stellvertretend zur Bewertung der Umweltqualität herangezogen. Bei der Verwendung von Aufwendungen für substitutive Güter wird insbesondere auf die Kosten zur Kompensation von Umweltschäden abgestellt (z.B. Arztkosten, Einbau von Lärmschutzanlagen etc.). Eines der Hauptprobleme der Aufwandmethode besteht darin, daß nur solche Reisekosten oder Kompensationsausgaben herangezogen werden dürfen, die tatsächlich mit dem Umweltschaden kausal verknüpft sind. Weiterhin dürften die tatsächlichen Ausgaben höchstens die Untergrenze der tatsächlichen Schäden angeben, weil z.B. die Betroffenen nicht in der Lage sind, das wahre Ausmaß der Schäden abzuschätzen und/oder die nur subjektiv ermittelbaren Schadensbewertungen in der Methode nicht berücksichtigt werden[305].

---

[303] der „hedonische Preisansatz“ wurde vor allem von GRILLICHES und ROSEN zu Beginn der 70er Jahre entwickelt; vgl. dazu auch WEIMANN, Joachim, Monetarisierungsverfahren aus Sicht der ökonomischen Theorie, in: LINKH, Günther et al. (Hrsg.), Nachhaltige Land- und Forstwirtschaft, Berlin u.a., 1996, S. 428; für eine ausführliche Darstellung vgl. auch HOLM-MÜLLER, Karin u.a., Die Nachfrage nach Umweltqualität in der Bundesrepublik Deuschland, Berlin, 1991, S. 123 ff.
[304] vgl. dazu vor allem MÜHLENKAMP, Holger, Kosten-Nutzen-Analyse, a.a.O., S. 199 ff.
[305] vgl. CANSIER, Dieter, Umweltökonomie, a.a.O., S. 99 ff.

Für alle der hier genannten indirekten Bewertungsverfahren ist die Nicht-Berücksichtigung von Options-, Existenz- und Vermächtniswerten zu konstatieren. Zudem beziehen sich Marktbeobachtungen immer auf Vergangenheitswerte, weshalb sie für die Beurteilung von zukünftigen Entwicklungen bzw. Erwartungen kaum geeignet sein dürften[306].

Insgesamt kann man festhalten, daß indirekte Bewertungsverfahren tendenziell eher Untergrenzen für die wahren Schadenswerte liefern[307].

Insbesondere die Probleme, die sich aus der Vernachlässigung von Nutzeneinbußen, die sich nicht unmittelbar aus den Marktdaten ablesen lassen, ergeben, können theoretisch dadurch vermieden werden, daß die Betroffenen direkt nach ihrer Schadensbewertung befragt werden. Das dominierende direkte Bewertungsverfahren ist die „Contingent-Valuation-Methode (CVM)", bei der eine Repräsentativauswahl von Betroffenen oder potentiell Betroffenen durch Interviews zu einer monetären Offenbarung ihrer Präferenzen veranlaßt werden soll. Dadurch erhält man monetäre Wertschätzungen für entsprechend abgegrenzte typische Umweltschäden, die dann auch auf vergleichbare Schäden übertragen werden können, was natürlich nicht immer unproblematisch ist.

Ein weiteres Problem der CVM besteht darin, daß man entsprechend der Theorie externer Effekte versuchen müßte, die willingness-to-accept und nicht die willingness-to-pay zu ermitteln, aber das Problem einer strategischen Verzerrung im Hinblick auf die erstere nicht ohne weiteres gelöst werden kann, während die willingness-to-pay mit ihrer Bindung an die Einkommenssituation bessere Werte liefern dürfte; in der Praxis wird i.d.R. mit der willingness-to-pay gearbeitet[308].

Neben den Problemen der Herstellung von statistischer Repräsentanz, ausreichender Information der Befragten etc., die sich durch ensprechend sorgfältige Vorbereitung zumindest beherrschbar gestalten lassen, beeinträchtigen aber insbesondere auch der empirisch bestätigte „embedding effect", nach dem die Bewertung je nach Art der Befragung (Reihenfolge der zu bewertenden Güter, Alternativenvorgabe) unterschiedlich ist und der sog. „warm glow - effect", infolge dessen sich ein bekanntgegebener Wert, und zwar praktisch kaum separierbar, aus der Bewertung für das in Frage stehende Gut und aus einem Wert für das „soziale Hochgefühl" (z.B. durch die Zahlungsbereitschaftserklärung ein besonders guter Mensch zu sein) zusammensetzt, die Validität der kontingenten Bewertungsmethode[309]. Eine Bewältigung beider Effekte steht bisher offenbar noch aus, was

---

306 vgl. POMMEREHNE, Werner, Präferenzen für öffentliche Güter - Ansätze zu ihrer Erfassung, Tübingen, 1987, S. 141 f.

307 vgl. MÜHLENKAMP, Holger, Kosten-Nutzen-Analyse, a.a.O., S. 229

308 auf die vielschichtigen Probleme hinsichtlich des Unterschieds von willingness-to-accept und willingness-to-pay kann hier nicht weiter eingegangen werden; vgl. aber ebenda, S. 253 ff.

309 vgl. dazu WEIMANN, Joachim, Monetarisierungsverfahren..., a.a.O., S. 433 ff. sowie DIAMOND, P.A. und J.A. HAUSMAN, Contingent Valuation: Is Some Number Better Than No Number?, in: Journal of Economic Perspectives, 1994, S. 45 ff.

bedeutet, daß auch bei ansonsten korrekter Durchführung einer CVM nicht immer ganz klar ist, welcher „wahre“ Wert hier eigentlich zu ermitteln versucht wird.

Die letze Schwierigkeit läßt sich allerdings in bezug auf die in Teil I der vorliegenden Arbeit abwandeln und auf alle genannten Bewertungsverfahren ausdehnen. Denn die Präferenzen, die mit den sog. Präferenzermittlungsverfahren approximativ erfaßt werden, sind regelmäßig nicht diejenigen, die man eigentlich haben müßte, um die externen Kosten verursachungsgerecht zuordnen zu können und um die Empfänger in gesichert optimumkonformer Weise entschädigen zu können. Tatsächlich stellen die in der Literatur diskutierten Bewertungsverfahren gar nicht auf die Ermittlung der externen Kosten ab, sondern auf die Bewertung der externen Effekte (der Unterschied wurde in Teil I beschrieben).

Wenn aber die hier angedeuteten Bewertungsverfahren schon die (bisher) weitestgehende Anpassung an die Präferenzen der Betroffenen oder potentiell Betroffenen ermöglichen, dann dürfte eine eigenständige Betrachtung der politisch-praktischen Folgerungen der im ersten Teil beschriebenen Theorie externer Effekte kaum mehr aufrecht zu erhalten sein. Vielmehr ist man durch das Bewertungsproblem gezwungen, nicht mehr auf die externen Kosten, sondern auf das optimale Ausmaß der externen Effekte abzustellen; und damit ist wiederum ein klarer Übergang in die Theorie der öffentlichen Güter verbunden. Mit der Unmöglichkeit der Ermittlung der externen Kosten und der Durchführung einer Empfängerinternalisierung fällt also die PIGOU-Lösung insgesamt.

Im folgenden können daher die umweltpolitischen Schlußfolgerungen analog zur Theorie der öffentlichen meritorischen Umweltgüter gezogen werden. Zwar ergeben sich möglicherweise Unterschiede in bezug auf das absolute Niveau des anzustrebenden ökologischen Wertes, aber dies wirkt sich nicht entscheidend auf die Instrumentenbeurteilung aus. Ebenso lassen sich (darauf wurde in den vorhergehenden Abschnitten schon hingewiesen) auch die übrigen Beurteilungskriterien und das eindeutige Verursacherprinzip letztlich unter den beschriebenen Bedingungen nicht mehr aufrecht erhalten, sondern auch hier ergeben sich zur Theorie der öffentlichen meritorischen Umweltgüter analoge Konsequenzen.

Nicht zuletzt, weil die angesprochenen Bewertungsverfahren nicht als werturteilsfrei betrachtet werden können, aber auch, wenn man (wie in der Literatur häufig) den Befragten z.B. mangelnde Einsicht in ökologische Zusammenhänge oder mangelnde Berücksichtigung der Bedürfnisse zukünftiger Generationen unterstellt[310] und entsprechende Korrekturen vornimmt, verschwimmt zu-

[310] begründet wird letzteres u.a. damit, daß die Lebenserwartung der heute lebenden (und z.B. auf Märkten handelnden) Personen naturgemäß begrenzt ist, und daß diese deshalb die Bedürfnisse zukünftiger Generationen nur unzureichend in ihren Verhaltensweisen berücksichtigten, was sich im gesamtwirtschaftlichen Ergebnis niederschlage; außerdem sei es wahrscheinlich, daß die „Individuen ihre wahren

sätzlich auch noch der Unterschied zwischen öffentlichen Gütern bzw. externen Effekten und der meritorischen Variante. Dabei ist zu berücksichtigen, daß ja auch bei der meritorischen Vorgabe in praxi regelmäßig ein Abwägungskalkül vorgenommen werden dürfte.

Insgesamt kann deswegen festgestellt werden, daß sich auf der in dieser Arbeit interessierenden grundsätzlichen Ebene der praktischen Anwendung kein signifikanter Unterschied mehr zwischen der Theorie der öffentlichen meritorischen Umweltgüter und der Theorie externer Effekte aufrecht erhalten läßt, soweit das Bewertungsproblem nicht anders als mit den bisher bekannten Verfahren bewältigt werden kann. Mutatis mutandis werden in den folgenden Abschnitten daher die im wesentlichen gleichen Schlußfolgerungen für beide Theorien gezogen, die deshalb nicht mehr gesondert abgehandelt werden müssen.

Fragt man nach den Problemen der monetären Bewertung im Rahmen der Theorie der öffentlichen meritorischen Umweltgüter, dann stellt hier zumindest eine Bewertung der Umweltqualitätsmenge zunächst kein Problem dar, weil ja von einer ökologischen Vorgabe ausgegangen wird. Probleme hinsichtlich der monetären Bewertung bestehen allerdings dahingehend, daß die Einführung des öffentlichen merotorischen Gutes Umweltqualität und der damit verbundenen gesamtwirtschaftlichen Umweltzielsetzung eine nicht zu unterschätzende Anzahl zusätzlicher Kostenkomponenten mit sich bringt, die für eine konsequente politische Anwendung quantifiziert und entsprechend monetär bewertet werden müssen; diese Kostenkomponenten wurden in den vorangehenden Abschnitten problematisiert. Als Ergebnis dazu kann wohl festgehalten werden, daß eine genaue monetäre Erfassung etwa der gesamtwirtschaftlichen Zielkonflikte oder der dynamischen Anreizwirkungen verschiedener Instrumente mindestens die Schwierigkeiten impliziert, denen man sich auf der anderen Seite entledigt zu haben glaubte[311].

---

zeitlichen Präferenzen nicht kennen...und durch zu kurzsichtige Verhaltensweisen ihren eigenen langfristigen Interessen schaden" (FABER, Malte, Gunther STEPHAN und Peter MICHAELIS, Umdenken in der Abfallwirtschaft, Berlin u.a., 1989², S. 46); in diesen Zusammenhang gehört auch die möglicherweise unzureichende Wahrnehmunsfähigkeit oder Sachkenntnis, etwa die Umweltproblematik „richtig" zu beurteilen; schließlich könnte es auch sein, daß die Individuen als Wähler eine auf die Zukunft bzw. die Bedürfnisse zukünftiger Generationen durchaus wünschen, aber in ihren eigenem Marktverhalten nicht zum Ausdruck bringen (damit deckt sich das dem Wahlvolk in der umweltökonomischen Literatur oft unterstellte Interesse an möglichst sauberer Umwelt, deren Gewährleistung möglichst nichts kostet; vgl. dazu z.B. KEMPER, Manfred, Das Umweltproblem..., a.a.O., S. 101); dementsprechend wäre der Staat zur Wahrnehmung der Zukunftsinteressen per Annahme legitimiert; vgl. zu den genannten Argumenten auch BAUMOL, William J., On the Social Rate of Discount, in: American Economic Review, 1968, S. 788 ff.; SEN, Armatya K., Approaches to the Choice of Discount Rates for Social Benefit-Cost Analysis, in: LIND, R., (ed.), Discounting for Time and Risk in Energy Policy, Washington, 1982, S. 325 ff.

[311] dies widerspiegelt sich deutlich in der umweltökonomischen Literatur, wo sich die Betrachtung der „gesamtwirtschaftlichen Kosten" im Rahmen des Instrumentenvergleichs nur allzu häufig auf die (aggregierten) privatwirtschaftlichen Vermeidungskosten (die bereits als monetäre Größen vorliegen) beschränkt; wenn überhaupt, werden die oben genannten Wirkungen verbal zu würdigen versucht; außer

Besonders problematisch gestaltet sich die Bewertung der politischen Durchsetzungskosten, wie ja bereits im vorangehenden Abschnitt angedeutet wurde. Denn in gewisser Weise könnte diese Komponente das gesamte Beurteilungsverfahren im Rahmen der Theorie der öffentlichen meritorischen Umweltgüter über den Haufen werfen. Man könnte beispielsweise mit einiger Berechtigung die Frage stellen, wieso man sich noch um statische und dynamische Effizienzvergleiche und gesamtwirtschaftliche Zielkonflikte kümmern muß, wenn der - annahmegemäß exogene (!) - politisch-institutionelle Prozeß sowieso den entscheidenden bottle-neck markiert[312].

Dieses Problem führt bezüglich der monetären Bewertung direkt zu einer weiteren Schwierigkeit: Wer soll hier eigentlich bewerten? Es scheint, als würde die angenommene Separierbarkeit von Markt und Politik hier zur Lösung des Bewertungsproblems eine Art „wohlwollenden Monetarisierer" erfordern, der über bzw. neben beiden angesiedelt wäre.

Insgesamt betrachtet ist es daher kein Wunder, daß in der umweltökonomischen Literatur eine vollständige monetäre Vergleichbarmachung der einzelnen gesamtwirtschaftlichen Kostenbestandteile nirgendwo zu finden ist.

Wird der entscheidende Schritt in den neoinstitutionalistischen Ansatz nach COASE vollzogen und damit der politische wie der ökologische Rahmen prinzipiell vollständig endogenisiert, dann könnte

---

von den Verteilungswirkungen ist überhaupt von den übrigen gesamtwirtschaftlichen Zielbeziehungen kaum jemals noch die Rede; vgl. z.B. KEMPER, Manfred, Das Umweltprobem..., a.a.O.; MICHAELIS, Peter, Ökonomische Instrumente..., a.a.O.; CANSIER, Dieter, Umweltökonomie, a.a.O.; Verteilungswirkungen werden zum Beispiel herangezogen von JÄGER, Franz, Natur und Wirtschaft, Chur u.a., 1994²; der auffällig fehlende quantitative Einbezug mehrerer gesamtwirtschaftlicher Kostenkomponenten ist natürlich verständlich, wenn man einen Blick in die Literatur riskiert, die sich speziell der quantitativen Erfassung gesamtwirtschaftlicher Effekte widmet (vgl. z.B. SCHRÖDER, Michael, Die volkswirtschaftlichen Kosten von Umweltpolitik, Heidelberg, 1990); die Fülle von einschränkenden Annahmen, die die Applikation etwa Allgemeiner Gleichgewichtsmodelle erfordert, führt zu äußerst vorsichtig zu interpretierenden Ergebnissen, die, wenn sie nur als isolierte Daten ermittelt sind (also z.B. „+ 0,02 % Inflationsratenanstieg", „-15.000 Arbeitslose"), überhaupt erst noch monetär bewertet werden müssen (da ja stets mehrere Daten zu vergleichen sind)

312 daß sich hinter dieser Fragestellung ein ganz grundsätzliches Problem verbirgt, wird allerdings in der Literatur recht selten angedeutet; in aller Regel wird so vorgegangen, als ob die politische Durchsetzbarkeit ein den übrigen vergleichbares Kriterium darstellen würde; interessant ist allerdings, daß SIEBERT das Kriterium der politischen Durchsetzbarkeit zwar nennt, aber nicht in den Instrumentenvergleich einbeziehen möchte: „M.E. kann jedoch Gruppeninteressen oder institutionellen Hindernissen kein entscheidendes Gewicht bei der Auswahl der Instrumente zugestanden werden" (SIEBERT, Horst, Analyse der Instrumente..., a.a.O., S. 112); die Aussage bleibt leider ohne Begründung; auch KOHLHAAS nennt das Kriterium ohne es zu verwenden und begründet das wie folgt: „Vernachlässigt wird hier die Frage nach der politischen Akzeptanz. Dahinter steht die Überzeugung, daß sozial unerwünschte Folgen durch flankierende Maßnahmen korrigiert werden können und Unterstützung für empfehlenswerte Instrumente längerfristig durch Aufklärungsarbeit geschaffen werden kann. Kurzfristig dürfen daraus resultierende Restriktionen aber nicht übersehen werden." (KOHLHAAS, Michael, Ökonomische Instrumente der Umweltpolitik, in: Vierteljahreshefte zur Wirtschaftsforschung, 1994, S. 360); diese Begründung kann m.E. keinesfalls als hinreichend eingestuft werden

eine Monetarisierung einzelner von den Beteiligten jeweils behaupteter Kostenkomponenten[313] prinzipiell sinnvoll sein, um die Effizienz des institutionellen Arrangements durch die Eingabe relativ leicht zu vergleichender und zu verarbeitender Informationen zu erhöhen. Ein unbedingtes Monetarisierungserfordernis läßt sich aber vor allem aufgrund der auf alle Beteiligte gleichberechtigt verteilten Bewertungskompetenz nicht ableiten.

Insgesamt läßt sich damit bezüglich der Bedeutung des Kriteriums der monetären Bewertung festhalten, daß erstens die hier abgeleitete uweltökonomische Theorie externer Effekte zwingend die Lösung der genannten Bewertungsfragen erfordert, um damit die Ausrichtung der umweltpolitischen Maßnahmen auf ein „moving equilibrium" möglichst absichern zu können. Allerdings bedingen die bisher bekannten Bewertungsverfahren hinsichtlich der umweltpolitischen Konsequenzen eine weitestgehende Übereinstimmung mit der Theorie der öffentlichen Güter. Zweitens erfordert auch die Theorie der öffentlichen meritorischen Umweltgüter die monetäre Bewertung zumindest der einzelnen Kostenkomponenten, um zu einer eindeutigen Aussage im Instrumentenvergleich gelangen zu können; auf die diesbezüglich auftretenden Schwierigkeiten, die sich in der umweltökonomischen Literatur entsprechend widerspiegeln, wurde hingewiesen. Im Rahmen des Ansatzes nach COASE sprechen zwar einige Gründe für die Sinnhaftigkeit monetärer Bewertung, eine zwingende Notwendigkeit kann allerdings nicht behauptet werden.

Damit sei die Diskussion unterschiedlicher Beurteilungskriterien für umweltpolitische Instrumente abgeschlossen. Wie sich die erzielten Diskussionsergebnisse auf die Ableitung der aus dem jeweils zugrundegelegten umweltökonomischen Ansatz resultierenden „besten" umweltpolitischen Strategie auswirken, soll im folgenden Abschnitt näher untersucht werden.

2. Die Beurteilung umweltpolitischer Instrumente aus Sicht der drei Ansätze

Es ist das Ziel der nachfolgenden Überlegungen, die in der umweltökonomischen Literatur vordringlich genannten umweltpolitischen Instrumente vor dem Hintergrund der drei hier unterschiedenen umweltökonomischen Ansätze mit Hilfe der eben diskutierten Beurteilungskriterien einzuschätzen.

[313] wie bereits eingangs gesagt wurde, wird hier von dem in der umweltökonomischen Literatur Vorfindbaren ausgegangen; gerade aus Sicht des Ansatzes nach COASE könnten auch noch andere als die hier genannten Kriterien legitime Berücksichtigung einfordern

Dabei soll auf die ausführliche Behandlung von Detailfragen weitgehend verzichtet werden; es kommt entsprechend der Zielsetzung der vorliegenden Untersuchung, die sich höchstens indirekt als Beitrag zur Instrumentendiskussion versteht, lediglich auf die zentralen Aussagen an.

Weiterhin beschränkt sich die Diskussion - wie gesagt - auf die in der umweltökonomischen Literatur vor allem thematisierten Instrumente; das bedeutet, daß andere Instrumente, die möglicherweise aus Sicht vor allem des neoinstitutionalistischen Ansatzes nach COASE (der ja prinzipiell die Gesamtrealität endogenisiert) noch sinnvoll sein könnten, nicht eigens behandelt werden[314].

Schließlich würde auch eine (eigenständige) Behandlung des übrigen wirtschaftspolitischen Instrumentariums insgesamt, das ja unabhängig von speziell konzipierten umweltpolitischen Instrumenten zur Lösung umweltpolitischer Probleme herangezogen werden könnte, den gesetzten Rahmen dieser Abhandlung sprengen.

2.1. Umweltinformationspolitische Maßnahmen

Unter „umweltinformationspolitischen Maßnahmen" werden im folgenden solche Instrumente verstanden, die im weitesten Sinne auf die Schaffung von Umweltbewußtsein ausgerichtet sind.

Darunter fallen besonders die sog. „suasorischen Instrumente", wie etwa die „Bereitstellung von objektiven Informationen über die potentiellen gesellschaftlichen Schäden (sozialen Zusatzkosten) einzelwirtschaftlichen Verhaltens"[315], moralische Appelle und nicht-monetäre Sanktionierungen ökologisch sinnvoller oder verwerflicher Verhaltensweisen (im Sinne allerdings nicht von Zwangsmaßnahmen, sondern eher von „sozialer Kontrolle" durch die „öffentliche Meinung" (SIEBERT))[316]. Wiederum können die genannten Instrumente konkret viele unterschiedliche Formen von der Umwelterziehung und Umweltforschung über die Kennzeichnung von Konsumgütern bis zu der Einführung von Umweltinformationssystemen[317] annehmen.

---

[314] das gilt insbesondere deshalb, weil sich zumindest die umweltökonomische Standardliteratur weitgehend an der Theorie der öffentlichen meritorischen Umweltgüter orientiert, die dementsprechend auch für die „Erfindung" umweltpolitischer Instrumente ideenleitend war.

[315] SIEBERT, Horst, Analyse der Instrumente..., a.a.O., S. 11

[316] vgl. dazu insgesamt ebenda, S. 11 f.; JÄGER, Franz, Natur und Wirtschaft, a.a.O., S. 170 ff.; WICKE, Lutz, Umweltökonomie, a.a.O., S. 279 ff.; MICHAELIS, Peter, Ökonomische Instrumente..., a.a.O., S. 32 ff.

[317] vgl. dazu LICHTENECKER, Ruperta, Umweltinformationssysteme, in: BARTEL, Rainer und Franz HACKL (Hrsg.), Einführung..., a.a.O., S. 61 ff.; RADERMACHER, Walter und Carsten STAHMER, Umweltinformationen, in: JUNKERNHEINRICH, Martin, Paul KLEMMER und Gerd Rainer WAGNER (Hrsg.), Handbuch..., a.a.O., S. 290 ff.

Gemeinsam ist den umweltinformationspolitischen Maßnahmen vor allem, daß sie einen „freiwilligen Umweltschutz" zumindest insofern intendieren, als die bewußte Nichtzurkenntnisnahme oder die Nichtbefolgung des informationspolitischen Impulses keine unmittelbaren strafrechtlichen oder monetären Folgen haben soll.

Betrachtet man die umweltinformationspolitischen Maßnahmen aus dem Blickwinkel der im letzten Abschnitt diskutierten Beurteilungskriterien, dann kann zunächst klar festgestellt werden, daß dem „eindeutigen"[318] Verursacherprinzip durch ein solches Kriterium in keiner Weise Genüge getan wird; allerdings ergab zumindest die Diskussion um das Monetarisierungsproblem, daß aufgrund der Anwendungsschwierigkeiten die Theorie externer Effekte hinsichtlich ihrer umweltpolitischen Folgerungen gezwungenermaßen mit der Theorie der öffentlichen meritorischen Umweltgüter übereingeht und sich deshalb das Verursacherprinzip nicht mehr für die praktische Anwendung aufrecht erhalten läßt. Das suasorische Instrumentarium kann demgegenüber einerseits durchaus im Sinne des Vorsorge- wie auch des Kooperationsprinzips interpretiert und angewendet werden, und deshalb im Rahmen der Theorie der öffentlichen meritorischen Umweltgüter (und damit letztlich auch im Rahmen der Theorie externer Effekte) und im Rahmen des neoinstitutionalistischen Ansatzes nach COASE durchaus einige Relevanz beanspruchen.

Von der Tendenz her ähnlich sind umweltinformationspolitische Maßnahmen nach dem Kriterium der (einzelwirtschaftlichen) Kosteneffizienz zu beurteilen. So wird, und dies spricht zugunsten dieses Instruments im Rahmen der Theorie der öffentlichen meritorischen Umweltgüter, zumindest dann eine „Zielführung" erwartet, „wenn die erwünschte Verhaltensänderung nur mit geringen Kosten verbunden ist"[319]. Für bescheidene ökologische Zielsetzungen scheinen daher solche Maßnahmen (die ja zudem selbst recht kostengünstig sein können) durchaus auch mit dem Kriterium der Kosteneffizienz zu harmonieren[320].

Die ökologische Effektivität der Maßnahmen hängt wiederum von der konkreten Konzeption ab. Sicherlich wird man sagen können, daß außerhalb der eben genannten Fälle, die den geringsten Teil umweltpolitischer Vorstellungen betreffen dürften, die ökologische Effektivität im Sinne der Erreichung eines konkreten Umweltziel sehr gering zu veranschlagen ist. Soll demgegenüber nicht ein

---

318 vgl. die Prinzipiendiskussion oben; natürlich wird dem Verursacherprinzip in der unscharfen Version, nach der es kaum jemanden geben dürfte, der kein Verursacher ist, praktisch durch jede umweltpolitische Maßnahme entsprochen

319 MICHAELIS, Peter, Ökonomische Instrumente..., a.a.O., S. 33

320 ein gewisses Problem, das hier allerdings nicht weiterverfolgt werden soll, betrifft im Rahmen der Theorie der öffentlichen meritorischen Umweltgüter die Frage, wieso die Schaffung von Umweltbewußtsein einerseits zur Lösung des Umweltproblems beitragen kann, wenn es gleichzeitig eine seiner Hauptursachen sein soll; überhaupt könnte gefragt werden, warum die Umweltpolitik im Sinne der Theorie der öffentlichen meritorischen Umweltgüter eigentlich am Umweltproblem und nicht vielmehr an dessen

bestimmter ökologischer Zielwert erreicht werden, sondern wird, wie vor allem im Ansatz nach COASE, eine Stärkung der Ökopräferenzen allgemein oder die Erzeugung eines ökologiefreundlichen Investitions- und Innovationsklimas angestrebt, dann sind umweltinformationspolitische Maßnahmen von einer ausschlaggebenden Bedeutung und geradezu unverzichtbar.
Dasselbe gilt mit Blick auf die dynamische Anreizwirkung, und diesbezüglich werden suasorische Maßnahmen auch aus Sicht der Theorie öffentlicher meritorischer Umweltgüter wieder interessanter.
Nicht zu vernachlässigen ist auch, daß Umweltinformationspolitik aller Wahrscheinlichkeit nach nur geringe gesamtwirtschaftliche Zielkonflikte mit sich bringt, eine monetäre Bewertung nur in wenigen Fällen überhaupt interessant und nicht zuletzt aufgrund ihres hoch zu veranschlagenden Kompromißpotentials politisch i.d.R. verhältnismäßig leicht durchzusetzen sein dürfte.
Insgesamt stellen daher umweltinformationspolitische Maßnahmen zweifellos ein außerordentlich bedeutsames umweltpolitisches Instrument im Sinne des institutionentheoretischen Ansatzes nach COASE dar[321], dürften aber im Rahmen der Theorie der öffentlichen meritorischen Umweltgüter und der Theorie externer Effekte nur in einigen wenigen Fällen von ausschlaggebendem Interesse sein, wenngleich die politischen Realisierungschancen auch hier nicht vernachlässigt werden dürfen.

2.2. Auflagenlösungen

Zielen umweltinformatorische Maßnahmen eher auf eine indirekte Verhaltensbeeinflussung ab, so erfolgt im Rahmen der Auflagenlösungen, oft auch als „ordnungsrechtliche Instrumente" bezeichnet, „eine direkte Verhaltenssteuerung durch Ge- und Verbote"[322]. Diese „können die verschiedensten Formen annehmen. Von der Forderung, bestimmte Technologien anzuwenden, über die Begrenzung (zulässiger) Schadstoffmengen bis hin zum völligen Verbot bestimmter Produkte oder Inputs sind alle Variationen denkbar"[323]. Da sie von der Art des Eingriffs ebenso wie im Hinblick

---

konstatierten Ursachen ansetzt

[321] vgl. dazu RING, Irene, Marktwirtschaftliche Umweltpolitik..., a.a.O., S. 141 ff., die eigentlich ganz im Sinne des COASE'schen Ansatzes (den sie anders auslegt) die Impulsgeberschaft des Staates zur prinzipiell ergebnisoffenen Induzierung ökologischer Innovationstätigkeit betont

[322] MICHAELIS, Peter, Ökonomische Instrumente..., a.a.O., S. 27

[323] WEIMANN, Joachim, Umweltökonomik, a.a.O., S. 186 (das zumindest in der mir jetzt vorliegenden 2. Auflage wiedergebene „zuverlässiger" wurde hier durch „zulässiger" ersetzt, da es sich offenbar um einen Druckfehler handelt); vgl. auch BARTEL, Rainer, Hauptinstrumente der Umweltpolitik und ihre Wirkungen, in: Ders. und Franz HACKL (Hrsg.), Einführung in die Umweltpolitik, a.a.O., S. 36 und

auf ihre Wirkungen ähnlich zu beurteilen sind, sollen hier auch Subventionen und öffentliche Investitionen unter den Begriff der „Auflagenlösungen“ subsumiert werden.

Bezüglich der Prinzipienkonformität auflagenorientierter Umweltpolitik läßt sich - bei aller Variationsmöglichkeit - doch sagen, daß sie noch am ehesten der Theorie der öffentlichen meritorischen Umweltgüter bzw. der anwendungsbezogenen Theorie externer Effekte entspricht, da einerseits bei Auflagenlösungen ein relativ konkret zu erreichendes Umweltqualitätsziel vorausgesetzt werden muß, und andererseits der Verursachungszusammenhang im „eindeutigen“ Sinne des Verursacherprinzips keine Rolle spielt.

Auflagenlösungen wird manchmal im Vergleich zu anderen Instrumenten „wegen ihres Zwangscharakters“ eine größere ökologische Effektivität unterstellt[324]. Das trifft allerdings höchstens dann zu, wenn die ökologische Zielvorgabe z.B. als absolute Emissionsnorm formuliert und die Meß- und Kontrollprobleme gelöst sind[325]. Wenn sich die Emissionsnormen lediglich auf Massenkonzentrationen beziehen, oder produktionstechnische Auflagen sich am „Stand der Technik“ orientieren, kann die angestrebte ökologische Wirkung u.a. durch das Hinzukommen neuer Produktionsanlagen oder die Beeinflussung des Schadstoffdurchsatzes verhindert werden; und dies gilt ebenfalls für mit entsprechend weichen Vorgaben verknüpfte Subventionen oder öffentliche Investitionen.

Wenn schon (unabhängig von anderen Kriterien) die ökologische Wirksamkeit von Auflagenlösungen relativiert werden muß, so dürfte dies erst recht für die (privatwirtschaftliche) Kosteneffizienz gelten; zumindest scheint dies auf den ersten Blick so zu sein. Es läßt sich nämlich leicht nachweisen, daß unter der Voraussetzung von Betrieben mit unterschiedlichen Grenzvermeidungskostenverläufen, die sich denselben Auflagen gegenübersehen, das angestrebte ökologische Ziel i.d.R. nicht zu den geringstmöglichen aggregierten einzelwirtschaftlichen Kosten realisiert werden kann[326]. Dies resultiert vor allem aus den mangelnden Wahlmöglichkeiten, die den einzelnen Betrieben durch eine für alle gleiche und darüberhinaus in der Erreichungsmethode genau spezifizierte Auflage definitionsgemäß offengelassen werden. Besteht für die betroffenen Betriebe keine Anpas-

---

40; JÄGER, Franz, Natur und Wirtschaft, a.a.O., S. 181 ff.; SIEBERT, Horst, Analyse der Instrumente..., a.a.O., S. 65 ff.

[324] vgl. PÄTZOLD, Jürgen und Gerhard MUSSEL, Umweltpolitik, a.a.O., S. 56; BARTEL, Rainer, Hauptinstrumente..., a.a.O., S. 40

[325] vgl. KEMPER, Manfred, Das Umweltproblem..., a.a.O., S. 106 ff.; ENDRES, Alfred, Umweltökonomie, a.a.O., S. 152 f.; genaugenommen müssen auch bei funktionsfähigem Überwachungs- und Sanktionsmechanismus absolute Emissionsnormen nicht zu ökologischer Effektivität führen, da die ökologische Zielvorgabe selbst ökologisch ineffektiv formuliert sein kann (vgl. dazu unten)

[326] dieser Nachweis gehört zum „guten Ton“ umweltökonomischer Standardliteratur; vgl. u.a. JÄGER, Franz, Natur und Wirtschaft, a.a.O., S. 192 f.; ENDRES, Alfred, Umwelzökonomie, a.a.O., S. 124 ff.; KEMPER, Manfred, Das Umweltproblem..., a.a.O., S. 117 ff.; WEIMANN, Joachim, Umweltökonomik, a.a.O., S. 188 f.

sungsalternative, dann werden Effizienzgewinne, die aus den unterschiedlichen marginalen Vermeidungskosten bei genügender Differenzierung gezogen werden könnten, nicht realisiert.

Nun wurde das bisher gesagte allerdings unter äußerst restriktiven Annahmen abgeleitet. Wie umgekehrt bei der Betrachtung des Kriteriums der ökologischen Wirksamkeit gilt die relative (privatwirtschaftliche[327]) Kostenineffizienz von Auflagenlösungen (insbesondere gegenüber Abgaben und Zertifikaten) nicht mehr unbedingt, wenn man genügend flexible Lösungen oder Anpassungsalternativen für möglich erachtet.

Daß eine statische Effizienzüberlegenheit von Zertifikaten und Abgaben gegenüber hinreichend flexiblen Auflagen nicht klar zu belegen ist, liegt nicht zuletzt daran, daß vor allem Zertifikatelösungen und Auflagelösungen deutlich ineinander übergehen. Die einschlägig bekannten Kompensationslösungen (bubble, offset, netting, banking) lassen sich als „Praxisvarianten" von Auflagen wie von Zertifikaten gleichermaßen verstehen[328]; genauso wie eine in dieser Hinsicht vollständig flexibilisierte Auflagenlösung einer „idealtypischen" Zertifikatelösung enstpricht, kann eine Zertifikatepolitik gegenüber einem Emissionsmonopolisten in eine „reine" Auflagenlösung übergehen.

Aber auch Abgaben und Auflagen können sich recht nahe kommen[329]. Die innige Verbundenheit rührt in diesem Fall besonders daher, daß es eben i.d.R. doch eine Alternative auch zu der unflexibelsten und strengsten Auflage gibt: nämlich gegen sie zu verstoßen und für diesen Verstoß (nach „Erwischtwerden") eine „Abgabe" zu entrichten[330]. Je flexibler im oben angegebenen Sinne die

[327] es sei noch einmal daran erinnert, daß diese Kosteneffizienz in der Literatur oft als „gesamtwirtschaftliche" Kosteneffizienz bezeichnet wird (vgl. Z.B. KEMPER, Manfred, Das Umweltproblem..., a.a.O., S. 115 ff.; MICHAELIS, Peter, Ökonomische Instrumente..., a.a.O., S. 42 ff.), womit sich die betreffenden Autoren allerdings auf die aggregierten einzelwirtschaftlichen Kosten beziehen; im Sinne der hier diskutierten gesamtwirtschaftlichen Kostenkomponenten wäre eine analoge Verwendung mißverständlich

[328] vgl. dazu ENDRES, Alfred, Umweltökonomie, a.a.O., S.111 ff. oder KEMPER, Manfred, Das Umweltproblem..., a.a.O., S. 60 ff. (die aus der Zertifikaterichtung schauen); WICKE, Lutz, Umweltökonomie, a.a.O., S. 223 ff. (aus Auflagenperspektive); die Kompensationslösungen werden im einzelnen hier nicht weiter besprochen, und zwar genau aus dem im Text noch anzugebenden Schwierigkeiten der Unterscheidung von Auflagen, Abgaben und Zertifikaten

[329] dies kann sogar für Subventionen und öffentliche Investitionen gelten, wenn man deren Finanzierung (i.d.R.) aus allgemeinen Steuermitteln berücksichtigt (wie gesagt unter der im Rahmen der Theorie der öffentlichen meritorischen Güter und auch im Rahmen des Ansatzes nach COASE wirksamen Annahme, „daß 'Verursacher' letztlich alle sind, die am Wirtschaftsleben teilnehmen" (PÄTZOLD, Jürgen und Gerhard MUSSEL, Umweltpolitik, a.a.O., S. 62)

[330] diese Sichtweise eines „Normbefolgungskalküls" geht auf BECKER zurück und wird für umweltpolitische Belange grundlegend von GELBHAAR behandelt; vgl. BECKER, Gary S., Crime and Punishment: An Economic Approach, in: Journal of Political Economy, 1968, S. 169 ff.; GELBHAAR, Siegfried, Monetäre Sanktionen als Instrumente staatlichen Handelns, Berlin, 1994 (für den hier angegebenen Zusammenhang vgl. Besonders S. 156 ff.); vgl. auch DICKERTMANN, Dietrich und Siegfried GELBHAAR, Umweltnormen mit monetärer Sanktionsdrohung: Geldstrafen als Element rationaler Umweltpolitik?, in: Zeitschrift für Umweltpolitik und Umweltrecht, 1995, S. 341 ff.; vgl. auch WEIKARD, Hans-Peter, Instrumente zur Durchsetzung von Umweltauflagen, in: Zeitschrift für Um-

Auflagenlösung dabei gehandhabt wird, desto stärker entsprechen sich dann auch Zertifikate und Abgaben[331].

Die festgestellte Konvergenz der verschiedenen „Hauptinstrumente" der Umweltpolitik[332] resultiert natürlich aus der (hier) zugrundegelegten Theorie der öffentlichen meritorischen Umweltgüter. Betrachtete man die genannten Instrumente z.B. aus Sicht der hier abgeleiteten Theorie externer Effekte, dann ergäbe sich eine klare Trennung von PIGOU-Steuer und Auflagen oder Zertifikaten; die oben gemachten Voraussetzungen (klare ökologische Zielvorgabe, keine eindeutige Verursacherregel) stimmten nicht mehr überein. Wie die Diskussion um das Monetarisierungserfordernis gezeigt hat, läßt sich allerdings der theoretische Anspruch im Hinblick auf die umweltpolitische Anwendung nicht aufrechterhalten, so daß die Theorie externer Effekte schließlich zu den gleichen Voraussetzungen wie die Theorie der öffentlichen Güter gelangt; ein Unterschied ergibt sich deshalb nicht mehr prinzipiell, sondern allenfalls bezüglich des anzustrebenden Emissionsniveaus.

Aus Sicht des Ansatzes nach COASE sind die Auflagenlösungen im Hinblick auf die statische Allokationseffizienz zwar ähnlich wie nach der Theorie der öffentlichen meritorischen Umweltgüter zu beurteilen, aber das Kriterium selbst spielt ja eine vergleichsweise untergeordnete Rolle.

Insgesamt kann deshalb bezüglich der Kosteneffizienz ein genereller, theoretisch gegebener relativer Nachteil von Auflagenlösungen nicht behauptet werden. Versteht man allerdings unter Auflagenlösung ein tendenziell inflexibel gehandhabtes Instrument, das kaum Anpassungsalternativen zuläßt, dann trifft die in der Literatur fast einhellig vertretene Ineffizienzthese zu. Letztlich lassen

weltpolitik und Umweltrecht, 1995, S. 365 ff.; angemerkt sei hier noch, daß in den genannten Arbeiten eine Unterscheidung von Geld- und (z.B.) Haftstrafen gemacht wird, wobei etwa DICKERTMANN/GELBHAAR die spezifischen Vorteile einer „monetären Saktion" gegenüber einer „nicht-monetären Sanktion" mit „für das Gemeinwesen weitaus weniger kostenträchtig" und „ermöglicht...die Wiedergutmachung des mit der Normübertretung angerichteten Schadens" angeben (ebenda, S. 348); über die Kostenträchtigkeit soll hier insofern nicht weiter debattiert werden, als es sich dabei nicht um ein analytisches, sondern ein empirisches Argument handelt (und von daher im Einzelfall bestätigt oder widerlegt werden kann); das zweite Argument setzt eine klare Verursacherzuweisungsmöglichkeit voraus, die im Rahmen der Theorie der öffentlichen meritorischen Umweltgüter aber nicht gegeben ist; wenn, wie DICKERTMANN/GELBHAAR betonen, insbesondere dieses Argument „Becker veranlaßte, den Einsatz von Geldstrafen zu befürworten, wo immer dies möglich ist" (ebenda), dann finde ich seine Argumentation jedenfalls nicht schlüssig; insgesamt scheint mir eine Trennung von monetärer und nicht-monetärer Sanktion zumindest in bezug auf die oben interessierende Abgrenzung von Auflagen und Abgaben auch nicht unbedingt bedeutsam zu sein; die Kosten der nicht-monetären Sanktion (= die „Abgaben") werden zwar nicht allein vom Verurteilten getragen (in Form von Einkommens-, Prestigeeinbußen etc. trägt er sie eben auch mit), aber dieser kann im Rahmen der Theorie der öffentlichen meritorischen Umeltgüter auch kaum als einziger „Normadressat" isoliert werden (de jure dürfte dies natürlich der Normalfall sein)

331 vgl. dazu auch die folgenden Abschnitte zu Abgaben- und Zertifikatelösungen

332 auch FREY konstatiert nach einer Beschreibung von Auflagen, Abgaben und Zertifikaten: „Die aufgezählten Instrumente unterscheiden sich in mancher Beziehung kaum, sie fügen sich vielmehr beinahe nahtlos ineinander" (FREY, Bruno S., Umweltökonomie, a.a.O., S. 122); vgl. auch die dort beleghal-

sich also Auflagenlösungen aus Sicht der Theorie der öffentlichen meritorischen Umweltgüter (und dem Ansatz nach COASE) nur in bezug auf einen konkreten Fall überhaupt diskutieren; ein Instrumentenvergleich macht also nicht aus der Theorie heraus, aber unter Hinzunahme „stilisierter Fakten" einen Sinn.

Die genannten Zusammenhänge lassen sich auch anhand des Kriteriums der dynamischen Anreizwirkung aufweisen. So ist man sich in der umweltökonomischen Literatur weitgehend einig, daß Umweltauflagen geringere Innovationsanreize als Abgaben oder Zertifikate setzen. Dies gelte vor allem deshalb, weil sich eine Unterschreitung der ökologischen Vorgabe nicht auszahle. Unter bestimmten Bedingungen würden umwelttechnische Innovationen sogar geradezu behindert, wenn nämlich etwa eine am „Stand der Technik" orientierte Auflagenpolitik betrieben werde. Werde die ökologische Zielvorgabe nämlich entsprechend der jeweils verfügbaren Umwelttechnologie angepaßt, führten „technische Innovationen tendenziell zu einer Verschärfung dieses Standards und damit u.U. zu einer Mehrbelastung der Emittenten"[333]. Deshalb würden sich Unternehmen mit der Erforschung neuer umweltschonenderer Technologien eher zurückhalten; der umwelttechnologische Fortschritt werde also durch eine derartige Auflagenpolitik mehr behindert als gefördert[334]. Wiederum muß gesagt werden, daß dieses Argument uneingeschränkt nur zutreffen kann, wenn von einer Umweltschutzbranche[335] ebenso wie von den Wettbewerbsverhältnissen eines konkreten Falles abstrahiert wird[336].

---

ber angegebenen Beispiele

333 WEIMANN, Joachim, Umweltökonomik, a.a.O., S. 193

334 KEMPER meint daher, daß „eine Orientierung am 'Stand der Technik' immer zu einer Umkehr der Anreizstruktur" führe (KEMPER, Manfred, Das Umweltproblem..., a.a.O., S. 106), BONUS spricht von einem durch solche Politik induzierten „Schweigekartell der Oberingenieure" (BONUS, Holger, Umwelt und soziale Marktwirtschaft, Köln, 1980, S. 36)

335 dies gibt auch KEMPER (ebenda, FN 2) zu, meint aber zusätzlich, daß „sicherlich ein großer Teil der Verbesserungsmöglichkeiten, die sich in emittierenden Betrieben bieten, nur von diesen Betrieben selbst und nicht von Außenstehenden, seien es Bürokraten oder Angehörige der Umweltbranche, erkannt werden" kann (ebenda); diese Argumentation deutet ebenfalls die Abhängigkeit vom konkreten Fall an, und enthält m.E. zudem in gewisser Weise den Widerspruch, daß unter den von KEMPER angegebenen Bedingungen ein „Stand der Technik" kaum je formuliert werden könnte

336 man könnte sich auch vorstellen, daß neue Produktionstechnologien, die völlig unabhängig von ökologischen Erfordernissen entwickelt werden und für den einzelnen Betrieb relative Ertragsvorteile mit sich bringen, trotzdem „umweltfreundlicher" sind; warum sollten solche Innovationen nicht durchgeführt werden?; WEIMANN meint diesbezüglich, daß solche Innovationen erst umgesetzt würden, „wenn die Kosten*vorteile*, die durch technischen Fortschritt erzielbar sind, größer ausfallen als die Kosten*nachteile*, die aus den verschärften Emissionsvorschriften resultieren. In der Tendenz verhindert eine Auflagenpolitik damit eher den Strukturwandel in Richtung auf umweltschonende Technologien, als daß sie ihn fördert" (WEIMANN, Joachim, Umweltökonomik, a.a.O., S. 194, Hervorhebungen im Original)); dies scheint mir eher ein Argument pro Auflagenpolitik zu sein, denn aus Sicht des innovativen Emittenten verschärfen sich ja die Emissionsvorschriften keineswegs, wohl aber für die Konkurrenzbetriebe; allerdings wird dieses Argument wiederum nach FEESS dann relativiert, wenn sich der politische Entscheidungsträger nicht an den jeweils neuesten technischen Möglichkeiten orientiert

Das eigentlich den diesbezüglichen Nachteil von Auflagenlösungen gegenüber anderen Instrumenten begründende Argument ist deshalb auch die allgemeinere These, daß sich eine Unterschreitung der ökologischen Vorgabe bei Umweltauflagenpolitik für die Emittenten nicht lohne, was bei Abgaben und Zertifikaten dagegen der Fall sei. Dieses Argument ist aber ebenfalls allgemein nicht haltbar, sondern in hohem Maße annahmenabhängig[337].

Vor allem ist dabei die angenommene Vergleichsbasis zu beachten. Oben wurde im Zusammenhang mit der Betrachtung dieses Beurteilungskriteriums bereits auf die möglichen Anwendungen im Sinne des Maximum- und des Minimumprinzips hingewiesen. So dürfen z.B. nicht konstante Auflagen (Minimumprinzip) mit konstanten Abgabensätzen oder Zertifikatepreisen[338] (jeweils Maximumprinzip) verglichen werden, da sonst natürlich Abgaben und Zertifikate mehr Innovationsanreize setzen, aber vor allem deshalb, weil ein möglichst viel an Umweltqualität angestrebt wird und nicht ein fixer Emissionswert[339]. Wenn man davon ausgeht, daß im Rahmen der Theorie der öffentlichen meritorischen Umweltgüter dem Vorsorgeprinzip entsprochen und dementsprechend auch den unterstellten Interessen einer nach oben offenen Anzahl zukünftiger Generationen Rechnung getragen werden soll, dann dürfte eine Orientierung am Maximumprinzip plausibel sein.

Insbesondere bei Zugrundelegung des Maximumprinzips werden aber den Auflagen schon deswegen geringere Innovationsanreize nachgesagt, weil jeweils die zulässige Emissionsmenge nicht - wie bei den Abgaben oder Zertifikaten - einer monetären Belastung unterliegt[340]. Allerdings ist bei diesem intuitiv nicht unplausiblen Argument neben den Differenzierungen in einer konkreten Situation (Marktbedingungen, Ausgestaltung der Auflagen, Abgaben und Zertifikate etc.) auch zu berücksichtigen, daß ein Interesse der Unternehmungen an umwelttechnischen Innovationen auch

---

(FEESS, Eberhard, Umweltökonomie..., a.a.O., S. 97); aber dies würde natürlich wiederum eine Auflagenpolitik bedeuten, die sich nicht am „Stand der Technik" orientiert

337 vgl. dazu die verschiedenen Varianten bei FEESS, Eberhard, Umweltökonomie..., a.a.O., S. 87 ff. Und KEMPER, Manfred, Das Umweltproblem..., a.a.O., S. 164 ff.

338 natürlich unter der Annahme, daß die Zerifikatepreise ohne Abwertungspolitik einem tendenziellen Preisverfall ausgesetzt werden

339 KEMPER bringt in diesem Zusammenhang u.a. das Argument, daß bei hinreichender Atomisierung des Zertifikatemarktes und dementsprechender Preisnehmersituation allein die Erwartung gleichbleibender Zertifikatepreise jeweils aus Sicht des einzelnen Emittenten zu stärkeren Innovationsanreizen bei Zertifikaten führt, selbst wenn der Zertifikatepreis tendenziell sinkt; dieser m.E. zumindest kurzfristig (d.h. ohne Einbezug der Erwartungsbildung) plausible Innovationsanreizeffekt hängt aber wiederum nicht nur von den entsprechenden Annahmen über die Struktur der Zertifikatemärkte etc. ab, sondern auch davon, daß die Erwartung einer bevorstehenden Verschärfung der Auflagen nach dem „Stand der Technik" - selbst wenn sie dann nicht eintritt - nicht besteht; vgl. KEMPER, Manfred, Das Umweltproblem..., a.a.O., S. 174 ff

340 für die Zertifikatelösung werden dabei entsprechende Verkaufsmöglichkeiten eingesparter Emmissionrechte vorausgesetzt; angemerkt sei an dieser Stelle auch, daß aus den angegebenen Gründen eine manchmal geäußerte Kritik allein wegen mangelnder Verursacherzurechnung in diesem Falle im Rahmen der Theorie der öffentlichen meritorischen Umweltgüter bzw. der praxisrelevanten Theorie

deshalb bei Abgaben oder Zertifikatelösungen nicht zwingend größer sein muß, weil ja die Erhöhung der Abgaben und die Abwertung der Zertifikate bei Verfolgung einer Umweltqualitätsmaximierungsstrategie erwartet werden kann.

Insgesamt lassen sich also ebenfalls bezüglich der dynamischen Anreizwirkung keine allgemeingültigen Aussagen machen; auch hier kann bestenfalls die Betrachtung eines konkreten Falles weiterreichende Hinweise geben[341].

Gilt diese mangelnde Generalisierbarkeit bereits für die noch relativ einfach allokationstheoretisch strukturierbaren Kriterien (alle Überlegungen blieben bisher auf die einzelwirtschaftlichen Kosten bezogen), so verschärft sich die Problematik bei einer Untersuchung der übrigen gesamtwirtschaftlichen Kostenkomponenten erheblich. Und dies gilt umso mehr, wenn berücksichtigt wird, daß nach der Logik der Theorie der öffentlichen meritorischen Umweltgüter ebenso wie nach COASE'schen Ansatz die Unternehmen nicht die einzigen oder gar plausibelsten Adressaten der Umweltpolitik sein müssen (auch wenn in der umweltökonomischen Literatur oft so getan wird).

Da man weder bezüglich der gesamtwirtschaftlichen Zielkonformität noch im Hinblick auf die monetäre Bewertung auch nur halbwegs allgemeingültige Aussagen machen kann[342], dürfte wiederum dem Kriterium der politischen Durchsetzbarkeit eine kaum zu überschätzende Bedeutung zukommen. Und immerhin läßt sich unter Annahme der in Abschnitt II.1.6. angegebenen Interessen wohl feststellen, daß Auflagen im politischen Prozeß vermutlich relativ leicht durchzusetzen sein werden; für alle der vorhin auseinandergehaltenen Interessengruppen ergeben sich gute Profilierungsmöglichkeiten, die aus der scheinbaren Einfacheit und vermeintlichen ökologischen Wirksamkeit der Auflagenlösung resultieren, wobei allerdings gerade im Hinblick auf die ökologische Wirksamkeit eher die Formulierung weicher Vorgaben mit einer entsprechenden Relativierung der ökologischen Inzidenz erwartet werden können[343].

Insgesamt läßt sich daher aus der Betrachtung von Auflagenlösungen folgendes entnehmen: Aus Sicht der Theorie der öffentlichen meritorischen Umweltgüter ebenso wie aus Sicht der Theorie

---

externer Effekte nicht greift

341 FEESS kommt daher auch zu dem Ergebnis, „daß größte Vorsicht bei allgemeinen Aussagen wie 'marktorientierte Instrumente haben die größeren Innovationsanreize' geboten ist“ (FEESS, Eberhard, Umweltökonomie..., a.a.O., S. 98)

342 vgl. z.B. BARTEL, Rainer, Hauptinstrumente..., a.a.O., S. 44 f., der eine Abschätzung der Verteilungseffekte versucht und zu keinem greifbaren Ergebnis kommt

343 aus theoretischer Sicht wäre es allerdings eine Katastrophe, wenn die angegebene Interessenkonstellation als weniger eindimensional unterstellt werden müßte; dann ließen sich noch weniger Aussagen machen; eine Veränderung der in der Literatur i.d.R. beschworenen Konstellation tritt bereits dann ein, wenn nicht - wie bisher üblich - die Unternehmungen praktisch als einzige Adressaten der Umweltpolitik unterstellt werden; wie bereits mehrfach hervorgehoben, ergibt sich aus der Theorie der öffentlichen meritorischen Umweltgüter und auch nach dem COASE'schen Ansatz ein solches „Vor-Urteil“ keineswegs zwingend

externer Effekte können Auflagen ein sinnvolles umweltpolitisches Instrument darstellen, da sie von einer politisch formulierten ökologischen Zielvorgabe ausgehen; aber nur, wenn man die Auflagen durch „pointierende Abstraktion" theoretisch (hinreichend) von Zertifikaten und Abgaben trennt, lassen sich statische Allokationsnachteile in bezug auf die (aggregierten) einzelwirtschaftlichen Kosten ableiten. Unter Einbezug des Kriteriums der politischen Durchsetzbarkeit könnte allerdings der Auflage eine gewisse Vorteilhaftigkeit zugesprochen werden[344].

Für den neoinstitutionalistischen Ansatz nach COASE dürften zwar analoge Folgerungen für den Instrumentenvergleich zu ziehen sein, es ist aber durchaus fraglich, ob aus COASE'scher Sicht einem Instrumentarium (ob als Auflage, Abgabe, oder Zertifikatelösung konkretisiert) Priorität eingeräumt werden kann, das auf die Realisierung bestimmter, genau spezifizierter ökologischer Zielsetzungen ausgerichtet ist; einer umweltinformationspolitischen Lösung dürften daher - gerade auch wegen der schwer abschätzbaren Wirkungen - Auflagen aus dieser Sicht kaum vorzuziehen sein.

2.3. Abgabenlösungen

Es wurde im Rahmen dieser Arbeit schon mehrfach darauf hingewiesen, daß Umweltabgaben oder Umweltsteuern je nach zugrundeliegender umweltökonomischer Theorie verschieden gedeutet werden können (vgl. bereits die Ausführungen im ersten Teil dieser Arbeit). Es zeigte sich allerdings bei der Erörterung des Monetarisierungskriteriums, daß die der Theorie externer Effekte eigentlich allein entsprechende PIGOU-Lösung sich für die umweltpolitische Praxis nicht durchhalten läßt[345]. Daher wird bei der Instrumentendiskussion meistens direkt vom Standard-Preis-Ansatz nach BAUMOL/OATES ausgegangen, der ohne die unüberwindbaren Probleme der Umsetzung einer

---

[344] KEMPER kommt diesbezüglich zu dem Ergebnis, daß Umweltauflagen ihre Attraktivität nicht zuletzt aus den bestehenden Vollzugsdefiziten beziehen und deshalb sich bei „konsequenter Auslegung und Durchsetzung der Auflagenpolitik...das Interesse der Emittentengruppe an Abgaben und Zertifikatelösungen verstärken (wird)" (KEMPER, Manfred, Das Umweltproblem..., a.a.O., S. 221); dahinter verbirgt sich wiederum das bereits angesprochene Endogenisierungsproblem (vgl. Abschnitt II.1.6.) im Rahmen der Theorie der öffentlichen meritorischen Umweltgüter; wenn man schon den politischen Prozeß endogenisieren möchte, mit welchem Recht (und von wem) wird dann den sich dabei u.U. ergebenden Auflagenlösungen eine mangelnde Konsequenz in Auslegung und Durchsetzung bescheinigt?

[345] nach ENDRES hat dabei die PIGOU-Lösung immerhin „Pate bei einer Reihe von politiknäheren Varianten" gestanden (vgl. ENDRES, Alfred, Umweltökonomie, a.a.O., S. 96); ähnlich auch KEMPER, Manfred, Das Umweltproblem..., a.a.O., S. 10 ff. und S. 35

PIGOU-Lösung auskommt[346], indem eine ökologische Zielvorgabe, also ein angestrebtes Ausmaß des öffentlichen meritorischen Umweltqualitätsgutes als Ausgangspunkt unterstellt wird[347].

Geht man zunächst einmal von dieser Basis aus, dann ist trotzdem - wie im vorangehenden Abschnitt bereits deutlich wurde - noch alles andere als klar, was unter „Umweltqualitätsabgaben" verstanden werden kann. In der umweltökonomischen Literatur werden jedenfalls von „kombinierten Auflage-/Agabensystemen", bei denen „(j)e nach Zielsetzung ...entweder die Auflage oder die Abgabe dominieren (kann)"[348] über Input- und Produktsteuern bis hin zur Hundesteuer[349] alle möglichen Differenzierungen genannt[350]. Weil die Betrachtung des vorigen Abschnitts hier nicht wiederholt werden muß, sei im folgenden dem weitaus überwiegenden Teil der Literatur gefolgt, welche sich abseits der Definitionsfrage auf die Emissionsabgaben von Unternehmungen konzentriert hat[351].

Damit wäre auch bereits über die Prinzipienkonformität entschieden, die sich sowohl in bezug auf die Theorie der öffentlichen meritorischen Umweltgüter als auch in bezug auf die Theorie externer Effekte behaupten läßt.

Auch bezüglich der Kriterien der ökonomischen Effizienz und der dynamischen Anreizwirkung gelten begreiflicherweise analoge Aussagen wie die bei der Diskussion um die Auflagenlösungen getroffenen. Wird die Abgabenlösung zum hinreichend extrem abgrenzbaren Gegenstück der Auf-

---

346 vgl. dazu die Diskussion des Bewertungskriteriums in Abschnitt II.1.7. der vorliegenden Studie

347 vgl. z.B. KEMPER, Manfred, Das Umweltproblem..., a.a.O., S. 33 f.; PÄTZOLD, Jürgen und Gerhard MUSSEL, Umweltpolitik, a.a.O., S. 64

348 KEMPER, Manfred, Das Umweltproblem..., a.a.O., S. 37

349 vgl. dazu und zu weiteren bestehenden „umwelthaltigen" Abgaben DICKERTMANN, Dietrich, Maßnahmen für den Umweltschutz im Rahmen des bestehenden Steuersystems. Eine Bestandaufnahme, in: SCHMIDT, Kurt (Hrsg.), Öffentliche Finanzen und Umweltpolitik I, Berlin, 1988, S. 91 ff.

350 dementsprechend stellt EWRINGMANN fest: „Der Kreis der Umweltabgaben läßt sich daher letztlich nur unter Berücksichtigung der jeweils gültigen umweltpolitischen Ziel- und Eingriffsvorstellungen bestimmen." (EWRINGMANN, Dieter, Umweltabgaben, in: JUNKERNHEINRICH, Martin, Paul KLEMMER und Gerd Rainer WAGNER (Hrsg.), Handbuch..., a.a.O., S. 251); in gewisser Weise auffällig ist wiederum, daß zwar die Hundesteuer aber keine „Menschensteuer" in der umweltökonomischen Literatur diskutiert wird, obwohl doch das Bevölkerungswachstum als zentrale Ursache des Umweltproblems angenommen wird (vgl. FREY, Bruno S., Umweltökonomie, a.a.O., S. 89 ff. und die Überlegungen in Abschnitt I.2.2. der vorliegenden Arbeit); dabei ist es nicht etwa so, daß sich die Ökonomen nicht bereits seit langem dazu Gedanken gemacht hätten und Instrumente vorschlagen, die einer solchen Abgabe eigentlich recht nahe kommen ;vgl. z.B. JOBELIUS, Hans-Joachim, Wirtschaft, Bevölkerung und soziale Sicherung in Entwicklungsländern, Bochum, 1996, der eine „Volksversicherung im Alter" zur Eindämmung des Bevölkerungswachstums in Entwicklungsländern vorschlägt, die z.T. über „Abgaben" der „reichen Industrienationen" finanziert werden soll (ebenda, S. 137 ff.); das kann man auch als eine internationale Abgabenlösung zur Bekämpfung von Umweltproblemen verstehen; zu den Abgrenzungsschwierigkeiten bei Abgabenlösungen vgl. auch HANSMEYER, Karl-Heinrich, Umweltsteuern und Umweltabgaben, in: EL-SHAGI, El-Shagi, Eckhard KNAPPE und Lothar MÜLLER-HAGEDORN (Hrsg.), Umweltpolitik..., a.a.O., S. 34 ff.

351 vgl. etwa CANSIER, Dieter, Umweltökonomie, a.a.O., S. 155 ff. oder KEMPER, Manfred, Das Umweltproblem..., a.a.O., S. 39 ff.

lage stilisiert, dann schneidet die Abgabenlösung zumindest hinsichtlich der statischen (einzelwirtschaftlichen) Effizienzeigenschaften besser als die Auflage ab. Und dies liegt ganz einfach daran, daß den Unternehmungen (wiederum annahmegemäß) mehr Anpassungsmöglichkeiten bleiben[352]; sie werden nicht zu Maßnahmen gezwungen, die die Umweltqualität verbessern, sondern nur dazu, die Abgabe zu leisten. Dieser Umstand erlaubt den Betrieben wiederum, entsprechend ihrer individuellen Vermeidungskostenverläufe zu disponieren, so daß letztendlich der Umweltschaden von den Unternehmungen vermieden bzw. beseitigt wird, für die das mit den geringsten Kosten verbunden ist.

Bezüglich der ökologischen Wirksamkeit wird den Abgaben besonders gegenüber Auflagen und Zertifikatelösungen oft ein geringerer Effekt nachgesagt. Dabei wird u.a. auf die Möglichkeit zur Abgabenüberwälzung und die indirektere Wirkung von Abgaben auf die Emissionshöhe verwiesen. Diese möglicherweise auftretenden Effekte sind allerdings insofern zu relativieren, als einerseits eine vollständige Überwälzungsmöglichkeit nur bei völlig unelastischer Nachfrage bestehen und eine teilweise Überwälzung zu einer ökologisch vorteilhaften Nachfrageverschiebung führen kann, und andererseits die indirektere Wirkung z.B. über die Zeit von einer gegenläufigen erhöhten Innovationswirkung aufgefangen werden kann[353] (allerdings nicht muß, vgl. den vorigen Abschnitt). Die Problematik der indirekteren Wirkung wird manchmal aus einem vermeintlich notwendigen „trial-und-error-Verfahren“ abgeleitet, dem Abgaben dadurch unterworfen seien, daß sie in Unkenntnis der jeweiligen Kostenstrukturen der einzelnen Betriebe eingesetzt werden müßten[354]. Ein diesbezügliches und auch in bezug auf die ökologische Effektivität möglicherweise notwendiges Anpassungsverfahren (das nebenbei auch für die übrigen Instrumente erforderlich sein kann) reduziert sich in seiner Komplexität erheblich, wenn von der Zielsetzung einer Umweltqualitätsmaximierung ausgegangen wird (dann kommt nur eine Anhebung der Abgabe in Betracht). Warum Auflagen nicht aus sich heraus ökologisch effektiver sein müssen, wurde im vorangehenden Abschnitt angesprochen.

---

[352] KEMPER nennt die „Entwicklung und Anwendung neuer Produktionstechnologien; Substitution schadstoffintensiver Inputs; Änderung des ‘product mix’ zugunsten umweltfreundlicher Produkte; Installation von Verfahren zur Schadstoffbeseitigung; Anwendung von Recycling-Technologien“ (KEMPER, Manfred, Das Umweltproblem..., a.a.O., S. 38; im Original mit Hervorhebungen); hieraus mag man entnehmen, in welchem Ausmaß eine entsprechende Stilisierung der Instrumente betrieben werden muß; m.E. dürften die von KEMPER genannten Anpassungsmöglichkeiten realiter auch bei Auflagenlösungen regelmäßig gegeben sein

[353] vgl. MICHAELIS, Peter, Ökonomische Instrumente..., a.a.O., S. 39 ff.

[354] ebenda, S. 38 f.

Auch die dynamische Anreizwirkung betreffend konnte bereits im vorangehenden Abschnitt eine prinzipielle Überlegenheit gegenüber Auflagen und Zertifikaten nicht abgeleitet werden. Wiederum können weitergehende Aussagen höchstens in bezug auf konkrete Einzelfälle gemacht werden.[355]

Es spricht (unter Voraussetzung der angenommenen Interessenkonstellation) allerdings einiges dafür, daß Abgaben (in der angenommenen stilisierten Form) hinsichtlich der politischen Durchsetzungskosten anders abschneiden als entsprechend spezifizierte Auflagenlösungen.

So wird erstens argumentiert, daß für Abgaben höhere administrative Kosten anfallen, weil „marktwirtschaftliche Instrumente eine kontinuierliche Erfassung der Schadsstoffemissionen (erfordern), während die Einhaltung ordnungsrechtlicher Standards in der Regel durch stichprobenartige Überprüfungen gewährleistet werden kann“[356]. Dies gelte nicht zuletzt wegen der größeren räumlichen und zeitlichen Flexibilität dieser Instrumente sowie der Tatsache, daß durch das Berechnen der individuellen Abgabenschuld zusätzliche Verwaltungsressourcen gebunden würden[357]. Zumindest für die räumlichen und zeitlichen Effekte scheint mir allerdings diese Argumenation auf eher schwachen Füßen zustehen, da auch für Auflagen i.d.R. ein analoger Kontrollaufwand anfallen dürfte; und ebenso dürften sich eigentlich die Verwaltungskosten für die Berechnung der Abgabenschuld und den „Stand der Technik“ in etwa die Waage halten; die Annahme unterschiedlich notwendiger Meß- und Kontrollhäufigkeiten ist schließlich m.E. ebenfalls nicht eindeutig begründbar.

Zweitens wird behauptet, daß Abgabenlösungen besonders große Akzeptanzprobleme aufwerfen würden, weil sie aus Sicht der Bevölkerung mit dem Negativimage des „Ausverkaufs der Umwelt“ belastet seien, was sie für Politiker und Umweltschutzverbände wenig attraktiv erscheinen ließe; aber auch die Emittentenverbände stünden Abgaben eher ablehnend gegenüber, insbesondere weil sie die Bezahlung der bei Auflagen zugelassenen Restverschmutzung mit sich brächten; für die Bürokratie schließlich seien Abgaben (wie auch Zertifikate) mit einem Kompetenzverlust verbunden und würden auch hier einen negativen Imageeffekt mit sich bringen, indem unterstellt werden könnte, der „unfähigen Verwaltung“ könne nur durch Marktkräfte abgeholfen werden[358]. Zusam-

---

355 Wirkungen auf gesamtwirtschaftliche Ziele können - wie bei den Auflagen auch - kaum hinreichend genau abgeschätzt werden, um sie für einen Instrumentenvergleich nutzen zu können; bezüglich allgemein möglicher Wirkungen sei auf die Diskussion um die gesamtwirtschaftlichen Zielkonflikte in Abschnitt II.1.5. verwiesen; auch zur monetären Bewertung kann hier nicht viel mehr gesagt werden, als in Abschnitt II.1.7. angegeben wurde

356 MICHAELIS, Peter, Ökonomische Instrumente..., a.a.O., S. 47 (im Original mit Hervorhebungen)

357 vgl. ebenda

358 vgl. zu den genannten Argumenten ausführlich KEMPER, Manfred, Das Umweltproblem..., a.a.O., S. 218 ff.

men mit den im vorangehenden Abschnitt angestellten Überlegungen kann man daraus durchaus eine gewisse Überlegenheit der Auflagenlösung gegenüber Abgaben ableiten[359].

Die vorstehenden Überlegungen zusammenfassend spricht zumindest das Kriterium der politischen Durchsetzbarkeit für eine Unterlegenheit der Abgabenlösung gegenüber Auflagen, wenn man berücksichtigt, daß sich einzelwirtschaftliche Effizienzvorteile nur in entsprechend extrem formulierten Fällen eindeutig nachweisen lassen. Eine Betrachtung konkreter Einzelfälle würde daher auf eine Abwägung von politischen Durchsetzungskosten und einzelwirtschaftlicher Kosteneffizienz besonderes Gewicht legen müssen[360].

Aus Sicht des neoinstitutionalistischen Ansatzes nach COASE müssen Abgabenlösungen etwas anders eingeschätzt werden. Dies gilt insbesondere hinsichtlich der ökologischen Zielvorgabe. So dürften die eben angenommenen lediglich auf Unternehmungen als Adressaten bezogenen Emissionsabgaben aus COASE'scher Sicht nicht das non plus ultra einer Abgabenlösung darstellen, da sie auf genau spezifizierte Schadstoffe abstellen, während der neoinstitutionalistische Ansatz mehr auf das ökologische Innovationspotential an sich setzt. Deshalb dürfte auch die Lenkungsfunktion von Abgaben in ihrer Bedeutung gegenüber der fiskalischen Funktion nach dieser umweltökonomischen Theorie nicht überbetont werden[361]. Zwar wird auch nach dem COASE'schen Ansatz eine ökologische Zielsetzung unterstellt, aber zumindest wegen der in dieser Theorie betonten notwendigen Offenheit für Politikrevision bietet sich eigentlich eine allgemeinere Abgabenlösung an, die sich nicht auf eine genau eingegrenzte Schadstoffemission kapriziert. Gerade dann, also wenn nicht einzelne Schadstoffreduktionen, sondern allgemein die Eröffnung ökologiefreundlicher Handlungsspielräume (durch die Verteuerung ökologiefeindlicher Hanlungsmöglichkeiten) angestrebt wird, wird die Abgabenlösung aber auch in der Literatur überwiegend positiv beurteilt. Dies gilt vor allem auch deshalb, weil eine mögliche ökologische Über- oder Unterdosierung der Abgaben ebenso wie die durch den indirekten Weg vom Preis zur Menge möglicherweise eintretenden ökologischen Zielverluste für die einzelne Schadstoffbekämpfung (etwa durch Überwälzungseffekte) nicht einen vergleichbar hohen Stellenwert haben, wie im Rahmen der Theorie der öffentlichen meritorischen

---

359 dies gilt aber natürlich nur dann, wenn die unterstellte Interessenkonstellation die historische Lage richtig beschreibt; wenn man dagegen eine gewisse Dynamik der Interessenentwicklung unterstellt, dann könnte sich durchaus eine Überlegenheit der Abgabenlösung gerade auch im Hinblick auf die politische Durchsetzbarkeit zeigen; so fordert denn auch KEMPER beispielsweise verstärkte ökonomische Aufklärungsarbeit über die (seiner Ansicht nach) größere Kosteneffizienz von Abgaben (und Zertifikaten), um den politischen Prozess in diesem ökonomischen Sinne zu beeinflussen (vgl. ebenda, S. 227 f.); dazu muß dann allerdings gesagt werden, daß sich eine generelle Überlegenheit von Abgaben in diesem Sinne nur bezüglich extrem stilisierter Formen von Abgaben und Auflagen nachweisen läßt

360 eine solche Abwägung dürfte sich allerdings wegen der i.d.R. fehlenden monetären Bewertung der politischen Durchsetzungskosten ziemlich schwierig gestalten

361 dies bezieht sich selbstverständlich auf die Lenkungsfunktion hinsichtlich einzelner Schadstoffreduktio-

Umweltgüter. Die im Sinne des COASE'schen Ansatzes möglicherweise zu empfehlenden Abgabelösungen führen deshalb auch eher zu den Vorschlägen, die in der Literatur unter dem Schlagwort „Ökologische Steuerreform" abgehandelt werden. Darunter werden Maßnahmen verstanden, die im wesentlichen eine Verlagerung der Steuerbemessungstatbestände hin auf ökologische Belastungsursachen anstreben, ohne das Steueraufkommen signifikant zu verändern[362]; letzteres vor allem, um den ökonomischen, „marktwirtschaftlichen" Erfordernissen Rechnung zu tragen. Vergleicht man diese Vorschläge mit den Überlegungen zu den politischen Implikationen des umweltökonomischen Ansatzes nach COASE im ersten Teil dieser Arbeit, dann dürfte eine solche (erfolgreiche) ökologische Steuerreform den dort explizierten Vorstellungen recht nahe kommen.

Neben den Problemen, die sich auch für die oben besprochenen (betriebsbezogenen) Emissionsabgaben ergeben können, ist bei solchen „institutionellen" Lösungen aber noch weithin ungeklärt, inwieweit die Aufkommensneutralität wirklich gewahrt werden kann, vor allem, weil eine durch solche Ökosteuern bewirkte Verschiebung der Steuerlasten mit politisch nur schwer abschätzbaren Verteilungskämpfen einhergehen dürfte[363].

Zumindest dürften aber aus Sicht des Ansatzes nach COASE solche Abgabenlösungen den Auflagenlösungen überlegen sein. Angemerkt sei noch, daß unter Zugrundelegung einer Umweltqualitätsmaximierungsstrategie und bei Berücksichtigung der kaum möglichen klaren Verursachungszuweisung eine ökologische Steuerreform auch aus Sicht der Theorie der öffentlichen meritorischen Umweltgüter bzw. der Theorie externer Effekte grundsätzlich akzeptabel erscheinen dürfte.

2.4. Zertifikatelösungen

In den vorangehenden Abschnitten wurde bereits einiges zum Vergleich von Zertifikaten und Auflagen oder Abgabe gesagt, so daß hier eine kurze Stellungnahme genügen sollte.

Dies kann auch deshalb geschehen, weil Zertifikate im Prinzip als Spiegelbild der Abgabenlösungen aufgefaßt werden können[364]. „Anders als bei den Umweltabgaben müssen bei der Zertifikatelösung als umweltpolitischem Instrument keine administrativen Preise für die Umweltnutzung festgesetzt

---

nen, nicht auf die Lenkung hin zu mehr Umweltorientierung; letztere ist ja der Zweck des Ganzen

[362] vgl. MICHAELIS, Peter, Ökonomische Instrumente..., a.a.O., S. 30

[363] auf solche Lösungsvorschläge wird mit Bezug auf die Situation in Deutschland noch einmal kurz eingegangen; vgl. hier aber MICHAELIS, Peter, Ökonomische Instrumente..., a.a.O., S. 147 ff.; GELBHAAR, Siegfried, Ökosteuern: Mit ökonomischen Mitteln zu ökologischen Zielen?, in: Orientierungen zur Wirtschafts- und Gesellschaftspolitik, 1995, Heft 4, S. 63 ff.

[364] vgl. z.B. CANSIER, Dieter, Umweltökonomie, a.a.O., S. 192; FEESS, Eberhard, Umweltökonomie..., a.a.O., S. 71

werden. Vielmehr wird darauf abgestellt, im Rahmen festgelegter, als 'tolerierbar' erachteter Höchstbelastungsgrenzen, dem Marktmechanismus die Steuerung der Umweltnutzung bzw. die Bildung der hierfür angemessenen Preise zu überlassen"[365].

Wiederum ist damit auch klar, daß sich Zertifikate nach dem Kriterium der Prinzipienkonformität vor allem der Theorie der öffentlichen meritorischen Umweltgüter sowie der Theorie externer Effekte zurechnen lassen.

Die mit der Einführung von Zertifikatelösungen intendierten Vorstellungen liegen dabei auf der Hand: Einerseits soll eine mögliche ökologische Nachteilhaftigkeit von Abgabenlösungen gegenüber Auflagen durch die ökologische Zielvorgabe analog zu den Auflagenlösungen vermieden werden, andererseits soll den schlechteren statischen Effizienzeigenschaften von Auflagenlösungen durch eine mögliche Berücksichtigung der unterschiedlichen Grenzvermeidungskosten über den Zertifikatehandel entgegengewirkt werden.

Geht man wieder von einer entsprechend extrem stilisierten und auf Betriebe bezogenen Emissionszertifikatelösung aus[366], dann könnte aus dem Gesagten zunächst schon auf eine grundsätzliche Gleichwertigkeit von Abgaben und Zertifikaten im Hinblick auf die statische (einzelwirtschaftliche) Kosteneffizienz (und damit auf eine diesbezügliche Überlegenheit gegenüber Auflagen) geschlossen werden. Ein solcher Schluß wäre jedoch insoweit vorschnell, als die angenommene Flexibilität der Zertifikatelösung entscheidend von der Funktionsfähigkeit der Zertifikatemärkte abhängt. Besteht ein Problem „dünner Märkte", d. h. vor allem: gibt es in der abgegrenzten Region nur wenige denselben Schadstoff emittierenden Betriebe oder ist die Region zu klein, dann könnte es sein, daß sich wie bei anderen Marktunvollkommenheiten auch keine knappheitsadäquaten Marktpreise bilden. Und dies hätte wiederum relativ negative Konsequenzen für die dynamische Anreizwirkung

[365] EL-SHAGI, El-Shagi, Umwelt- bzw. Emissionszertifikate, in: WISU, 1993, S....

[366] wiederum könnte hier gefragt werden, warum die Theorie der öffentlichen meritorischen Umweltgüter eigentlich bei dem Gut Umweltqualität ansetzt, und nicht bei den Ursachen, die dieses Gut überhaupt aus Sicht dieser Theorie erst notwendig machen; daß sich Umweltzertifikate beispielsweise in der gebräuchlichen Form durchgesetzt haben, ist eigentlich sogar besonders erklärungsbedürftig, denn den Vorschlägen von CROCKER (CROCKER, T., The Structuring of Atmospheric Pollution Control Systems, in: WOLOZIN, H. (ed.), The Economics of Air Pollution, New York, 1966), DALES (DALES, J., Pollution, Property, and Prices, Toronto, 1968) oder MISHAN (MISHAN, Ezra J., Technology and Growth: The Price We Pay, 1969), denen die Entwicklung des Umweltzertifikateansatzes zugeschrieben werden kann (vgl. auch KEMPER, Manfred, Das Umweltproblem..., a.a.O., S. 41), ging offenbar der Vorschlag von BOULDING zur Bekämpfung des Bevölkerungswachstums durch Baby-Zertifikate voraus (BOULDING, Kenneth E., The Meaning of the 20th Century, New York, 1964; vgl. dazu auch FREY, Bruno S., Umweltökonomie, a.a.O., S. 100 ff. Und S. 120, wo er den engen Zusammenhang von Baby- und Umweltzertifikaten betont)

von Zertifikatelösungen[367]. Dabei ist zu bedenken, daß andererseits aber die Abgrenzung möglichst kleiner Regionen zur Vermeidung von „hot spots“ als notwendig erweisen könnte[368].
Weiterhin ist eine mögliche Vorteilhaftigkeit von Zertifikatelösungen dann zu relativieren, wenn die betreffenden Betriebe auf mehreren Zertifikatemärkten aktiv sein müssen, was nicht nur die Managementkosten der Unternehmungen tendenziell erhöhen dürfte, sondern je nach Art des Vergabeverfahrens auch zu unterschiedlich schwer kalkulierbaren Investitionsrisiken führen kann[369].
Es scheint daher insgesamt, daß Zertifikatelösungen höchstens die statischen Effizienzeigenschaften von (idealisierten) Abgaben entfalten können, meistens aber diesbezüglich eher als weniger effektiv einzuschätzen sind.
Zumindest in bezug auf die ökologische Wirksamkeit werden den Zertifikatelösungen Vorteile gegenüber den Abgabelösungen eingeräumt; aber wie bei der Betrachtung von Auflagen und Abgaben in den vorangehenden Abschnitten schon angesprochen wurde, muß auch dieses These wenn auch nicht als widerlegt, so doch als stark relativiert angesehen werden.
Nach dem, was in den vorangehenden Abschnitten zu Auflagen- und Abgabenlösungen hinsichtlich des Kriteriums der politischen Durchsetzbarkeit gesagt wurde, kann eine Beurteilung für die Zertifikatelösung nur noch viel vorsichtiger vorgenommen werden, da sich die genannten Argumente hier überschneiden dürften. Die Frage, ob Zertifikatelösungen eher die diesbezüglich positiven oder die negativen Eigenschaften von Auflagen und Abgaben kombinieren, kann wohl kaum eindeutig, bestenfalls noch bei Untersuchung eines konkreten Falles, abgeschätzt werden (und dürfte in nicht unbeträchtlichem Ausmaß von den Machtverhältnissen auch innerhalb der betrachteten Interessengruppen abhängen). In der Literatur wird den Zertifikatelösungen vor allem wegen der mangelnden Ausbeutbarkeit durch die einzelnen Interessengruppen tendenziell eine relativ geringere Durchsetzungschance attestiert[370].
Insgesamt kann damit wohl festgehalten werden, daß Zertifikatelösungen aus Sicht der Theorie der öffentlichen meritorischen Umweltgüter ihrer Intention nach auf eine ideale Kombination der wechselseitigen Vorteile von Auflagen- und Abgabenlösungen abzielen, aber diese ideale Kombination schon theoretisch i.d.R. nicht eindeutige Nettovorteile gegenüber den anderen Instrumentenvarianten ergibt (zumal, wenn noch die hier gar nicht ausgebreiteten Vergabe- und Befristungsprobleme

---

[367] vgl. dazu WEIMANN, Joachim, Umweltökonomik, a.a.O., S. 173 f.
[368] vgl. KABELITZ, Klaus Robert, Eigentumsrechte und Nutzungslizenzen als Instrumente einer ökonomisch rationalen Luftreinhaltepolitik, München, 1984, S. 297 ff.
[369] die Vergabeverfahren werden hier nicht weiter diskutiert; vgl. aber z.B. EL-SHAGI, El-Shagi, Umwelt- bzw. Emissionszertifikate, a.a.O. sowie KABELITZ, Klaus Robert, Eigentumsrechte..., a.a.O., S. 330 ff.
[370] vgl. z.B. ebenda, S. 388 ff. und KEMPER, Manfred, Das Umweltproblem..., a.a.O., S. 218 ff.

beachtet werden). Auch hier muß wiederum auf die Möglichkeiten konkreter Einzelfalluntersuchungen hingewiesen werden.
Betrachtet man die Zertifikatelösungen aus Sicht des neoinstitutionalistischen Ansatzes nach COASE, so kann wegen der ökologisch genauen Zielvorgabe, die eine Zertifikatelösung analog zur Auflagenlösung verlangt, auf eine tendenzielle Unterlegenheit gegenüber der im Sinne einer ökologischen Steuereform aufgefaßten Abgabelösung geschlossen werden; auch hierbei ist aber wiederum zu berücksichtigen, daß es auf die konkrete Ausformung der Zertifikatelösung ankommt. Zieht man, wie es in der Literatur überwiegend geschieht, als „Praxisvarianten" der theoretischen Zertifikatelösungen eine eher an Umweltauflagen orientierte Implementierungsstrategie heran (vgl. dazu das oben in Zusammenhang mit de Auflagenlösungen gesagte), dann dürfte dies eher zuungunsten von Zertifikaten sprechen.

2.5. Haftungsrechtliche Lösungen

Während die bisher diskutierten Instrumente - insbesondere Auflagen, Abgaben und Zertifikate - zumindest in den im Rahmen der Literatur hauptsächlich diskutierten Formen eine deutliche Affinität zur Theorie der öffentlichen meritorischen Umweltgüter aufweisen, werden haftungsrechtliche Lösungsansätze häufig auf die Ökonomische Analyse des Rechts zurückgeführt, die eng mit dem COASE'schen Ansatz in Verbindung steht, in gewisser Weise sogar von COASE (mit-) begründet wurde[371]. Insbesondere wird in der umweltökonomischen Literatur eine Verbindung zum sog. COASE-Theorem hergestellt (vgl. zum COASE-Theorem die Ausführungen in Abschnitt I.4.1 der vorliegenden Arbeit)[372].
Dieser Zusammenhang ist sicherlich insoweit gegeben, als haftungsrechtliche Lösungen auf die Institutionalisierung des Interessenausgleichs von Schädigern und Geschädigten abzielen. Allerdings muß auch betont werden, daß die in der Literatur diskutierten Haftungsregeln prinzipiell das Recht des Geschädigten formulieren und absichern sollen, wogegen nach dem COASE-Theorem diese Frage ja gerade erst nach Ermittlung der jeweiligen Schadenskosten geklärt werden kann und soll (Reziprozitätsgedanke)[373].

[371] zur Genese der Ökonomischen Analyse des Rechts vgl. SCHANZE, Erich, Ökonomische Analyse des Rechts in den U.S.A: Verbindungslinien zur realistischen Tradition, in: ASSMANN, Heinz-Dieter, Christian KIRCHNER und Erich SCHANZE, Ökonomische Analyse..., a.a.O., S. 2 ff.
[372] vgl. z.B. JÄGER, Franz, Natur und Wirtschaft, a.a.O., S. 264
[373] vgl. dazu die bei COASE diskutierten Rechtsfälle (COASE, Ronald H., Das Problem..., a.a.O.)

Haftungsrechtliche Regelungen können zunächst danach unterschieden werden, ob sie auf dem Prinzip der Verschuldenshaftung oder der Gefährdungshaftung aufbauen. Während nach dem lange Zeit vorherrschenden Prinzip der Verschuldenshaftung „der Schädiger dann für den entstandenen Schaden haften (muß), wenn er die (vom Gesetzgeber oder von Gerichten) verlangte Sorgfaltspflicht verletzt hat", haftet er bei Gefährdungshaftung „dagegen immer, es sei denn, der Geschädigte hätte seinerseits seine Sorgfaltspflicht verletzt"[374]. Die Gefährdungshaftung stellt also einerseits verstärkt auf vorsorgepolitische Erwägungen und gleichzeitig - etwa im Gegensatz zu „reinen" Auflagelösungen - auf eine mögliche Belastung des Umweltschadens von Anfang an ab.
Betrachtet man zunächst einmal die Prinzipienkonformität haftungsrechlicher Lösungen, so kann zwar eine tendenzielle Einordnung dieses Instrumententyps auch bei der Theorie der öffentlichen meritorischen Umweltgüter bzw. der Theorie externer Effekte vorgenommen werden, aufgrund der Ausrichtung auf die rechtlich-institutionelle Komponente und damit weniger auf ein im voraus genau festzulegendes, konkretes Emissionsziel dürften jedoch Haftungsregeln am ehesten dem neoinstitutionalistischen Ansatz nach COASE entsprechen.
Eines der großen Probleme haftungsrechtlicher Lösungen ist, daß gerade die Ausrichtung auf die rechtlichen Verhältnisse einzener Schädiger und Geschädigter nur zufällig zu einer kosteneffizienten Lösung beitragen dürfte, wenn nämlich nur die Schädiger (in der richtigen Reihenfolge) verklagt würden, für die eine Beseitigung/Verhinderung des Schadens am kostengünstigsten möglich wäre; und dies gilt in eingeschränkter Form auch für Verbandsklagen oder bei Gruppenhaftung. Systematisch sind haftungsrechtliche Regelungen in dieser Hinsicht Auflagen, Abgaben oder Zertifikaten unterlegen.
Aber auch die ökologische Wirksamkeit von Haftungsrecht ist vor allem deswegen mit großen Unsicherheiten verbunden, weil einerseits „moral hazard" Verhalten der Schädiger und Nichtinanspruchnahme des Entschädigungsrechtes durch die Geschädigten nicht ausgeschlossen werden kann[375] und andererseits der Weg vom Gerichtsverfahren zur ökologischen Mengenreaktion sehr lang ist, zumindest in Vergleich mit Auflagen, Abgaben oder Zertifikaten. Hinsichtlich des neoinstituionalistischen Ansatzes nach COASE fällt hier wiederum die Schwierigkeit auf, mit der ökologischen Zielvorgabe fertig zu werden (worauf in der vorliegenden Untersuchung schon mehrfach hingewiesen wurde; vgl. Insbesondere auch Abschnitt I.4.3.).

---

[374] KIRCHGÄSSNER, Gebhard, Umwelthaftung, in: JUNKERNHEINRICH, Martin, Paul KLEMMER und Gerd Rainer WAGNER (Hrsg.), Handbuch..., a.a.O., S. 285

[375] ENDRES, Alfred, Umwelthaftung, in: WiSt, 1989, S. 286; auch Schadensempfänger können „moral hazard"-Verhalten an den Tag legen, vgl. HACKMANN, Johannes, Die Überlegenheit..., a.a.O., S. 43

Dazu kommt, daß sich aus rechtlicher Sicht zumindest allgemeine ökologische Schäden nur schwer dem zivilrechtlichen Haftungsrecht subsumieren lassen, weil und insoweit sie „keinen Bezug zu individuellen Rechtspositionen aufweisen“[376].
Auch die dynamische Anreizwirkung dürfte wegen der bestehenden Unsicherheiten relativ gesehen niedriger anzusetzen sein.
Nicht vernachlässigt werden darf allerdings das politische Durchsetzungspotential dieses Instruments. Die Orientierung an herkömmlichen Rechtsregelungen, die prinzipielle Zuweisung von Rechten an die Natur (wenn auch über die Naturbesitzer), die vielfältigen Kompromißmöglichkeiten, die im Rahmen gerichtlicher Entscheidungen und Vorentscheidungen (z.B. bei der Festlegung von Fühlbarkeitsschwellen oder Höchstwerten und -beträgen) gegeben sind, und gerade auch die mit der Umsetzung verbundenen Informationsprobleme dürften diesem Instrument relativ große Realisierungschancen sichern.
Insgesamt können haftungsrechtliche Regelungen gerade aus Sicht des neoinstitutionalistischen Ansatzes nach COASE als durchaus adäquates Instrument empfohlen werden, wenn auch die Defizite hinsichtlich des Erreichens der ökologischen Zielvorstellung (zumal im Hinblick auf die Innovationsanreize) nicht vernachlässigt werden dürfen.
Im Rahmen der Theorie der öffentlichen meritorischen Umweltgüter und der Theorie externer Effekte stellen haftungsrechtliche Lösungen demgegenüber keine ernstzunehmende Alternative zu Abgaben, Auflagen und Zertifikaten dar[377].

2.6. Ergebnis der Beurteilung: Die unterschiedlichen Empfehlungen

Versucht man aus den oben angestellten Überlegungen Schlüsse für die bestmöglich erscheinende umweltpolitische Strategie zu ziehen, so ergeben sich zunächst für die Theorie der öffentlichen meritorischen Umweltgüter und die Theorie externer Effekte nicht unerhebliche Schwierigkeiten.
So kann man bei entsprechender Stilisierung von Auflagen, Abgaben und Zertifikaten zwar eine nichtsdestoweniger mit Vorsicht zu genießende Reihenfolge angeben, nach welcher die Abgaben den Zertifikaten und diese wiederum den Auflagen vorzuziehen wären. Und man kann auch „aus ökonomischer Sicht“ deutlich schlechtere Ergebnisse für umweltinformationspolitische Maßnahmen

---

376 LYTRAS, Theodor, Zivilrechtliche Haftung für Umweltschäden, Berlin, 1995, S. 185
377 HACKMANN sieht Einsatzmöglichkeiten haftungsrechtlicher Lösungen zumindest „solange, wie es um einen kleinen Kreis von Geschädigten und Schädigern geht“ (HACKMANN, Johannes, Die Überlegenheit..., a.a.O., S. 43)

und haftungsrechtliche Regelungen (in dieser Reihenfolge) feststellen, aber diese Ergebnisse lassen sich nicht einfach so für eine Beurteilung jeweils aktuell beobachteter Umweltpolitik nutzen.

So sind - und darüber scheint man sich auch in der umweltökonomischen Literatur zunehmend weniger Illusionen zu machen[378] - besonders hinsichtlich der Auflagen-, Abgaben- und Zertifikatelösungen einigermaßen eindeutige Unterschiede bezüglich einzelner Beurteilungskriterien nur durch eine hinreichend extreme theoretische Formulierung nachweisbar. Die Überlegungen in den vorangehenden Abschnitten deuten zudem daraufhin, daß die relative Vorteilhaftigkeit oder Nachteilhaftigkeit im Rahmen eines Vergleichs der drei Instrumententypen geradezu als theoretisch vorkonstruiert bezeichnet werden muß. Man kann sich auch deshalb des Eindrucks kaum erwehren, daß in der umweltökonomischen Literatur vielfach mit Gewalt versucht wird, die Überlegenheit bestimmter, dann i.d.R. (nicht immer) als bereits im Vorfeld mit dem Etikett „marktwirtschaftlich" versehener Instrumente zu „beweisen"[379]. Aus den angegebenen Gründen ist dies jedoch nicht möglich.

Ein weiteres großes Problem bei der Herleitung umweltpolitischer Handlungsempfehlungen aus der Theorie der öffentlichen meritorischen Umweltgüter liegt in der Anwendung des Kriteriums der politischen Durchsetzbarkeit. Wird nämlich insbesondere die „Machbarkeit" in den Instrumentenvergleich miteinbezogen, und zwar als exogen gegebene Nebenbedingung, dann dreht sich die Reihenfolge der Instrumentenempfehlung gegenüber der allokationstheoretischen Betrachtung geradezu um. Nach den Erörterungen der vorangehenden Abschnitte erscheinen dann haftungsrechtliche und informationspolitische Lösungsansätze als besonders aussichtsreich, und die Reihenfolge der hinsichtlich des Kriteriums der politischen Durchsetzbarkeit dahinter anzusiedelnden idealisierten Instrumente könnte durchaus tendenziell ergeben, „daß die praktischen Realisierungschancen für Auflagen am günstigsten sind, gefolgt von Abgaben und mit deutlichem Abstand dahinter den Um-

---

378 vgl. dazu FREY, Bruno S., Umweltökonmie, a.a.O., S. 122 f.; ENDRES, Alfred, Umweltökonomie, a.a.O., S. 177; MICHAELIS, Peter, Ökonomische Instrumente..., a.a.O., S. 169; auch HAHN/STAVINS stellen fest: „The marked preference economists have shown for incentive-based instruments over command-and-control is largely based on their theoretical efficiency advantages in highly stylised situations" (HAHN, Robert W. und STAVINS, Robert N., Economic Incentives for Environmental Protection: Integrating Theory and Practice, in: American Economic Review, Papers and Proceedings, 1992, S. 465)

379 dies ist allerdings ein Punkt, der in der umweltökonomischen Literatur weniger klar zum Ausdruck kommt; beispielsweise kommt MICHAELIS zwar zu dem Ergebnis, daß „selbst dort, wo ökonomische Instrumente prinzipiell eingesetzt werden können,...sich eine *eindeutige* Überlegenheit gegenüber dem Ordnungsrecht nur selten feststellen (läßt)" (ebenda, Hervorhebung im Original), aber gerade das macht seine scharfe Trennung zwischen Auflagen (= „Ordnungsrecht") und Abgaben/Zertifikaten (= „ökonomische Instrumente") eigentlich wenig plausibel; auch CANSIER unterscheidet zwischen den „marktwirtschaftlichen Instrumenten" Zertifikaten und Abgaben auf der einen, sowie Auflagen auf der anderen Seite (vgl. CANSIER, Dieter, Umweltökonomie, a.a.O., z.B. S. 155), daß für eine „Marktwirtschaft" dann „marktwirtschaftliche" Instrumente eher geeignet erscheinen als nichtmarktwirtschaftliche, würde demgemäß weniger verwundern, als die von CANSIER offenbar präferierten Kombinationslösungen beider Instrumentengruppen (vgl. ebenda, S. 228 ff)

weltzertifikaten"[380]. Die in der Theorie der öffentlichen meritorischen Umweltgüter angelegte Dichotomie vor allem von „ökonomischem" und „politischem" Räsonnement, die aber gleichzeitig beide auf derselben Grundlage kalkuliert werden, hat einerseits zwar das in der umweltökonomischen Literatur weit verbreitete Lamento, daß „die Politik" sich frecherweise weigere, die „eindeutig überlegenen" „marktwirtschaftlichen" Instrumente nun endlich auch umzusetzen, nicht verhindert, aber andererseits die als suboptimal qualifizierten politischen Entscheidungen mit Hilfe der Neuen Politischen Ökonomie quasi „im Theorieumdrehen" als optimal erklärt[381].

Die aus einem solch zweideutigen Theoriengebilde dann öfters abgeleiteten gutgemeinten Ratschläge, wie den eigentlich" überlegenen Instrumenten im „politischen Bereich" am schnellsten und besten zum Durchbruch verholfen werden könne[382], übersehen m.E. bereits die mit dem „Grenzübertritt" verbundene logische Inkonsistenz eines solchen Ansinnens.

Neben den genannten Problemen der politischen Durchsetzbarkeit und der selbst unter Abstraktion von jener nur mit künstlicher Anstrengung nachweisbaren Überlegenheit sog. marktwirtschaftlicher Instrumente muß (leider) auch noch berücksichtigt werden, daß ein Instrumentenvergleich im Rahmen der Theorie der öffentlichen meritorischen Umweltgüter und auch im Rahmen der Theorie externer Effekte sich zu den Folgen des jeweiligen Instrumenteneinsatzes für den Zielerreichungsgrad bei (den) anderen gesamtwirtschaftlichen Zielen nicht nur äußern, sondern diese (wie prinzipiell ebenfalls die übrigen Kostenkomponenten) auch noch monetär bewerten (oder zumindest irgendwie auf einen einheitlichen Vergleichsmaßstab bringen) müßte. Diesen unangenehmen Ballast hat die umweltökonomische Literatur zwar in praxi längst abgeworfen, was aber nicht heißt, daß sie sich auch theoretisch von dem gesetzten Anspruch befreien könnte[383].

Angesichts der genannten Schwierigkeiten klingt es dann doch außerordentlich beruhigend, daß eine „rationale Entscheidung üder das jeweils zu wählende Instrumentarium" trotzdem möglich ist, wenn auch „nur auf Basis einer sorgfältigen Prüfung und Abwägung aller im Einzelfall zu beachtenden Einflußfaktoren"[384]. Darauf wird im Zusammenhang mit der Beurteilung der bundesdeutschen Umweltpolitik noch einmal zurückzukommen sein.

---

[380] CANSIER, Dieter, Umweltökonomie, a.a.O., S. 227; zu einem ähnlichen Ergebnis gelangt auch FREY, Bruno S., Umweltökonomie, a.a.O., S. 141

[381] auf die daran anknüpfenden möglichen Epizykel (multiple Präferenzen etc.) kann hier nicht weiter eingegangen werden

[382] vgl. etwa KEMPER, Manfred, Das Umweltproblem..., a.a.O., S. 219 ff. (passim)

[383] es wurde an anderer Stelle bereits darauf hingewiesen, daß u.a. SIEBERT das Problem der Ermittlung der jeweiligen gesamtwirtschaftlichen Zielkonflikte zumindest 1976 noch für „empirisch ungelöst" hielt (SIEBERT, Horst, Analyse der Instrumente..., a.a.O., S. 118; dementsprechend dürften seine diesbezüglichen Äußerungen (ebenda, passim) auch mit Vorsicht zu genießen sein (vgl. auch die zusammenfassende Tabelle ebenda, S. 114 f.)

[384] MICHAELIS, Peter, Ökonomische Instrumente..., a.a.O., S. 169

Nun läßt sich zumindest ein Teil der eben genannten Schwierigkeiten allerdings zunächst scheinbar vermeiden, wenn der politische Prozess nicht in Form eines exogenen Beurteilungskriteriums in die umweltökonomische Theorie einbezogen, sondern gleich ganz endogenisiert wird. Ein solches Endogenisierungsprinzip (nicht nur der Politik, sondern sogar der Gesamtrealität) liegt dem neoinstitutionalistischen Ansatz nach COASE zugrunde, zumindest in der hier hergeleiteten Interpretation[385].

Auch innerhalb dieses Ansatzes lassen sich die hier behandelten Instrumente erörtern, wobei allerdings die relative Vorteilhaftigkeit des einen oder anderen Instrumentes in einem anderen Licht erscheint. Da die statische Allokationstheorie im Hinblick auf ihre politischen Schlußfolgerungen nach dem COASE'schen Ansatz als „konstruktivistisch" einzustufen ist, läßt sich keine gesonderte Optimalität bestimmter Instrumente allein vor dem Hintergrund der (aggregierten) einzelwirtschaftlichen Kosteneffizienz behaupten. Zudem geht der umweltökonomische Ansatz nach COASE zwar wie die Theorie der öffentlichen meritorischen Umweltgüter von einer durchzusetzenden ökologischen Zielvorstellung aus, aber dies führt wegen der notwendigen Offenheit der Politik für Falsifizierungsbemühungen nicht zu einer ähnlich starren, längerfristig festgefügten Emissionsreduzierungsstrategie.

Unter Beachtung dieser Tendenzen läßt sich aus der oben geführten Instrumentendiskussion vorsichtig auf eine Präferenz dieses Ansatzes für eine ökologische Steuerreform im Sinne einer (als Regelinstitut formulierten) Verbilligung umweltfreundlicher Transaktionen schließen; danach wären umweltinformationspolitische Maßnahmen, dann haftungsrechtliche Lösungen und erst als ultima ratio Umweltzertifikate oder Auflagen in Erwägung zu ziehen.

Das große Problem bei dem Ansatz nach COASE besteht zunächst darin, daß der Vorrang des ökologischen Zieles vor allen möglichen anderen Vorschlägen und Vorstellungen zunächst einmal zu rechtfertigen ist. Dies setzt nicht nur falsifizierbare Hypothesen über ökologische Zusammenhänge, sondern auf jeden Fall die Möglichkeit „objektiver Erkenntnis" voraus, um eine Falsifizierung überhaupt (mit intersubjektivem Geltungsanspruch) durchführen zu können.

Gesetzt den Fall, daß solche Hypothesen formulierbar sind, müssen sich diese aber auch irgendwie durchsetzen können, das bedeutet, der politische Prozeß müßte die institutionell abgesicherten Möglichkeiten zur Durchsetzung bisher nicht-falsifizierter Erkenntnisse schaffen oder aufweisen. Dies wiederum wird allerdings durch den Umstand erschwert, daß selbst funktionsfähige Märkte sämtlicher Provinienz nicht zwingend eine Durchsetzung der vorläufig nicht-falsifizierten Erkennt-

---

[385] es wurde bereits an anderer Stelle darauf hingewiesen, daß man von „der" neoinstitutionalistischen Theorie wohl noch nicht sprechen kann

nisse gewährleisten. Ganz zu scheigen davon, daß weder für ökonomische und schon gar nicht für politische Märkte von dem Vorliegen funktionsfähigen Wettbewerbs ausgegangen werden kann. Damit stellt sich dann aber u.a. die Frage, wer überhaupt über die institutionelle Ausgestaltung und damit auch über den umweltpolitischen output des Gesamtprozesses urteilen soll; wie läßt sich überhaupt ein Reformbedarf feststellen? Wenn die Problemauswahlkompetenz den Wählern zugestanden werden soll - was scheinbar häufig schlicht unterstellt wird, aber keineswegs unmittelbar aus dem zugrundeliegenden Ansatz folgt -, wie kann dann das „richtige" ökologische Ziel getroffen werden[386]?

Diesen Problemen entsprechend ergibt sich, wie bereits im ersten Teil der vorliegenden Studie abzuleiten versucht wurde, eine notwendige Grauzone innerhalb dieses neoinstitutionalistischen Ansatzes, der ohne konstruktivistische Elemente kaum auskommen kann, wenn er überhaupt zu einer Begründung umweltpolitischen Handlungsbedarfs herangezogen werden soll. Vor dem Hintergrund jener Grauzone ist denn auch nur die anhand der im ersten Teil der Arbeit herausgestellten Charakteristika bestimmte Instrumentenreihenfolge zu verstehen.

3. Die Beurteilung der deutschen Umweltpolitik aus Sicht der drei Ansätze

Im folgenden Abschnitt soll die Entwicklung der deutschen Umweltpolitik kurz skizziert und eine Beurteilung jeweils aus Sicht der drei hier diskutierten Ansätze vorgenommen werden. Dabei geht es allerdings nicht um eine möglichst detaillierte Darstellung, sondern wiederum sollen nur insoweit zentrale Entwicklungslinien aufgezeigt werden, als sie für eine mögliche Beurteilung notwendig erscheinen[387].

Dementsprechend wird auch keine intensive Problematisierung der mittlerweile fast kanonisierten Darstellungsweise der deutschen Umweltpolitik angestrebt, obwohl ja eine solche Darstellung kaum unabhängig von grundlegenden Vorstellungen über Art und Ausmaß des Umweltproblems und gesellschaftspolitischen Ideen im weitesten Sinne vorgenommen werden kann, und eine genauere Untersuchung gerade im Hinblick auf die Unterscheidung verschiedener umweltökonomischer Paradigmen interessant wäre.

---

[386] wie ebenfalls schon gesagt wurde, streitet man sich in der umweltökonomischen Literatur u.a. darüber, ob gemessen an den Wählerpräferenzen der politische Prozess zu einem Über- oder aber zu einem Unterangebot von Umweltqualität führt (vgl. SEEL, Andreas, Zur Effizienz..., a.a.O. und MEYER, Sigrid, Ökonomische Theorie..., a.a.O.

3.1. Zur Entwicklung der deutschen Umweltpolitik

In der Literatur besteht weitgehende Einigkeit darüber, daß für die Bundesrepublik Deutschland erst ab frühestens Ende der 1960er Jahre von „Umweltpolitik" in einem engeren Sinne gesprochen werden kann. Zwar lassen sich umweltpolitische Maßnahmen durchaus bis in das letzte Jahrhundert zurückverfolgen[388], „(d)er entscheidende Durchbruch erfolgte jedoch 1969, als die Bundesregierung in ihrer Regierungserklärung konkrete Maßnahmen für den Umweltschutz ankündigte"[389]. Als besondere Gründe für die plötzliche Aktualisierung umweltpolitischer Zielvorstellungen werden u.a. die in den Medien gerade in der Zeit um den Wechsel zur sozial-liberalen Koalition berichteten Umweltkatastrophen, die vorangegangene Problematisierung der Umweltbedingungen als Wohlstandsfaktoren in den USA[390], sowie die nach der überstandenen Rezession Mitte der 60er Jahre einsetzende Machbarkeitseuphorie genannt[391] (die sich ja wirtschaftspolitisch u.a. auch im Stabilitätsgesetz niederschlug). Dazu kam ein weitgehender Konsens von Regierungs- und Oppositionsparteien, der möglicherweise aus der Hoffnung genährt wurde, mit der Etablierung eines neuen Politikfeldes die auch innerhalb der einzelnen Parteien entstandenen Spannungen um die bundesdeutsche Ostpolitik abzumildern[392]. In die Etablierungsphase gehört vor allem auch die Propagierung des Umweltprogramms der Bundesregierung aus dem Jahre 1971, in dem die Entwicklung einer bewußten umweltpolitischen Gesamtkonzeption und die prinzipielle Gleichrangigkeit der umweltpolitischen Ziele „mit den Zielen der Sozial-, Bildungs-, Sicherheits- und Wirtschaftspolitik"[393] festgeschrieben wurden. Und schließlich fällt auch die Einrichtung des „Sachverständigenrates für Umweltfragen", u.a. mit der Erstellung der Umweltgutachten beauftragt, in diese Zeit; eine der

---

[387] ausgeklammert bleiben dabei auch die entsprechenden Entwicklungen in der ehemaligen DDR

[388] vgl. z.B. BECKER, H., Art.: Abfallverwertung, Abfallindustrie, in: Handwörterbuch der Staatswissenschaften, Erster Band, Jena, 1923[4], S. 4 ff.; sowie WEY, Klaus-Georg, Umweltpolitik in Deutschland. Kurze Geschichte des Umweltschutzes in Deutschland seit 1900, Opladen, 1982

[389] BUNGARTEN, Harald H., Umweltpolitik in Westeuropa, Bonn, 1978, S. 27 f.

[390] verwiesen sei hier nochmals auf die Arbeit von KAPP, K. William, Soziale Kosten..., a.a.O. (orig.: 1950) sowie besonders auch CARSON, Rachel, Silent Spring, New York, 1962

[391] vgl. z.B. HUCKE, Jochen, Umweltpolitik: Die Entwicklung eines neuen Politikfeldes, in: BEYME, Klaus von und Manfred G. SCHMIDT (Hrsg.), Politik in der Bundesrepublik Deutschland, Opladen, 1990, S. 384 f.

[392] vgl. WILHELM, Sighard, Umweltpolitik. Bilanz, Probleme, Zukunft, Opladen, 1994, S. 31; diese Strategie wird in besonderem Maße für die FDP festgestellt, für die der damalige Innenminister Genscher dann auch federführend an der Institutionalisierung der Umweltpolitik beteiligt war, in dem er eine bereits bestehende Umweltabteilung des Bundesgesundheitsministeriums seinem Ressort angliederte und später im Jahre 1971 die „Arbeitsgemeinschaft für Umweltfragen (AGU)" als ständigen Forum für die unterschiedlichen Interessengruppen gründete (vgl. dazu BUNGARTEN, Harald H., Umweltpolitik in Westeuropa, a.a.O., S. 28 ff.)

[393] ebenda, S. 30

Hauptaufgaben des ersten umfassenden Umweltgutachtens aus dem Jahre 1974 war es, mögliche Wirkungen unterschiedlicher Formen von Abwasserabgaben zu analysieren[394].

Die zweite - in der Literatur einhellig als „Abschwungphase" charakterisierte - Periode der bundesdeutschen Umweltpolitik beginnt der Literatur zufolge mit der gleichzeitig auch den konjunkturellen Abschwung einleitenden ersten Ölkrise von 1973; 1974 erfolgte sowohl der Wechsel von Brandt auf Schmidt wie von Genscher auf Maihofer, was als Schwächung des umweltpolitischen Impulses angesehen wird[395]. Man kann die Auseinandersetzung zwischen „Wirtschaft" und „Umwelt" als den entscheidenden Konflikt erkennen, und als Ergebnis einerseits festhalten, daß die bereits Anfang der 70er Jahre beschlossene Abwasserabgabe als insbesondere von den maßgeblich beteiligten Umweltökonomen befürwortetes Instrument 1976 umgesetzt (und dann ab 1981 erhoben) wurde[396], andererseits sich aber auch - und dies wird häufig besonders beklagt[397] - eine vorsichtigere Haltung im Hinblick auf mögliche negative ökonomische Konsequenzen der Umweltpolitik durchzusetzen begann.

Dies änderte sich teilweise in der „Konsolidierungsphase" der Umweltpolitik seit den 1980er Jahren, die nicht zuletzt durch die wachsende politische Präsenz der Grünen Parteien (insbesondere der „Bundesgrünen") zumindest am Anfang gekennzeichnet ist. Wiederum fällt in diese Zeit die sog. politische „Wende" zur CDU/CSU/FDP -Koalition, die wohl zumindest wirtschaftspolitisch kaum als umgesetzt angesehen werden kann. Nichtsdestoweniger wurde besonders die Umweltpolitik nicht nur im Sinne der sozial-liberalen Koalition fortgesetzt, sondern eher noch mit ordnungsrechtlichen Mitteln verschärft. Besonders der Kernreaktorunfall von Tschernobyl und der Brand infolge des Unfalls beim Basler Chemiekonzern Sandoz[398] führten im Zuge der gleichfalls 1986 vollzogenen Einrichtung des Bundesumweltministeriums zu einer Fülle neuer Umweltschutzregelungen, wiederum in erster Linie ordnungsrechtlicher Natur[399]. Ab 1989 wurde dann, u.a. als Reaktion auf die SPD-Initiative „Arbeitsgruppe Fortschritt '90", die den Umweltschutz zum Wahlkampfthema machte und neben einer Verschärfung der ordnungsrechtlichen Auflagen eine ökologische Steuerereform im oben angegebenen Sinne forderte, auch von seiten der Regierungsparteien ein neuer um-

[394] vgl. dazu TIMM, Gerhard I., Die wissenschaftliche Beratung der Umweltpolitik, Wiesbaden, 1989, S. 134

[395] vgl. Ebenda, S. 140 ff.

[396] besonders viel auf seine eigene Aktivität als damaliger Vorsitzender des Sachverständigenrates für Umweltfragen hält sich dabei HANSMEYER zugute; vgl. dazu TIMM, Gerhard I., Die wissenschaftliche Beratung..., a.a.O., S. 134 (FN 12) und S. 142 f.

[397] vgl. WILHELM, Sighard, Umweltpolitik, a.a.O., S. 54 ff.; MÜLLER, Edda, Innenwelt der Umweltpolitik, Opladen, 1986

[398] der Brand entstand durch den Einsatz giftiger Substanzen bei der Bekämpfung des Schadstoffeintrages

[399] „So wurden zwischen 1986 und 1989 noch mehr Gesetze und Verordnungen verabschiedet als in den Jahren zuvor" (VOSS, Gerhard, Die veröffentlichte Umweltpolitik, Köln, 1990, S. 88);

weltpolitischer Kurs mit verstärkter Nutzung marktwirtschaftlicher Instrumente eingeschlagen[400], wobei der Stimmungsumschwung nicht zuletzt von dem damaligen Bundesumweltminister Töpfer mitgetragen wurde[401]. Ergebnisse waren insbesondere die 3. Novelle des Bundesimmissionschutzgesetzes 1990, die einen weiteren Schritt hin zu mehr Kompensationslösungen bedeutete, der Erlaß des Umwelthaftungsgesetzes zum 1.1.1991[402], die Einführung des Dualen Systems Deutschland (DSD) von 1991 an und die verstärkten Diskussionen um neue Abgabenlösungen im Verkehrsbereich und für den Klimaschutz (CO_2-Abgabe)[403]. Außerhalb dieser punktuellen Impulse aber „(blieb) dieser vielversprechende Ansatz schlicht stecken, kaum daß er formuliert war und noch ehe man sich mit Fragen seiner Umsetzung befassen konnte. Er wurde durch die Entwicklungen in Osteuropa und in Ostdeutschland einfach verdrängt, und dabei ist es bis heute geblieben"[404]. Selbst wenn diese Stellungnahme von WILHELM vielleicht etwas überzeichnet ist, scheint die deutsche Umweltpolitik heute jedenfalls nicht der Bereich zu sein, in dem sich allzuviel „bewegt"; oder sollte der beschworene Neuansatz am Ende gar nicht so „vielversprechend" gewesen sein?

Die hier nur kurz umrissenen Tendenzen der bundesdeutschen Umweltpolitik widerspiegeln sich auch in dem derzeit insgesamt eingesetzten Instrumentarium. So kann kaum bezweifelt werden, daß „die Umweltpolitik überwiegend medial ausgerichtet und per ordnungsrechtlicher Regulierung"[405]

---

[400] vgl. dazu ZITTEL, Thomas, Die Politik der Umweltabgabe in der Bundesrepublik Deutschland, in: Zeitschrift für Umweltpolitik und Umweltrecht, 1997, S. 77 ff.

[401] vgl. Wilhelm, Sighard, Umweltpolitik, a.a.O., S. 94 ff.

[402] den entscheidenden Impuls zur Erstellung des Umwelthaftungsgesetzes mit seiner Orientierung hin zur Gefährdungshaftung dürfte ebenfalls der Chemieunfall bei Sandoz gegeben haben; vgl. HORBACH, Jens, Neue Politische Ökonomie..., a.a.O., S. 260; haftungsrechtliche Lösungen an sich sind auch im Umweltschutz selbstverständlich viel älter, orientierten sich aber vorher - wie etwa das Wasserhaushaltsgesetz in seiner ersten Fassung vom 27.7.1957 - grundsätzlich am Prinzip der Verschuldenshaftung

[403] vgl. dazu TÖPFER, Klaus und Joachim NICK, Der Stand der Diskussion bei den marktsteuernden Instrumenten der Umweltpolitik. Die Sicht der Praxis, in: Informationen zur Raumentwicklung, 1992, S. 97 ff.; die geschilderte Entwicklung dürfte sich dabei auch in dem Terminus „marktsteuernd" widerspiegeln, der vielleicht auf die HANSMEYER-Schule zurückgeht, und es eher offenläßt, ob es um eine Steuerung des Marktes, oder um eine Steuerung durch den Markt geht; HANSMEYER und Co. präferieren offenbar „Mischinstrumente", die beiden Aspekten gerecht werden sollen; vgl. HANSMEYER, Karl-Heinrich und Hans Karl SCHNEIDER, Umweltpolitik. Ihre Fortentwicklung unter marktsteuernden Aspekten; EWRINGMANN, Dieter und Karl-Heinrich HANSMEYER, Der Stand der Diskussion bei den marktsteuernden Instrumenten der Umweltpolitik. Die Sicht der Wissenschaft, in: Informationen zur Raumentwicklung, 1992, S. 81 ff.

[404] WILHELM, Sighard, Umweltpolitik, a.a.O., S. 97

[405] MEYER, Sigrid, Ökonomische Theorie..., a.a.O., S. 39; vgl. auch OECD, OECD Environmental Performance Reviews. Germany, Paris, 1993, S. 115; es ist hier nicht möglich, auch nur annähernd das ordnungsrechtliche Eingriffsvolumen darzulegen; jedenfalls kann man von einem im Vergleich mit den anderen diskutierten Instrumenten wohl durchaus dichtem Regelungsgeflecht sprechen, immerhin so dicht, daß bereits 1972 „kein Jurist bisher in der Lage (war), alle dem Umweltschutz dienenden Rechtsvorschriften in einem Kompendium auch nur annähernd vollständig zusammenzutragen" (LERSNER, Heinrich Freiherr von, Administrativer Umweltschutz - Rechtsgrundlagen und Organisa-

erfolgt. Den „ökonomischen Instrumenten" wird zwar zumindest eine verbal zunehmende Bedeutung attestiert, umgesetzt wurden sie aber bisher nur in relativ bescheidenem Umfang. MICHAELIS nennt als bisher eingesetzte Abgabenlösungen auf Bundesebene die Abwasserabgabe, differenzierte Kfz-Steuern, differenzierte Mineralölsteuern, Straßennutzungsgebühren für Lastkraftwagen und lärmabhängige Landegebühren, auf Landes- oder Kreisebene Abfall- und Sonderabfallabgaben, die Naturschutzabgabe und den Wasserpfennig; geplant sind die CO_2-Abgabe, generelle Straßennutzungsgebühren, eine allgemeine Abfallabgabe (bzw. eine Deponieabgabe) und Modifikationen der Kfz-Steuer auf Bundesebene, sowie u.a. mengenabhängige Müllgebühren und Nahverkehrsabgaben auf Landes- oder Kreisebene[406]. Als erste in der Bundesrepublik eingeführte Umweltabgabe wäre noch ergänzend die Altölabgabe aufzuführen[407]. Zwischen Auflagen- und Abgabenlösungen sind die Subventionen anzusiedeln, die als sog. „Finanzierunghilfen...in Form von Zuschüssen, Zuwendungen und rückzahlbaren Darlehen zur Förderung umweltfreundlicher Produktionsverfahren, Produkte sowie der Verwendung umweltfreundlicher Einsatzstoffe"[408], z.T. aus den jeweiligen Haushalten, z.T. aber auch aus dem ERP gewährt werden. In diesem Zusammenhang sind etwa auch die Kfz-Steuerbefreiungen für Elektro- und katalysatorbetriebene Automobile oder die Förderung erneuerbarer Energien, insbesondere der Windenergie zu nennen[409]. Als „'Marktlösungen'"[410] im Sinne des Zertifikateansatzes werden in der umweltökonomischen Literatur die Kompensationsmöglichkeiten der Novelle des Bundesimmisionschutzgesetzes[411] und die Verabredungen zwischen Unternehmen und Behörden aufgelistet (in der Literatur werden letztere „Kooperationslösungen"[412]

---

tion, in: VDI, Umwelt, Heft 1/1972, S. 10, hier zitiert nach BUNGARTEN, Harald H., Umweltpolitik..., a.a.O., S. 99)

[406] vgl. MICHAELIS, Peter, Ökonomische Instrumente in der Umweltpolitik. Eine empirische Bestandsaufnahme, in: Die Weltwirtschaft, 1995, S. 72 ff; Ders., Ökonomische Instrumente..., a.a.O., S. 60 ff.

[407] diese wurde mit dem Altölgesetz bereits 1968 etabliert; vgl. dazu z.B. BUNGARTEN, Harald H., Umweltpolitik..., a.a.O., S. 33; vgl. auch die dort als Anhang gegebene Chronologie bedeutender Gesetze und Verordnungen (nicht nur für die Bundesrepublik), ebenda, S. 297 ff.; zur Altölabgabe vgl. weiterhin DICKERTMANN, Dietrich, Maßnahmen..., a.a.O., S. 114 ff.

[408] MEYER, Sigrid, Ökonomische Theorie..., a.a.O., S. 44

[409] vgl. FÜRST, Urs Christoph, Umweltökonomik..., a.a.O., S. 369; zu den Subventionen kann prinzipiell auch der oben bei den Abgaben genannte Wasserpfennig gerechnet werden

[410] vgl. ebenda, S. 370

[411] in § 7 Abs. 3 BImSchG heißt es: „Soweit die Rechtsverordnung Anforderungen nach § 5 Abs. 1 Nr. 2 festlegt, kann in ihr bestimmt werden, daß bei in Abs. 2 genannten betriebsbereiten Anlagen in näher bestimmten Gebieten für eine bestimmte Frist von den aufgrund der Absätze 1 und 2 festgelegten Anforderungen abgewichen werden darf. Dies gilt nur, wenn...durch technische Maßnahmen an anderen Anlagen des Betreibers oder Dritter insgesamt eine weitergehende Minderung von Emissionen derselben oder in ihrer Wirkung gleicher Stoffe erreicht wird..." (hier zitiert nach TISCHLER, Klaus, Umweltökonomie, a.a.O., S. 179); mit der weiter oben genannten 3. Novelle wurde die Befristung auf einen unbestimmten Zeitraum ausgedehnt

[412] z.B. MEYER, Sigrid, Ökonomische Theorie..., a.a.O., S. 43

oder „informelles Verwaltungshandeln"[413] gennannt). Als umweltpolitische Instrumente sind weiterhin die Rücknahmeverpflichtungen oder Pfandsysteme zu erwähnen, die (neben den privatwirtschaftlich entstandenen Pfandflaschensystemen) insbesondere in der 1991 erlassenen Verpackungverordnung kulminieren und zum bereits erwähnten Dualen System Deutschland geführt haben, welches als privatwirtschaftliche Kooperative der rücknahmeverplichteten Unternehmungen aufgefaßt werden kann[414].

Im folgenden wird näher darauf einzugehen sein, wie die skizzierten umweltpolitischen Tendenzen in der Bundesrepublik jeweils aus Sicht der drei Ansätze eingeschätzt werden können.

3.2. Die Beurteilung aus Sicht der drei Ansätze

Vergleicht man die grob geschilderten Tendenzen bundesdeutscher Umweltpolitik mit der weiter oben geführten Instrumentendiskussion, dann ergibt sich zunächst für die Theorie der öffentlichen meritorischen Umweltgüter und mutatis mutandis auch für die Theorie externer Effekte, daß eine eindeutige Stellungnahme kaum ohne weiteres getroffen werden kann. Denn einerseits scheint ja durchaus die Umweltpolitik - wie nach diesem Ansatz zu fordern - dem Umweltproblem durch eine Fülle von Maßnahmen Rechnung getragen zu haben, andererseits aber eher ordnungsrechtlich orientiert zu sein, wenngleich Tendenzen zu mehr Abgaben- bzw. Zertifikatepolitik zumindest ankündigungsweise vorhanden sind.

Was läßt sich mit mit solch einer Feststellung eigentlich belegen? Ist die deutsche Umweltpolitik nun aus Sicht der Theorie der öffentlichen meritorischen Umweltgüter positiv zu beurteilen oder nicht? „Stimmt die Richtung" oder ist ein womöglich radikaler Kurswechsel vonnöten?

Vergegenwärtigt man sich das Ergebnis der wohl eher ernüchternden Instrumentendiskussion, dann läßt sich m.E. immerhin eines ganz sicher sagen: ein radikaler Kurswechsel ist mit Sicherheit nicht notwendig! Und dies folgt einerseits aus dem Primat der ökologischen Zielvorgabe und andererseits aus der Erkenntnis, daß sich ohne konkrete Einzelfallbetrachtung keine hinreichend eindeutigen Aussagen über die relative Vorteilhaftigkeit zumindest von Auflagen, Abgaben oder Zertifikaten machen lassen. Und da umweltinformationspolitische Maßnahmen ebenso wie haftungsrechtliche Lösungen im Rahmen der deutschen Umweltpolitik eher als Begleiterscheinungen zu werten sind,

[413] z.B. BUTTGEREIT, Reinhold, Ökologische und ökonomische Funktionsbedingungen..., a.a.O., S. 85, der solche Lösungen als vergleichbar mit offsets oder bubbles ansieht (m.E. zurecht)

[414] vgl. dazu RÖMER, Anselm U. und Lars P. Feld, Einstieg in die ökologische Kreislaufwirtschaft: Recycling am Beispiel des Dualen Systems Deutschland, in: BARTEL, Rainer und Franz HACKL, Einfüh-

ergibt sich von der Tendenz her eine pauschale positive Beurteilung der deutschen Umweltpolitik auf jeden Fall.

Eine andere Frage ist allerdings, ob die getroffenen Maßnahmen im Einzelfall nicht besser durch ein anderes Instrumentarium hätten umgesetzt werden können oder ob nicht noch mehr Ökologieorientierung zu wünschen gewesen wäre.

Was zunächst die Frage nach der Ökologieorientierung betrifft, so bleibt eine diesbezügliche Beurteilung nach der Theorie der öffentlichen meritorischen Umweltgüter „den" Naturwissenschaften bzw. „der" Ökologie vorbehalten. Und dies führt zu dem ersten großen Problem, daß nämlich auch naturwissenschaftliche oder ökologische Theorien eben Theorien sind und daß auch Naturwissenschaftler und Ökologen voneinander abweichende Meinungen vertreten und begründen. Da dieses Problem hier keiner befriedigenden Lösung näher gebracht werden kann, beschränke ich mich auf den Tenor der umweltökonomischen Literatur, und der ist (sofern vorhanden[415]) ziemlich eindeutig: bisher wurde offensichtlich noch viel zuwenig ökologieorientierte Politik betrieben![416]

Etwas diffiziler fällt die Beurteilung des bisher in der Bundesrepublik eingesetzten umweltpolitischen Instrumentariums aus.

So entsteht bei der Lektüre der umweltökonomischen Standardliteratur zunächst häufig der Eindruck, daß der Umweltpolitik ein eindeutiges Defizit bezüglich des Einsatzes „marktwirtschaftlicher" oder „ökonomischer" Instrumente unterstellt wird[417]. Dementsprechend würden in Deutschland ordnungsrechtliche Instrumente auch dort eingesetzt, wo Abgaben- oder Zertifikatelösungen gesamtwirtschaftlich effizienter (gewesen) wären.

---

rung in die Umweltpolitik, a.a.O., S. 205 ff.

[415] aus der umweltökonomischen Literatur ist oft nicht direkt zu entnehmen, ob man sie denn wirklich noch benötigt; aber gerade in der Vehemenz ihres Auftretens scheint sich doch eine gewisse selbst angenommene ökologische Notwendigkeit zu spiegeln; da der größte Teil der Literatur von dem Ziel einer Emissionssenkung ausgeht, dürfte die anhaltende Literaturflut darauf hindeuten, daß aus Sicht der Verfasser die ökologischen Probleme noch keineswegs als annähernd gelöst betrachtet werden

[416] vgl. z.B. WEIMANN, Joachim, Umweltökonomik, in: HAGEN, Jürgen von..., a.a.O., S. 306 ff.; WICKE, Lutz, Umweltökonomie, a.a.O., S. 657 f.; EL-SHAGI, El-Shagi, Eckhard KNAPPE und Lothar MÜLLER-HAGEDORN, Vowort der Herausgeber, in Dies. (Hrsg.), Umweltpolitik in der Marktwirtschaft, a.a.O., S.7; MEYER, Sigrid, Ökonomische Theorie..., a.a.O., S. 1 (mit weiteren Hinweisen), die ja auch nachzuweisen beansprucht, daß das Umweltqualitätsangebot wegen der politischen Reibungsverluste systematisch unzureichend ist; RING, Irene, Marktwirtschaftliche Umweltpolitik..., a.a.O., S. 163 ff.; JÄGER, Franz, Natur und Wirtschaft, a.a.O., S. X; WILHELM, Sighard, Umweltpolitik, a.a.O., S. 129 ff.; VOSS, Gerhard, Die veröffentlichte Umweltpolitik, a.a.O., S. 12; MALUNAT, Bernd M., Die Umweltpolitik der Bundesrepublik Deutschland, in: Aus Politik und Zeitgeschichte, Beilage zur Wochenzeitung Das Parlament, B 49, 1994, S. 10 ff.

[417] vgl. z.B. WEIMANN, Joachim, Umweltökonomik, a.a.O., S. 194; WILHELM, Sighard, Umweltpolitik, a.a.O., S. 115; ENDRES, Alfred, Umweltökonomie, a.a.O., S. 178; FRITSCH, Michael, Thomas WEIN und Hans-Jürgen EWERS, Marktversagen und Wirtschaftspolitik, a.a.O., S. 114 f.; STILZ, Anita, Chancen und Risiken..., a.a.O., S. 83 f.

Allerdings ist diese Position - wie die oben geführte Diskussion gezeigt hat - aus mindestens zwei Gründen so pauschal nicht aufrechtzuerhalten.

Erstens läßt sich nämlich über die relative ökonomische Vorteilhaftigkeit von Auflagen, Abgaben oder Zertifikaten nur - und dies wird auch in der neueren umweltökonomischen Literatur immer öfter betont - bei Betrachtung eines konkreten Einzelfalles eine Entscheidung herbeiführen[418]. Eine instrumentenbezogene Beurteilung der deutschen Umweltpolitik müßte also nach der Logik der Theorie der öffentlichen meritorischen Umweltgüter einzelfallbezogen erfolgen. Dabei dürfte zunächst klar sein, daß ein Einzelfall jedenfalls nicht einfach „vorliegt"; er muß vielmehr erst konstruiert werden, indem etwa „typische" Situationen theoretisch vorformuliert und eine Anzahl von „Fakten" diesem Schema zugeordnet werden. In diesem Zusammenhang wurde schon in Teil I der vorliegenden Arbeit darauf hingewiesen, daß im Rahmen der Theorie der öffentlichen meritorischen Umweltgüter und letzlich auch aus Sicht der Theorie externer Effekte eine Ausrichtung auf die Umweltmedien vorgenommen wurde (Wasser, Luft etc.), wobei die politische Umsetzung von der negativen Seite, der Emission her anvisiert wird (darüberhinaus hat sich der überwiegende Teil der Literatur auf die Schadstoffemissionen von Betrieben weiter beschränkt).

Hat man auf diese Weise unter der Anwendung der verschiedensten Werturteile die auf Umweltmedien bezogenen Schadstoffemissionen als relevante Parameter umweltpolitischer „konkreter Einzelfälle" isoliert, dann könnte eine Prüfung der Einzelfälle im Hinblick auf einen Instrumentenvergleich zum einen anhand bereits bestehender Eingriffe, zum anderen allgemeiner anhand vorformulierter Einordnungsschemata vorgenommen werden.

Würde etwa der erste Weg beschritten, dann könnte man sich einen bestimmten politischen Eingriff heraussuchen, und das dabei eingesetzte Instrumentarium mit den möglichen Wirkungen alternativer Instrumente vergleichen. Eine solche Vorgehensweise bringt allerdings erhebliche Schwierigkeiten mit sich, die im wesentlichen daraus resultieren, daß ein bestimmtes vorgefundenes Instrumentarium sich nur selten (wenn überhaupt) in den theoretischen Rahmen eindeutig einpassen lässt, und daß die möglichen Wirkungen alternativer Instrumente kaum stichhaltig abgeschätzt werden können, denn es läßt sich kaum vorhersagen, wie die Alternative „konkret" aussehen würde[419]. Die in der Literatur vorgenommenen Untersuchungen vergleichen denn auch i.d.R. ein vorhandenenes Instrumentarium höchstens mit per definitionem besseren bzw. effizienteren Alternativszenarien oder untersuchen Übertragungsbedingungen von anderswo vorgenommenen Eingriffen bei ähnli-

[418] vgl. dazu z.B. FEESS, Eberhard, Umweltökonomie..., a.a.O., S. 98; MICHAELIS, Peter, Ökonomische Instrumente..., a.a.O., S. 153 ff.; sowie die oben bereits angeführten Belege

[419] denn natürlich kann sich ein seriöser Vergleich nicht auf ein durch die Realität „verschmutztes" Instrument mit einer idealisierten Alternative beziehen

chen Problemlagen[420]. Auf diese Weise läßt sich ein „konkreter Einzelfall" allerdings nicht eindeutig beurteilen.

In den letzten Jahren wurde daher auch versucht, den zweiten Weg einzuschlagen, indem ein Entscheidungschema verwendet wird, „das auf der Identifikation typischer, häufig wiederkehrender Merkmalskonstellationen beruht"[421]. Dabei werden einzelnen Instrumentenvarianten bestimmte Merkmalskombinationen zugewiesen, unter deren Voraussetzung mit ihrer jeweiligen Überlegenheit gerechnet werden kann. Eine solche Einordnungssystematik wurde beispielsweise von der OECD entwickelt und von MICHAELIS erweitert bzw. verfeinert[422]. Letzterer unterscheidet zwölf Strukturmerkmale wie „Anzahl der Emittenten", „Vermeidungskosten:Sruktur", „Vermeidungskosten:Höhe", „Kosten der Emissionsmessung", „Informationsstand der Behörde" u.a. mit jeweils zwei möglichen Merkmalsausprägungen („hoch" oder „gering", „gut" oder „schlecht", „homogen" oder „heterogen" usw.). Je nach gegebener Merkmalskonstellation läßt sich auf diese Weise einem bestimmten „Fall" das überlegene Instrument zuordnen, was sich prinzipiell auch für einen Instrumentenvergleich nutzen läßt. Aber ohne diese Vorgehensweise hier weiter vertiefen zu müssen, läßt sich bereits feststellen, daß auch dieses Entscheidungsverfahren sich nur unter Rückgriff auf die (wie beschrieben vieldeutigen) Ergebnisse der rein theoretischen Instrumentendiskussion bewerkstelligen läßt, was vor allem deswegen Probleme mit sich bringt, weil die Strukturmerkmale einerseits, die Merkmalsausprägungen andererseits notwendigerweise abstrakt gefaßt sind (um eine Komplexitätsreduktion erreichen zu können) und daher willkürliche Interpretationen zulassen. MICHAELIS weist in diesem Zusammenhang zudem darauf hin, daß sich nach seiner (gegenüber der OECD erweiterten) Variante (die nichtsdestoweniger weder auf die gesamtwirtschaftlichen Ziele noch direkt auf die ökologische Inzidenz bezug nimmt, sondern wesentlich auf einzelwirtschaftliche Kosten, Kontrollkosten und Innovationspotentiale abstellt) bei zwölf Merkmalen mit nur zwei zugelassenen Ausprägungen „insgesamt 12 X 12 = 144 verschiedene Kontrollszenarien konstruieren (lassen), die jeweils eine gesonderte Analyse des anzuwendenden Instrumentariums erfordern. Darunter findet sich zwar eine Reihe von Merkmalskombinationen, die in der umweltpolitischen Praxis kaum von Bedeutung sein dürften..., aber dennoch wird hier an der Vielzahl möglicher

---

[420] vgl. etwa die Untersuchungen von KEMPER, Manfred, Das Umweltproblem..., a.a.O., S. 239 ff. Zu instrumentellen Ausgestaltungsformen im Luft- und Gewässerschutz (TA-Luft und amerikanische Kompensationslösungen sowie Abwasserabgabe und mögliche Zertifikatelösungen) und KABELITZ, Klaus Robert, Eigentumsrechte und Nutzungslizenzen..., a.a.O., S. 218 ff. (Abgaben und Zertifikate in der Luftreinhaltung)

[421] MICHAELIS, Peter, Ökonomische Instrumente..., a.a.O., S. 153

[422] vgl. ORGANIZATION FOR ECONOMIC CO-OPERATION AND DEVELOPMENT (OECD), Managing the Environment: The Role of Economic Instruments, Paris, 1994; MICHAELIS, Peter, Ökonomische Instrumente..., a.a.O., S. 155 ff.

Kontrollszenarien einmal mehr deutlich, daß es für die umweltpolitische Instrumentenwahl bereits aus problemimmanenten Gründen keinerlei „Patentlösungen" geben kann"[423]. Da außerdem die Bedeutung bzw. Gewichtung der einzelnen Kriterien oder Merkmale dem politischen Entscheidungsträger überlassen werden soll[424], stellt sich die Frage, inwieweit die zur Umsetzung dieser Entscheidungsmodelle anzustellenden aufwendigen Modellrechnungen für die Beurteilung „konkreter Einzelfälle" überhaupt sinnvoll sind[425]; vermutlich bietet sich ein solches Annäherungsverfahren an „den konkreten Einzelfall" nur bei politisch besonders brisanten Fällen (zur politischen Rechtfertigung) an.

Insgesamt läßt sich daher der im Rahmen des theoretischen Instrumentenvergleiches häufig zu findende Verweis auf „den konkreten Einzelfall" m.E. im wesentlichen als eine Problemverlagerungsstrategie begreifen, die jedoch bereits im Zusammenhang mit der Suche und Definition des „konkreten Einzelfalls" kaum als lösungsrelevant empfunden werden kann.

Neben diesem ersten Problem des „konkreten Einzelfalles", das die Beurteilung der (deutschen) Umweltpolitik aus Sicht der Theorie der öffentlichen meritorischen Umweltgüter erschwert, besteht zweitens zumindest für die Theorie der öffentlichen meritorischen Umweltgüter auch noch die bereits genannte Schwierigkeit des Einbezugs der politischen Durchsetzbarkeit (vgl. besonders Abscnitt II.2.6.). Läßt man sich nämlich auf die Machbarkeitsfrage unter Herbeiziehung der sog. Neuen Politischen Ökonomik ein, dann wird die Beurteilung des bisher in der Bundesrepublik eingesetzten Instrumentariums noch komplizierter (was hier nicht nochmals ausgebreitet werden muß), zumal ja auch aufgrund der bereits rein theoretischen Schwierigkeiten die Richtung, in der das „Machbare" gesucht werden soll, nicht mehr eindeutig festliegt. Zumindest in bezug auf die Theorie der öffentlichen meritorischen Umweltgüter könnte man daher mit STREISSLER auf den Gedanken kommen, daß Ökonomen „in Umweltfragen den Mund zu voll genommen"[426] haben.

---

[423] ebenda, S. 160

[424] vgl. ebenda, S. 155

[425] aufwendig ist die Anwendung solcher Beurteilungsschemata vor allem auch deshalb, weil die einzelnen Kriterien und Merkmalsausprägungen nicht strikt voneinander unabhängig sind und/oder nicht unbedingt und unmittelbar eindeutige Schlüsse bezüglich des zu Messenden zulassen; z.B. kann man aus der „Anzahl der Emittenten" nicht unmittelbar auf Wettbewerbssituation und strategische Verhaltensmuster schließen oder ist das „Innovationspotential" nicht unabhängig von der „Anzahl der Emittenten", aber der Zusammenhang ist auch nicht immer eindeutig

[426] STREISSLER, Erich, Das Problem der Internalisierung, in: KÖNIG, Heinz (Hrsg.), Umweltverträgliches Wirtschaften als Problem von Wissenschaft und Politik, Berlin, 1993, S. 88; dabei stellt STREISSLER insbesondere auf die von BONUS vertretene Vorstellung ab, nach der sich eben einfach Ökonomen mit ihren eindeutig besseren Lösungen nicht durchgesetzt hätten: „'Im wesentlichen haben Juristen und Ingenieure... (das) Instrumentarium konzipiert' (Bonus, 1991, S. 10). Da haben wir es wieder in den anklagenden Worten unseres Herrn Vorsitzenden: Zwei unserer Erzfeinde, die Juristen und die Ingenieure, haben uns ausgestochen und das Wählervolk verblendet!" (STREISSLER, ebenda)

Zusammenfassend läßt sich daher für die Theorie der öffentlichen meritorischen Umweltgüter ebenso wie für die Theorie externer Effekte eine eher positive Beurteilung der bisherigen bundesdeutschen Umweltpolitik ableiten, wobei allerdings zumindest im Rahmen der erstgenannten Theorie insbesondere bei Zugrundelegung eines Umweltqualitätsmaximierungsprinzips unter Berücksichtigung des Vorsorgegedankens die Ökologieorientierung immer noch defizitär erscheint.

Wie aus der Diskussion in vorhergehenden Abschnitten schon hervorgehen dürfte, fällt die Beurteilung umweltpolitischer Maßnahmen aus Sicht des neoinstitutionalistischen Ansatzes nach COASE nicht eben viel leichter als im Rahmen der Theorie der öffentlichen meritorischen Umweltgüter, was vor allem auf die beschriebene „konstruktivistische Grauzone“ zurückgeführt werden kann.

Anschließend an die Überlegungen in Abschnitt II.2.6. müßte allerdings die bisherige bundesdeutsche Umweltpolitik etwas negativer beurteilt werden, und zwar vor allem, weil von der Umsetzung einer ökologischen Steuerreform in COASE'schem Sinne keine Rede sein kann, sondern die Maßnahmen bisher vielmehr vor allem auf eine (aus COASE'scher Sicht) „konstruktivistische“, einzelfallbezogene Ergebnisorientierung und weniger auf die Schaffung eines generell „ökologiefreundlicheren“ Investitionsklimas abstellen.

Immerhin sind jedoch im informationspolitischen Bereich Anstrengungen zur Verankerung des Ökologiegedankens insbesondere im Rahmen von Aus- und Weiterbildung feststellbar. Auch die im Rahmen des COASE'schen Ansatzes weiterhin zumindest vor der (im Sinne der Theorie der öffentlichen meritorischen Umweltgüter verstandenen) Instrumententrias Auflagen-Abgaben-Zertifikate rangierende haftungsrechtliche Lösung ist seit 1991 in der Bundesrepublik institutionalisiert.

Ist auf diese Weise das bisher in der Bundesrepublik vorrangig eingesetzte Instrumentarium aus COASE'scher Sicht auf der einen Seite negativer einzuschätzen als aus Sicht der Theorie der öffentlichen meritorischen Umweltgüter, so ist allerdings andererseits das von letzerer behauptete ökologische Defizit aus COASE'scher Sicht zwar auch festzustellen, aber zumindest etwas vorsichtiger zu beurteilen.

Dies gilt vor allem, weil eine im COASE'schem Sinne betriebene Umweltpolitik der Revisionsfähigkeit bzw. -möglichkeit einen viel höheren Stellenwert einräumt. Weil aber prinzipiell jederzeit mit einer Falsifizierung ökologisch vorläufig gesicherter Hypothesen gerechnet werden muß[427] und die Maximierung eines daraus abgeleiteten ökologischen Zieles nicht der Intention des

[427] bei aller Glorifizierung naturwissenschaftlicher Aussagen wird der ökologischen Empirik selbst von OLSON eine gewisse Problematik zugeschrieben (vgl. OLSON, Mancur, Umwelt-Unteilbarkeiten..., a.a.O., S. 247 ff.)

COASE'schen Ansatzes entspricht, liegt der Akzent dort weniger auf der Steigerung der Produktion einzelner Umweltqualitätsgüter; der Umfang der bisher bereitgestellten Umweltqualitätsgüter ist daher nicht unbedingt als Unterangebot zu qualifizieren. Dies trifft übrigens i.d.R. auch dann zu, wenn sich tatsächlich die Wählerinteressen hinsichtlich der anzubietenden Menge an Umweltqualität nicht vollumfänglich durchsetzen können. Denn das Wählerinteresse kann aus neoinstitutionalistischer Sicht nicht das allein ausschlaggebende Kriterium sein, da sich aus diesem folgende ökologische Forderungen nur rein zufällig mit den nicht-falsifizierten ökologischen Erkenntnissen zu einem gegebenen Zeitpunkt decken dürften.

Der letzte Punkt deutet allerdings wiederum das entscheidende Problem des neoinstitutionalistischen Ansatzes nach COASE an, nämlich die dort weitgehend offen bleibende Frage nach der Gewichtung berechtigter (d.h. auf bisher nicht-falsifizierten Erkenntnissen beruhender) Interessen bzw. nach der „Kompetenzkompetenz" (wer für diese Gewichtung legitimerweise zuständig ist). Nur nach Beantwortung dieser Frage lassen sich nämlich institutionelle Ausgestaltungsformen etwa auch des politischen Entscheidungsprozesses hinsichtlich ihrer Transaktionskosteneffizienz beurteilen. Es reicht jedenfalls nicht aus, lediglich Bedingungen theoretisch zu strukturieren, unter denen sich bestimmte Interessen stärker durchsetzen als andere (wie dies z.B. HERDER-DORNEICH mit seinen „sozialen Transistoren" versucht hat)[428]. Für eine Theorie der Umweltpolitik ist vielmehr auch anzugeben, die Herstellung welcher Bedingungen aus welchen Gründen durch wen wünschenswert ist. Soll der neoinstitutionalistische Ansatz nach COASE als eine Theorie umweltpolitischer Eingriffe fruchtbar sein, ist an dieser Stelle ein „konstruktivistisches" Element gerade aus Sicht dieses Ansatzes unverzichtbar, für das allerdings kein Kriterium angegeben wird[429].

---

[428] vgl. dazu HORBACH, Jens, Neue Politische Ökonomie..., a.a.O., S. 259 ff.; danach unterscheidet HERDER-DORNEICH vier verschiedene Arten „sozialer Transistoren", das sind Situationen, die (umwelt-) politische Eingriffe begüstigen: „1) Unterschiedliche Hemmschwellen der Aktion gegenüber der Reaktion 2) Eingriffe unter der Merklichkeitsgrenze 3) Zeitverschiebungen 4) Verschleiern der Person des Eingreifenden, so daß ein anderer Systemteilnehmer für den Eingriff verantwortlich gemacht wird (ebenda, S. 259; dort mit Hervorhebungen); als Beispiele gibt HORBACH die Inaugurierung des Umwelthaftungsgesetzes als Folge des Sandoz-Chemieunfalles an, nach welchem die Aktionsschwelle für die Bundesregierung niedrig, die Gegenreaktionschwelle aufgrund der lediglich im Schadensfalle eintreffenden Wirkung auf die Verursacher relativ hoch gewesen sei; außerdem wären durch die Kürze der Aktionszeit (Gesetzesbeschluß im Jahre 1990) die potentiellen „Gegenreaktionäre" noch unzureichend organisiert gewesen (Zeitfaktor); als „Eingriffe unter der Merklichkeitsgrenze" in Verbindung mit „Zeitverschiebungen" werden von HORBACH etwa Aufklärungskampagnen von Naturschutzverbänden genannt, die sich erst langfristig über das Wählerverhalten in sehr wohl merkliche Interventionen verwandeln (vgl. dazu insgesamt ebenda, S. 260 f.); m.E. gibt die HERDER-DORNEICH'sche Erfindung nicht genug her, um sie, wie HORBACH, als „Auflösung der Endogenität des umweltpolitischen Entscheidungssystems" (ebenda, S. 259) bezeichnen zu können; das „Konzept" der „sozialen Transistoren" wird daher hier nicht weiter untersucht

[429] letzteres spiegelt sich darin wieder, daß neoinstitutionalistische Überlegungen an dieser Stelle meistens versanden, vgl. etwa auch die eben genannte Arbeit von HORBACH (ebenda), die mit den „sozialen

Nimmt man die Berechtigung des Ökologiegedankens an, dann müßte der bisherige politische Entscheidungsprozeß auf seine institutionelle Eignung zur Durchsetzung ökologischer Interessen geprüft werden. Vor dem Hintergrund der im ersten Teil der vorliegenden Untersuchung angestellten Überlegungen, die ja die Grundlage zur Ableitung des geeignetsten Instrumentariums bildeten, ließe sich hier vielleicht vorsichtig auf Defizite insbesondere hinsichtlich der Institutionalisierung eines funktionierenden Ordnungswettbewerbs hinweisen, wohingegen die Einbindung ökologischer Interessen institutionell doch z.T. gewährleistet zu sein scheint (hier wären u.a. auch die Institutionalisierung von Umweltverträglichkeitsprüfungen, die ISO-Zertifizierung oder gesetzlich vorgeschriebene Hearings zu erwähnen). Dabei ist dann allerdings nochmals zu betonen, daß bereits auf theoretischer Ebene die Ausarbeitung des Ordnungswettbewerbskonzeptes noch kaum fortgeschritten ist (und selbstverständlich auch hier nicht geleistet werden kann).
Für den neoinstitutionalistischen Ansatz nach COASE läßt sich daher zusammenfassend eine im Vergleich zur Theorie der öffentlichen meritorischen Umweltgüter negativere Einschätzung des Ist-Zustandes der bundesdeutschen Umweltpolitik feststellen, wobei allerdings auch hier einige positive Entwicklungen (im Umweltinformationsbereich und im Hinblick auf die Relevanz des haftungsrechtlichen Instrumentariums) beobachtbar sind. Auch die Diskussionen um eine Ökologisierung des bisherigen (sonstigen) wirtschaftspolitischen Instrumentariums deuten darauf hin, daß sich die bundesdeutsche Umweltpolitik in aus COASE'scher Sicht positiv zu beurteilende Richtung bewegt.

3.3. Perspektiven für eine zukünftige Umweltpolitik aus Sicht der drei Ansätze

Vergleicht man die Einschätzungen der bundesdeutschen Umweltpolitik aus Sicht der Theorie der öffentlichen meritorischen Umweltgüter, der Theorie externer Effekte und aus Sicht des neoinstitutionalistischen Ansatzes nach COASE miteinander, dann läßt sich bei unterschiedlicher Bewertung der Vergangenheit doch auch durchaus als gemeinsames Desiderat eine verstärkte Ökologieorientierung erkennen.
Die Forderung nach einer umfassenderen Implementierung ökologischer Belange hat mittlerweile auf einer übergeordneten Ebene insbesondere zu den beiden miteinander verbundenen Leitbildern

---

Transistoren" abschließt sowie die in vorangehenden Abschnitten bereits zu diesem Problem genannten Arbeiten; STREISSLER schließt eine in diesem Sinne verfaßte Arbeit über HAYEK: „Etwas 'Sozialismus' im Hayekschen Sinne ist leider unumgänglich...Hier bleibt für uns noch eine Aufgabe zu lösen in seinem Geiste. Ad multos annos!" (STREISSLER, Erich W., Friedrich August von Hayek als wirtschaftswissenschaftlicher Informationstheoretiker, in: FRANCKE, Hans-Hermann (Hrsg.), Ökonomischer Individualismus..., a.a.O., S. 50) der „Öko-Sozialen Marktwirtschaft"[430] und der „Nachhaltigen Entwicklung" („Sustainable Development") geführt. Unter diesen Etiketten werden Vorschläge für umweltpolitische Weiterentwicklungen diskutiert, die sich je nach konkreter Ausformulierung eher der Theorie der öffentlichen meritorischen Umweltgüter oder eher dem neoinstitutionalistischen Ansatz nach COASE zuordnen lassen, aber eben auch eine relativ große Überlappungszone aufweisen, welche einerseits die oben bereits mehrfach beschriebene „Grauzone" zwischen den beiden theoretischen Ansätzen, andererseits die Verbundenheit der genannten Leitbilder widerspiegelt.

Dabei stellt zunächst das „Konzept" der „Öko-Sozialen Marktwirtschaft" eher auf das umweltpolitische Instrumentarium ab und stellt hinsichtlich der ökologischen Komponente im wesentlichen nur die Notwendigkeit einer solchen fest. So umfaßt die „Öko-Soziale Marktwirtschaft" nach WICKE neben „Elementen der freien Marktwirtschaft" und „sozialstaatlichen Elementen" „eine Wirtschaftsordnung, in der durch Setzung eines engen umweltrechtlichen Rahmens und seines Vollzugs, sowie durch den Einbau von marktorientierten Anreizinstrumenten die Umwelt in ausreichendem Maße geschützt und für die nachfolgenden Generationen erhalten und bewahrt wird"[431]. Außerdem wird auf die Schaffung von „Spielraum zur Durchführung einer stärker ökologisch orientierten Gesamtpolitik"[432] besonderer Wert gelegt. In dieser Begriffsbeschreibung ist unschwer die Theorie der öffentlichen meritorischen Umweltgüter zu erkennen, und zwar besonders in der Auslegung als Umweltqualitätsmaximierungsstrategie, d.h. unter vordringlicher Beachtung des Vorsorgeprinzips[433]. Dabei ist hervorzuheben, daß diese Auslegung mit ihrer Hinordnung auf eine „ökologisch orientierten Gesamtpolitik" quasi nahtlos in den neoinstitutionalistischen Ansatz nach COASE übergeht, so daß entsprechende umweltpolitische Folgerungen problemlos beiden Theorien in gleicher Weise zugeordnet werden können.

Stellt die „Konzeption" der „Öko-Sozialen Marktwirtschaft" eigentlich unmittelbar nichts anderes dar, als die für politische Zwecke in eine griffige und weit gefaßte programmatische Formel umgegossene Theorie der öffentlichen meritorischen Umweltgüter, die insofern in der umweltökonomischen Literatur vielleicht in bezug auf die zu politische Formulierung bemäkelt, aber ansonsten

---

[430] die Schreibweise wird hier von WICKE übernommen, der den Begriff wesentlich mitgeprägt hat (vgl. WICKE, Lutz, Lothar DE MAIZIÈRE und Thomas DE MAIZIÈRE, Öko-Soziale Marktwirtschaft für Ost und West, München, 1990); allerdings ist der Begriff auch in seiner WICKE'schen Variante bereits so weit interpretierbar, daß auch etwa der im ersten Teil erwähnte „Ökologische Rahmen" im Sinne von BONUS oder die verschiedenen Versionen „ökologischer Marktwirtschaften" damit erfaßt sind (vgl. unten und auch WICKE, Lutz, Umweltökonomie..., a.a.O., S. 624 ff.)

[431] ebenda, S. 624 f. (im Original mit Hervorhebungen)

[432] ebenda, S. 627

[433] vgl. für eine besondere Betonung des Vorsorgeprinzips in diesem Zusammenhang MASBERG, Dieter, Konzeptionen einer „ökologischen Marktwirtschaft" - Anmerkungen aus der Sicht einer Politik der Umweltvorsorge, in: HAUFF, Michael von und Uwe SCHMID (Hrsg.), Ökonomie und Ökologie,

kaum ernsthaft in Frage gestellt wird, sah dies hinsichtlich der Forderung nach „Nachhaltiger Entwicklung“ ursprünglich etwas anders aus[434]. Möglicherweise ist das auch darauf zurückzuführen, daß die ökologisch-politische Vormundschaft gegenüber dem Marktgeschehen in diesem Terminus deutlicher zum Ausdruck kommt, während die instrumentellen Folgerungen weniger akzentuiert werden.

Die Kompatibilität mit der Theorie der öffentlichen meritorischen Umweltgüter bzw. dem Ansatz nach COASE und damit auch mit der „Konzeption“ der „Öko-Sozialen Marktwirtschaft“ äußert sich dabei einerseits in der Betonung der Rechte zukünftiger Generationen auf die Nutzung eines tendenziell gleich großen „natürlichen Kapitalstocks“ und andererseits in der prinzipiellen Offenheit gegenüber dem einzusetzenden Instrumentarium, insoweit nur die Konstanz des „natürlichen Kapitalstocks“ gesichert wird. Die Erhaltung des „natürlichen Kapitalstocks“ im Zeitablauf beinhaltet dabei im wesentlichen drei Aspekte, nämlich die Erhaltung der Assimilationskapazität einzelner Umweltmedien, die Erhaltung eines äquivalenten Bestandes an erneuerbaren Ressourcen und die Aufrechterhaltung einer äquivalenten Funktion der nicht-regenerierbaren Ressourcen im Vergleich jeweils zur Ausgangssituation[435]. Die unvermeidliche Entnahme nicht-erneuerbarer Ressourcen soll dementsprechend durch eine Erhöhung der Produktivität des verbleibenden Ressourcenberges kompensiert werden; von einer Erhaltung des physischen natürlichen Kapitalstocks (in der Diskussion der Vergangenheit ein kontroverses Thema) wird heute als Forderung größtenteils abgesehen. Gerade die Problematik des Einbezugs der zukünftigen Generationen bedingt dabei wiederum eine besondere Betonung des Vorsorgeprinzips, die Notwendigkeit insbesondere der ständigen Produktivitätssteigerung hinsichtlich der ökologischen Funktionen des Ressourcenvorrats eine besondere Betonung des ökologischen Innovationspotentials.

Stuttgart, 1992, S. 17 ff.

[434] vgl. zu den anfänglichen Verwirrungen RADKE, Volker, Sustainable Development - Eine ökonomische Interpretation -, in: Zeitschrift für angewandte Umweltforschung, 1995, S. 532 ff.; die ausführliche Auseinandersetzung mit dem Konzept der „Nachhaltigen Entwicklung“ (wie auch der „Öko-Sozialen Marktwirtschaft“) läuft letztlich auf eine Problematisierung der zugrundeliegenden umweltökonomischen Theorien hinaus und ist daher nicht Thema dieses Abschnitts; ich weise diesbezüglich auf die vorliegende Untersuchung insgesamt hin, deren Ziel es u.a. ist, einen Beitrag zur Ermöglichung einer solchen Problematisierung zu liefern

[435] die genannten Aspekte werden je nach aktuellem ökologischen Erkenntnisstand in sog. Managementregeln transformiert, die zahlenmäßige Anhaltspunkte für die umweltpolitische Zielsetzung liefern sollen; darauf wird hier nicht weiter eingegangen (vgl. die entsprechenden Ausführungen bei BRENCK, Andreas, Moderne umweltpolitische Konzepte: Sustainable Development und ökologisch-soziale Marktwirtschaft, in: Zeitschrift für Umweltpolitik und Umweltrecht, 1992, S. 389, mit weiteren Literaturangaben)

Insgesamt kann man daher die „Konzepte“ der „Öko-Sozialen Marktwirtschaft“ und der „Nachhaltigen Entwicklung“ zum einen als sich wechselseitig ergänzende Leitbilder[436], zum anderen als wesentlich kompatibel mit der Theorie der öffentlichen meritorischen Umweltgüter ebenso wie mit dem neoinstitutionalistischen Ansatz nach COASE auffassen. Es verwundert daher nicht, daß in der umweltökonomischen Literatur gerade auch bezüglich der Nachhaltigkeitsforderung inzwischen ein relativ breiter, zustimmender Konsens vorzufinden ist[437].

Im Rahmen der programmatischen Leitlinien werden als konkrete umweltpolitische Optionen vor allem die „gemischt-instrumentelle“ Strategie und die ökologische Steuerreform propagiert.

Die „gemischt-instrumentelle“ Strategie, die in der Bundesrepublik vor allem von HANSMEYER[438] und seinen Schülern[439] eingefordert wird, geht dabei hauptsächlich davon aus, daß insbesondere an der bisherigen, ordnungsrechtlich geprägten deutschen Umweltpolitik weder etwas zu ändern ist, noch auch etwas geändert werden sollte, werden dem Ordnungsrecht doch

[436] das ist die von BRENCK (ebenda) begründete These

[437] vgl. z.B. RHEINISCH-WESTFÄLISCHES INSTITUT FÜR WIRTSCHAFTSFORSCHUNG, Ordnungspolitische Grundfragen einer Politik der Nachhaltigkeit, Gutachten im Auftrag des Bundesministeriums für Wirtschaft, Essen, 1995; GERKEN, Lüder und Andreas RENNER, Ordnungspolitische Grundfragen..., a.a.O.; CANSIER, Dieter, Nachhaltige Umweltnutzung als neues Leitbild der Umweltpolitik, in: Hamburger Jahrbuch für Wirtschafts- und Gesellschaftspolitik, 1995, S. 129 ff.; NUTZINGER, Hans G., Ökologische Ordnungspolitik, in: Ökologisches Wirtschaften, 1996, S. 9 ff.; NUTZINGER, Hans G. und Angelika ZAHRNT, Nicht der Markt allein. Über die Notwendigkeit einer ökologisch-sozialen Marktwirtschaft, in: ROTH, Karin und Reinhard SANDER (Hrsg.), Ökologische Reform der Wirtschaft: Programmatik und Konzepte, Köln, 1992, S. 24 ff.; für weitgehend identisch mit der wohlfahrtstheoretischen Umweltökonomik (wobei sie allerdings aus Sicht der vorliegenden Untersuchung auf die Theorie der öffentlichen meritorischen Umweltgüter abstellen) wird die „Konsensversion“ sogar von WEIMANN und BECKERMAN eingestuft, die deshalb die so verstandene Einführung des Nachhaltigkeitsbegriffs für überflüssig halten; vgl. WEIMANN, Joachim, Umweltökonomik, in: HAGEN, Jürgen von, u.a. (Hrsg.), Springers Handbuch..., a.a.O., S. 338 f.; BECKERMAN, Wilfred, „Sustainable Development“: Is it a Useful Concept?, in: Environmental Values, 1994, S. 191 ff.

[438] vgl. z.B. HANSMEYER, Karl-Heinrich, Marktwirtschaftliche Elemente in der Umweltpolitik - Eine Zusammenfassung der Argumente -, in: Zeitschrift für Umweltpolitik und Umweltrecht, 1988, S. 231 ff.; HANSMEYER, Karl-Heinrich und Hans Karl SCHNEIDER, Umweltpolitik..., a.a.O.

[439] vgl. vor allem GAWEL, Erik, Umweltpolitik durch gemischten Instrumenteneinsatz. Allokative Effekte instrumentell diversifizierter Lenkungsstrategien für Umweltgüter, Berlin, 1991; GAWEL, Erik, Die mischinstrumentelle Strategie in der Umweltpolitik: Ökonomische Betrachtungen zu einem neuen Politikmuster, in: Jahrbuch für Sozialwissenschaft, 1992, S. 267 ff.; EWRINGMANN, Dieter und Karl-Heinrich HANSMEYER, Der Stand der Diskussion..., a.a.O.; im Ansatz auch bereits EWRINGMANN, Dieter, Schwachstellen des bisherigen Instrumentariums, in: DEUTSCHE STIFTUNG FÜR UMWELTPOLITIK (Hrsg.), Umweltpolitisches Gespräch: Ökonomische Instrumente der Umweltpolitik - neuer Weg oder Sackgasse? -, Berlin, 1984, S. 9 ff.; ihrer (Selbst-) Einschätzung zufolge ist 1991 die gemischt-instrumentelle Strategie bereits „anerkannt und wird von den meisten umweltökonomischen Autoren seither eindringlich beschworen“ (EWRINGMANN, Dieter und Karl-Heinrich Hansmeyer, Der Stand der Diskussion..., a.a.O., S. 91); für ein Beispiel vgl. SCHWARZE, Reimund, Haftungsrecht und Auflagen als Policy-Mix, in: Jahrbuch für Wirtschaftswissenschaften, 1995, S. 306 ff.; so ganz kann ich allerdings die Erfolgsmeldung von EWRINGMANN/HANSMEYER nicht nachvollziehen

„gewisse grundlegende ökologische Sicherungsfunktionen“[440] unterstellt. Die „gemischt-instrumentelle“ Strategie läuft dementsprechend letztlich darauf hinaus, Auflagen, Ge- oder Verbote je nach vorliegender Situation mit Abgaben-, Zertifikate- oder haftungsrechtlichen Lösungen zu kombinieren, wobei eben als entscheidendes Charakteristikum der gleichzeitige „Einsatz verschiedener Instrumenttypen an ein und demselben Regelungsobjekt“ empfunden wird[441]. Eine starre Auflagenlösung bedeutet damit (zur vermutlichen Freude von Regulierungsenthusiasten) noch keineswegs das Ende der Fahnenstange, sondern stellt lediglich den zur Sicherung etwa der ökologischen Nachhaltigkeit notwendigen Ausgangspunkt dar. Die Rechtfertigung für den über die Auflage hinausgehenden Eingriff wird dabei gerade auch in den Mängeln der Auflagenlösungen gesehen, die analog zur „alten“ Instrumentendiskussion den Regulierungsempfängern zu wenige Anpassungsalternativen ermöglichten und insbesondere keinen ständigen Anreiz zur Umweltqualitätssteigerung bzw. zur ökologischen Innovationstätigkeit böten[442]; die „Schwächen“ des einen Eingriffs sollen dementsprechend durch die „Stärken“ einer weiteren Intervention ausgeglichen werden[443]. Was ist aber, wenn auch danach noch „Schwächen“ (durch Politikträger bzw. auch Ökologen) festgestellt werden? Darf's noch ein - natürlich „marktwirtschaftlicher“ - Eingriff mehr sein? Die Interventionslogik der „gemischt-instrumentellen“ Strategie hat prinzipiell nichts dagegen[444].

Unabhängig von der Interventionslogik, die sich aus der Implementierung einer „gemischt-instrumentellen“ Strategie ergeben kann, sind deren Grundaussagen m.E. jedoch nicht ganz unproblematisch.

---

440 GAWEL, Erik, Die mischinstrumentelle Strategie..., a.a.O., S. 276; vgl. auch EWRINGMANN, Dieter und Karl-Heinrich HANSMEYER, Der Stand der Diskussion..., a.a.O., S. 91

441 für GAWEL, der die theoretischen Grundlagen der „gemischt-instrumentellen“ Strategie wohl mit am intensivsten bearbeitet hat, „zerfällt (der Mischstrategieraum)...gedanklich in drei disjunkte Unterräume: neben regulativ-anreizende Verbundmuster treten Instrumentbündel, welche eine Kombination ausschließlich nicht-anreizender...bzw. ausschließlich marktlicher Instrumente vorsehen“ (GAWEL, Erik, Die mischinstrumentelle Strategie..., a.a.O., S. 271); letztere Kombination hält er jedoch für irrelevant, gerade weil dabei auf die Auflagenkomponente verzichtet wird (vgl. ebenda, S. 272)

442 vgl. ebenda, S. 276; und SCHWARZE, Reimund, Haftungsrecht..., a.a.O., S. 307

443 zu diesen „Schwächen“ einer Auflagenlösung zählt nach Angaben der Vertreter einer „gemischt-instrumentellen“ Strategie auch, daß eine Politik, die lediglich das Einhalten oder die Ausführung der Auflage intendiert, den steigenden ökologischen Erfordernissen nicht gerecht würde; gerade deshalb sei ja die „gemischt-instrumentelle“ Strategie eine grundsätzlich neue Lösung gegenüber etwa den hinlänglich bekannten Kompensationslösungen wie Bubble, Offset, Banking oder Netting (vgl. EWRINGMANN, Dieter und Karl-Heinrich HANSMEYER, Der Stand der Diskussion..., a.a.O., S. 90 f.); damit wird wiederum deutlich, daß die „gemischt-instrumetelle“ Strategie auf eine stärkere Ökologisierung abzielt; es deutet sich aber auch das Problem von relativ willkürlichen Annahmen an (denn warum sollte keine Verschärfung im Rahmen von Kompensationslösungen möglich sein), um die Originalität und Überlegenheit der „gemischt-instrumentellen“ Strategie behaupten zu können

444 verständlicherweise wird diese Interventionslogik von den Vertretern der „gemischt-instrumentellen“ Strategie nicht so extrem formuliert, auch wenn sie sich m.E. aus ihren grundsätzlichen Aussagen ohne weitere Schwierigkeiten ableiten läßt

So können erstens - wie die Instrumentendiskussion in Abschnitt II.2. gezeigt hat - die Vor- und Nachteile einzelner stilisierter Instrumententypen nicht uneingeschränkt unterstellt werden, was aber notwendig ist, wenn man im Rahmen einer Diskussion von Kombinationen solcher stilisierter Instrumententypen zu eindeutigen Ergebnissen gelangen will; anderenfalls läuft man Gefahr, nach der ganzen mühevollen Arbeit nicht viel schlauer zu sein als vorher. Und dies gilt natürlich auch dann, wenn man zu dem von Vertretern der „gemischt-instrumentellen" Strategie besonders hervorgehobenen Ergebnis gelangt, daß Einzelinstrumente im Rahmen einer Kombination andere Effizienzeigenschaften aufweisen als unabhängig von einer Kombination[445]. Die „gemischt-instrumentelle" Strategie hat daher in der Theorie letztlich mit denselben Schwierigkeiten wie die Einzelanalyse zu kämpfen.

Und zweitens ergeben sich letztlich auch die tendenziell gleichen Umsetzungsprobleme, die deswegen hier ebenfalls nicht nochmals aufgerollt werden müssen (vgl. u.a. die im vorangehenden Abschnitt angestellten Überlegungen zum Problem des „konkreten Einzelfalls").

Ohne die „gemischt-instrumentelle" Strategie hier weiterhin umfassend würdigen zu können kann m.E. insgesamt festgehalten werden, daß dieser Ansatz zwar einerseits den praktischen Horizont der aus der Theorie der öffentlichen meritorischen Umweltgüter oder dem Ansatz nach COASE folgenden Umweltpolitik nicht substantiell zu erweitern vermag (womit die Qualität der diesbezüglich unternommenen theoretischen Analysen für sich genommen nicht bezweifelt werden soll), aber andererseits eine mögliche Interventionslogik offenlegt, der sich eine praktische Umweltpolitik, die auf den beiden genannten Theorien aufbaut (insbesondere auf der Theorie der öffentlichen meritorischen Umweltgüter), vielleicht kaum entziehen kann.

Während die „gemischt-instrumentelle" Strategie sichtbar aus der Theorie der öffentlichen meritorischen Umweltgüter abgeleitet erscheint, wenn sie auch insbesondere wegen der Ausprägung im Sinne der Umweltqualitätsmaximierung, der Betonung ökologischer Innovationen und der Ausrichtung auf eine „ökologische Gesamtpolitik" durchaus mit dem neoinstitutionalistischen Ansatz nach COASE kompatibel ist, knüpfen die Vorschläge für eine ökologische Steuerreform stärker an die Aussagen des COASE'schen Ansatzes an. Der Zusammenhang wurde bereits in Abschnitt II.2.3. zu begründen versucht, so daß im folgenden nurmehr der grundlegende Ansatz einer ökologischen Steuerreform selbst kurz angesprochen werden soll.

---

[445] vgl. etwa GAWEL, Erik, Umweltpolitik..., a.a.O., S. 179; mir leuchtet es deshalb auch nicht ein, warum EWRINGMANN/HANSMEYER einerseits den Rückgriff auf die Ergebnisse einer Einzelanalyse verwerfen, andererseits aber den nur auf solchen Ergebnissen aufbauen könnenden Kombinationsanalysen uneingeschränktes Vertrauen entgegenbringen (vgl. EWRINGMANN, Dieter und Karl-Heinrich HANSMEYER, Der Stand der Diskussion..., aa.O., S. 91 f.)

Dieser besteht im wesentlichen aus zwei Komponenten[446], nämlich erstens aus einer Verlagerung der steuerlichen Belastung weg von der ausziselierten, für ganz spezielle Emissionen formulierten Sonderabgabe hin zu einer ökologischen Reform des gesamten Steuersystems (also im Sinne einer Ausrichtung auf eine „ökologische Gesamtpolitik"), was durch die steuerliche Belastung etwa des Energieverbrauchs generell (konkretisiert z.B. durch eine Mineralölsteuer, Stromverbrauchssteuer etc.) erreicht werden soll. Zweitens soll diese Umgestaltung des Steuersystems durch eine möglichst aufkommensneutrale Senkung anderer bestehender Steuern oder Beiträge kompensiert werden („etwa Einkommenssteuer, Umsatzsteuer, Beiträge zur Sozialversicherung"[447]). Zusammengenommen „(besteht) (d)er Grundgedanke einer ökologischen Steuerreform...darin, die Lenkungsfunktion von Umweltabgaben und die Finanzierungsfunktion von Steuern miteinander zu verbinden"[448].

Der Hauptvorteil einer ökologischen Steuerreform besteht nach Ansicht ihrer Befürworter[449] in der sog. doppelten Dividende („double dividend"-Hypothese), die darin bestehen soll, daß aus wohlfahrtstheoretischer Sicht einerseits die Erhebung von Ökosteuern eine Bewegung hin zu einer pareto-optimalen Situation mit sich bringt (also eine Effizienzsteigerung), während die kompensierende Senkung anderer Steuern eine Reduzierung der „excess burden"[450] impliziert, was ebenfalls eine Wohlfahrtsteigerung bedeutet.

Neben den Vorteilen, die den Abgabenlösungen gegenüber Auflagen in der (stilisierenden) Instrumentendiskussion häufig zugeschrieben werden (auf die Problematik wurde oben mehrmals bezug genommen), wird ein weiterer Vorteil in der Möglichkeit gesehen, über eine die Ökosteuern kompensierende Senkung der Einkommenssteuern und/oder insbesondere der Sozialversicherungsbeiträge den Faktor Arbeit zu entlasten, und damit einen Beitrag zur Verminderung der Arbeitslosig-

---

[446] vgl. dazu STIGLBAUER, Alfred M., Emissionen, Treibhauseffekt und Umweltzustand: Ökologische Steuerpolitik, in: BARTEL, Rainer und Franz HACKL (Hrsg.), Einführung..., a.a.O., S. 168; FEESS, Eberhard, Umweltökonomie..., a.a.O., S. 65 ff.; DEUTSCHES INSTITUT FÜR WIRTSCHAFTSFORSCHUNG, Ökologische Steuerreform auch im nationalen Alleingang!, in: DIW Wochenbericht, 1994, S. 395 ff.

[447] STIGLBAUER, Alfred M., Emissionen..., a.a.O., S. 168

[448] FEESS, Eberhard, Umweltökonomie..., a.a.O., S. 66

[449] die Vorschläge für eine ökologische Steuerreform werden von Vertretern verschiedener politischer Richtungen, wissenschaftlicher Provenienz und z.T. auch eher zu populärwissenschaftlichen Zwecken (man denke etwa an die bekannten Arbeiten von Ernst Ulrich von WEIZSÄCKER) eingebracht und unterscheiden sich daher besonders im Hinblick auf die konkreten Ausgestaltungsformen; nichtsdestoweniger sind ihnen die hier allein interessierenen Grundgedanken gemeinsam; vgl. für einen Überblick z.B. BENKERT, Wolfgang, Jürgen BUNDE und Bernd HANSJÜRGENS, Umweltpolitik mit Öko-Steuern? Ökologische und finanzpolitische Bedingungen für neue Umweltabgaben, Marburg, 1990

[450] geht man davon aus, daß eine Situation ohne Steuern allokationseffizient ist, dann bringt eine Steuererhebung neben der primären Steuerbelastung selbst (Verteilungswirkung) eine zusätzliche Belastung der Volkswirtschaft durch die entstehende Allokationsverzerrung mit sich, welche als „excess burden" bezeichnet wird (vgl. auch FEESS, Eberhard, Umweltökonomie..., a.a.O., S. 66)

keit zu leisten; im Grunde handelt es sich dabei natürlich um einen Spezialfall der „doppelten Dividende“[451].

Sowohl der grundsätzliche Ansatz einer ökologischen Steuerreform als auch die damit in Zusammenhang gebrachten Vorteile sind jedoch in verschiedener Hinsicht zu relativieren.

So wird erstens vor allem von finanzwissenchaftlicher Seite geltend gemacht, daß die postulierte Verknüpfung von Finanzierungs- und Lenkungsfunktion zu einem geradezu unlösbaren Konflikt führe: „Steuern, die im Entwicklungsverlauf ihre fiskalische Relevanz behalten, also in etwa proportional zum Volkseinkommenswachstum mitwachsen wollen, sind auf ein entsprechendes Wachstum ihrer Bemessungsgrundlagen angewiesen. Steuern, die demgegenüber umweltpolitische Lenkungseffekte verwirklichen sollen, müssen das Wachstum ihrer Bemessungsgrundlagen zu kappen versuchen...Dieser fundamentale Konflikt...läßt sich auch durch ein ständiges Drehen an der Steuerschraube nicht lösen. Jede Erhöhung des Steuersatzes wird tendenziell zu einer weiteren Vernichtung von Teilen der Bemessungsgrundlage führen“[452]. Letztendlich bedeutet dies, daß die angestrebte Aufkommensneutralität nur schwer durchzuhalten sein dürfte, wobei sich eine tendenzielle Wiederanhebung der vorher abgesenkten Steuern und Beiträge langfristig wohl kaum vermeiden ließe.

Bezüglich der Aufkommensneutralität wird zweitens darauf hingewiesen, daß diese einerseits keineswegs eine Konstanz etwa der Staatsquote garantiere (das propagierte Ziel der ökologischen Steuerreformer ist es aber gerade auch, die Wirtschaft nicht stärker als bisher zu belasten), und daß andererseits sich „Aufkommensneutralität faktisch gar nicht bestimmen“ ließe, weil die Einflüsse von Ökosteuern auf die Entwicklungen anderer Steueraufkommen und der weiteren makroökonomischen Größen nicht exakt isolierbar seien[453]. Diese (m.E. kaum widerlegbaren) Argumente deuten besonders die Gefahr an, daß die Rede von der „Aufkommensneutraliät“ letztlich möglicherweise nur als Beruhigungsformel zur Beschwichtigung der steuerzahlenden Wähler eingesetzt wird.

Ein drittes Problem ökologischer Steuerreformen - welches auch von deren Befürwortern durchaus gesehen wird[454] - bildet die bestehende Verteilungsfrage, die sich aus der Ersetzung progressiv wirkender Steuerarten durch tendenziell regressiv wirkende Ökosteuern ergibt. Eine Lösung dieses

---

451 vgl. ebenda, S. 67 und STIGLBAUER, Alfred M., Emissionen..., a.a.O., S. 172

452 EWRINGMANN, Dieter und Karl Heinrich HANSMEYER, Der Stand der Diskussion..., a.a.O., S. 90; vgl. auch BLÖCHLIGER, Hansjörg und Elke STAEHELIN-WITT, „Ökologische Steuerreform“: Die Konfliktträchtige Verknüpfung von Umwelt- und Fiskalpolitik, in: Steuerliche Vierteljahresschrift, 1993, S. 371

453 vgl. EWRINGMANN, Dieter, Ökologische Steuerreform?, in: Zeitschrift für Umweltpolitik und Umweltrecht, 1994, S. 47 f.

454 vgl. z.B. FEESS, Eberhard, Umweltökonomie..., a.a.O., S. 67 f.; MAUCH, S. P., R. ITEN, E.U. von WEIZSÄCKER und J. JESSINGHAUS, Ökologische Steuerreform - Europäische Ebene und Fallbei-

Konfliktes wird von den Steuerreformern u.a. in einer verstärkteren Progressivität des verbleibenden Einkommenssteuersystems oder in zusätzlichen Umverteilungsmaßnahmen[455] gesehen, wobei allerdings die erstere Maßnahme um so eher an politische Grenzen stoßen dürfte, je größer das Ausmaß der Ökobesteuerung ausfällt[456]; hinsichtlich der zusätzlichen Umverteilungsmaßnahmen bleibt hingegen offen, inwieweit diese unter Beachtung von Aufkommensneutralität bewerkstelligt werden können (dies dürfte kaum möglich sein)[457].

Weiterhin weist FEESS viertens darauf hin, daß zumal beim Übergang vom Bestimmungslandprinzip zum Ursprungslandprinzip im Rahmen der Europäischen Union eine ökologische Steuerreform einen zusätzlichen Harmonisierungsbedarf mit sich bringen würde, wenn Preisverzerrungen im Außenhandel vermieden werden sollen[458].

Obwohl die genannten Argumente m.E. jeweils für sich genommen durchaus Validität beanspruchen können, müssen jedoch zumindest zwei Aspekte einschränkend berücksichtigt werden.

Zum einen hängen die oben genannten Relativierungen[459] einer ökologischen Steuerreform in nicht zu unterschätzendem Ausmaß von den absoluten Größenordnungen ab, um die dort gerungen wird. So „würde lediglich eine CO_2- bzw. Energieabgabe mit einem geschätzten Aufkommen von ca. 40 - 160 Milliarden DM pro Jahr einen signifikanten Beitrag zum Staatshaushalt ergringen. Alle anderen zur Zeit in der Bundesrepublik diskutierten Umweltabgaben würden zusammen genommen bei realistischer Einschätzung nur einen Anteil von nicht mehr als ca. 5 % zu den gesamten Steuereinnahmen beitragen“ (letztere werden mit „ca 760 Milliarden DM“ angesetzt)[460]. Und gerade bei Energie- oder ähnlich weit gefaßten Steuern (etwa auf Land- oder Wasserverbrauch) ist mit einem relativ gut prognostizierbaren Aufkommen zu rechnen, das im Zeitablauf auch kaum gänzlich schwinden kann, weil es sich dabei um tendenziell lebensnotwendige Verbräuche handelt[461]. Der Konflikt zwischen

---

spiel Schweiz, Zürich, 1992, S. 63

455 vgl. ebenda

456 vgl. FEESS, Eberhard, Umweltökonomie..., a.a.O., S. 68

457 vgl. EWRINGMANN, Dieter, Ökologische Steuerreform?, a.a.O., S. 49; STIGLBAUER befürwortet daher (etwas versteckt aber nichtsdestoweniger) explizit auch die regressiven Verteilungswirkungen, da es „(e)ine Energiesteuer mit Lenkungswirkung, die niemandem ‘weh tut’,...nicht geben(kann)“ (STIGLBAUER, Alfred M., Emissionen..., a.a.O., S. 181); auch von Gewerkschaftsseite werden regressive Verteilungswirkungen prinzipiell akzeptiert, vgl. TOFAUTE, Hartmut, Das Steuersystem aus Umweltgründen reformieren oder völlig umgestalten?, in: WSI Mitteilungen, 1994, S. 780; ergänzend sei hier noch angefügt, daß es neben diesem klassischen Verteilungsproblem auch noch die Schwierigkeiten der Verteilung des Steueraufkommens zwischen den föderalen Gebietskörperschaften gibt; m.E. stellen diese u.U. politisch bedeutsamen Probleme jedoch nicht ein spezielles Problem von Ökosteuern dar und bleiben deshalb hier unberücksichtigt

458 vgl. FEESS, Eberhard, Umweltökonomie..., S. 68

459 keines der genannten Argumente stellt die grundsätzliche Relevanz der „double dividend“-Hypothese in Frage

460 MICHAELIS, Peter, Ökonomische Instrumente..., a.a.O., S. 148

461 vgl. dazu auch STIGLBAUER, Alfred M., Emissionen..., a.a.O., S. 170

Lenkungs- und Finanzierungsfunktion mag daher wohl vorhanden sein, darf aber auch nicht überbetont werden. Auch für die übrigen der oben genannten Probleme darf dieser Zusammenhang nicht vernachlässigt werden.
Allerdings gilt umgekehrt, daß bei entsprechender Relativierung der zu erwartenden größenmäßigen Effekte auch die optimistischen Erwartungen hinsichtlich möglicher positiver Beschäftigungseffekte zurückgeschraubt werden müssen. Die Beschäftigungseffekte sind auch insoweit mit äußerster Vorsicht zu beurteilen, als die Arbeitskosten ja nicht die einzigen Beschäftigungsdeterminanten sind, weshalb gerade auch bei nur geringen Senkungen etwa der Sozialbeiträge keineswegs mit einer Verbesserung der Arbeitsmarktsituation zwingend gerechnet werden kann.
Eine zweite Relativierung der Argumente gegen eine ökologische Steuerreform ergibt sich daraus, daß die genannten Schwierigkeiten mit den Problemen verglichen werden müssen, die aus der Anwendung anderer umweltpolitischer Strategien auf der Grundlage der genannten umweltökonomischen Theorien folgen. Hierbei ist zunächst an die regressiven Verteilungswirkungen der Steuerreform zu denken. Zieht man das oben in Abschitt II.2.5. zu den generellen Verteilungswirkungen Gesagte heran, dann ist m.E. die Frage, ob etwa die zusätzlich zu dem bestehenden Steuerssystem eingeführten Auflagen- oder Zertifikatelösungen nicht vielleicht regressiver wirken, als eine Verlagerung im Sinne aufkommensneutraler Ökosteuern, nicht eben einfach zu beantworten und setzt überdies voraus, daß die progressiv gestalteten Bereiche des bestehenden Steuerssystems tatsächlich (unter Berücksichtigung von Sekundäreffekten, aber auch schon bezüglich der tatsächlichen Steuerbemessunggrundlage) progressive Wirkungen entfalten.
In diesem Zusammenhang muß m.E. auch bedacht werden, ob nicht die oben formulierte Schwierigkeit der Aufrechterhaltung von Aufkommensneutralität in die Frage umformuliert werden muß, welches von verschiedenen Instrumenten am aufkommensneutralsten eingeschätzt werden kann. Diesbezüglich könnte sich durchaus eine ökologische Steuerreform als überlegen erweisen. Mutatis mutandis gilt das nämliche auch bezüglich der als problematisch angesehenen vermutlich unvermeidlichen Erhöhung der Staatsquote im Rahmen einer ökologischen Steuerreform.
Wer dem bisherigen Gegankengang zur ökologischen Steuereform gefolgt ist, dem dürfte nicht entgangen sein, daß bei Kritik und Gegenkritik bisher die Geltung der „double dividend“-Hypothese außer Acht gelassen wurde. In der Tat scheint mir aber darin das Hauptproblem einer ökologischen Steuerreform zu liegen.
So kann man die genannten Gegenkritiken der Größenordnungsfrage und des Instrumentenvergleichs auch auf die grundlegende „double dividend“-Hypothese selbst beziehen. Dabei ist zunächst klar, daß eine doppelte Dividende umso weniger sicher behauptet werden kann, je stärker second-

best-Probleme in Betracht gezogen werden müssen[462]; cum grano salis wird man sagen können, daß von einer „double dividend“ nur bei hinreichend großem Umschichtungsvolumen ausgegangen werden darf (zumindest wenn eine Fülle gegenläufiger second-best-Probleme angenommen wird)[463]. Weiterhin gilt aber auch wiederum, daß im Vergleich mit anderen umweltpolitischen Strategien die Wahrscheinlichkeit der Reduzierung von „excess burden“ bei einer ökologischen Steuerreform größer ist, was bei gleicher ökologischer Dividende für eine solche Reform spricht[464].

Neben diesen relativierenden Einwendungen kann man m.E. aber die „double dividend“-Hypothese (in ihrer obigen Formulierung![465]) auch ganz grundsätzlich anzweifeln. Denn - und dies ist eine der zentralen theorieunterscheidenden Aussagen im ersten Teil der vorliegenden Studie - offenbar werden bei Unterstellung der Hypothese zwei inkommensurable Optimalsituationen verglichen, wenn die Bewegung von einer aus Sicht der umweltökonomischen Theorie externer Effekte suboptimalen Situation zu einer aus Sicht der Theorie der öffentlichen meritorischen Umweltgüter optimalen Situation betrachtet wird; die postulierte Ausgangssituation ist m.E. logisch unsauber[466]. Nach der in der Literatur haupsächlich zu findenen Fassung läßt sich daher weder die erste (vgl. die vorangehende Relativierung) noch die zweite Dividende[467] aus einer ökologischen Steuereform so ohne weiteres herleiten.

Angesichts der vorstehenden Überlegungen ist es aber trotzdem (zumal das letztgenannte Argument in der Diskussion nicht präsent zu sein scheint) insgesamt nicht unverständlich, daß mittlerweile bei der Diskussion um eine ökologische Steuerreform weniger diametral gegensätzliche Positionen aufeinandertreffen, sondern eher auf wissenschaftlicher Ebene gemeinsam um Verbesserungen gerun-

---

462 dies weisen u.a. nach GOTTFRIED, Peter und Wolfgang WIEGARD, Wunderwaffe Ökosteuern?, in: WiSt, 1995, S. 500 ff.; sie diskutieren auch das in diesem Fall wichtige Problem der Quantifizierung vor allem der „excess burden“, auf das oben nicht weiter eingegangen wird

463 vgl. dazu MISHAN, Ezra J., Second Thoughts..., a.a.O.

464 vgl. wiederum GOTTFRIED, Peter und Wolfgang WIEGARD, Wuderwaffe Ökosteuern?, a.a.O.

465 man kann die „double dividend“-Hypothese auch vollständig im Rahmen der Theorie externer Effekte beschreiben; wird sie dagegen vor allem im Hinblick auf die Theorie der öffentlichen meritorischen Umweltgüter konzipiert (und dies ist m.E. die Regel), dann ergeben sich bereits dadurch theorieimmanente Schwierigkeiten, daß die nicht-Ökosteuern nicht mehr ohne weiteres als suboptimal ausgewiesen werden können; zur traditionellen Konzeption auf der Basis der Theorie der öffentlichen meritorischen Umweltgüter vgl. z.B. auch RICHTER, Wolfgang, Wandel im Leitbild von Ökosteuern: Vom Standard-Preis-Ansatz zur Makroneutralität, in: Zeitschrift für angewandte Umweltforschung, 1995, S. 207 ff. (der Ansatz von RICHTER selbst kann hier nicht mehr hinreichend gewürdigt werden)

466 der Zusammenhang wurde im Verlauf der vorliegenden Arbeit ausführlich zu begründen versucht und hier deshalb nicht nochmals ausgebreitet

467 wie weiter oben bereits indirekt angegeben wird unter der „ersten Dividende“ i.d.R. die Umweltqualitätsverbesserung, unter der „zweiten Dividende“ die Reduzierung der „excess burden“ verstanden; vgl. zur Begriffsbestimmung auch GOTTFRIED, Peter und Wolfgang WIEGARD, Wunderwaffe Ökosteuern?, a.a.O., S. 501

gen wird[468], während unter Umweltpolitikern verschiedenster ideologischer Provenienz kaum noch von Dissens, weit eher von einem breiten Konsens gesprochen werden kann[469].

Betrachtet man die beiden Perspektiven der „gemischt-instrumentellen" Strategie und der ökologischen Steuerreform gemeinsam auf der Grundlage des Ansatzes nach COASE, der Theorie der öffentlichen meritorischen Umweltgüter und der Theorie externer Effekte, dann kann der gegenwärtigen Tendenz der bundesdeutschen Umweltpolitik, das eine zu tun (ökologische Steuereform), aber das andere dabei nicht zu lassen (Kombination mit Auflagenpolitik), eine gewisse Konsequenz kaum abgesprochen werden. Die mit dem Etikett „marktwirtschaftlich" versehene Abgabenlösung, die Orientierung hin auf eine als notwendig angesehene Ökologisierung unter Berücksichtigung einer nach oben offenen Anzahl zukünftiger Generationen und nicht zuletzt auch die wechselseitig in beiden Strategien enthaltenen Schwierigkeiten, die sie nolens volens einander annähern, führen zu umweltpolitischen Folgen, die den „Stand der Diskussion bei den marktsteuernden Instrumenten der Umweltpolitik"[470] m.E. durchaus widerspiegeln.

Eingangs von Teil II der vorliegenden Untersuchung wurde der Versuch formuliert, den deprimierenden Schlußfolgerungen des überwiegenden Teiles der umweltökonomische Literatur im Hinblick auf die Umweltpolitik zu entkommen. Jetzt muß dazu resümiert werden, daß dies kaum als gelungen bezeichnet werden kann. Der eingangs von Teil II zitierten Aussage von ENDRES[471] kann hier immer noch die Schlußfolgerung von BINSWANGER, BONUS und TIMMERMANN zugesellt werden, daß in „der wohldosierten Mischung der 'reinen Strategien'...die Kunst der praktischen Politik"[472] liege. Vielleicht ist es etwas klarer geworden, warum dieses unbefriedigende Ergebnis zustande kommt und warum sich daran auch kaum etwas ändern dürfte. Von ökonomischen Theori-

[468] vgl. z.B. die nach aller Kritik letztendlich auf Vermittlung angelegte Arbeit von EWRINGMANN, Dieter, Ökologische Steuerreform?, a.a.O., besonders S. 52 ff.; die eher offenbleibende Diskussion bei MICHAELIS, Peter, Ökonomische Instrumente..., a.a.O., S. 147 ff.; oder die vorsichtig befürwortende Position von FEESS, Eberhard, Umweltökonomie..., a.a.O., S. 65 ff., der zu dem Ergebnis gelangt: „Eine ökologische Steuerreform sollte daher langsam, aber sicher vorangetrieben werden - mit der Betonung auf 'sicher', nicht auf 'langsam'" (ebenda, S. 69); für eine umfangreiche Sichtung der Möglichkeiten des „wie" einer ökologischen Steuerreform vgl. vor allem auch SPRENGER, Rolf-Ulrich, Josef KÖRNER, Elisabeth PASKUY und Johann WACKERBAUER, Das deutsche Steuer- und Abgabensystem aus umweltpolitischer Sicht - eine Analyse seiner ökologischen Wirkungen sowie der Möglichkeiten und Grenzen seiner stärkeren ökologischen Ausrichtung, München, 1994

[469] für die Position der Bundestagsparteien vgl. z.B. HECK, Volker und Hans-Wilhelm SCHIFFER, Neue Energie-/Ökosteuern als Patentrezept für den Standort Deutschland?, in: Wirtschaftsdienst, 1995, S. 622 ff.

[470] zum Begriff „marktsteuernd" vgl. oben, FN 447

[471] „eine vernünftige Umweltpolitik (möge) ein Portefeuille verschiedener, wohl aufeinander abgestimmter Instrumente einsetzen" (ENDRES, Alfred, Umweltökonomie, a.a.O., S. 177)

[472] entnommen bei EWRINGMANN, Dieter und Karl Heinrich HANSMEYER, Der Stand der Diskussion..., a.a.O., S. 91, die mit dem statement auch nicht zufrieden sind, aber m.E. (wie zu zeigen versucht wurde) kaum zu eindeutigeren Aussagen gelangen

en, die mit dem hehren Anspruch auszogen, die umweltpolitische Diskussion zu rationalisieren und der Marktwirtschaft zu ihrem Recht in der Umweltpolitik zu verhelfen, hätte man sich vielleicht klarere Fingerzeige erwartet.
Immerhin läßt sich auf der Grundlage der diskutierten Theorien den bundesdeutschen Umweltpolitikern eine Erfolgsbescheinigung kaum verweigern; der aus den beiden Ansätzen abzuleitenden Interventionslogik wurde bisher einigermaßen gefolgt, und auch zukünftig scheint „die Richtung zu stimmen".

TEIL III DIE OFFENE FRAGE NACH DER MARKTWIRTSCHAFTLICHKEIT

Wenn im folgenden einige Überlegungen zur Frage der Marktwirtschaftlichkeit der drei in der vorliegenden Studie unterschiedenen umweltökonomischen Ansätze angestellt werden, dann stellt sich angesichts der Tatsache, daß nicht wenige der Besten des Faches im Verlauf der letzten Jahrhunderte quasi ihr Lebenswerk den Grundproblemen marktwirtschaftlichen Denkens gewidmet haben, die Frage der Beschränkung eigentlich von selbst. Daher ist zu Sinn und Zweck dieses letzten Abschnitts folgendes anzumerken:
Erstens geht es nicht darum, auf die Frage nach der Marktwirtschaftlichkeit der drei hier auseinandergehaltenen umweltökonomischen Theorien eine allseits befriedigende Antwort zu liefern; vielmehr soll versucht werden, einige Hinweise auf die Richtung(en) zu finden, in denen mögliche Antworten gesucht werden können.
Zweitens ist aber bereits diese Zielsetzung im Grunde insoweit höchst anmaßend, weil sie davon ausgehen muß, daß die Umweltökonomik bzw. die ökonomische Theorie allgemein darauf trotz der Anstrengungen mehrerer Generationen bisher keine befriedigende Antwort gefunden hat; ansonsten könnte ich mich darauf konzentrieren, die verschiedenen eindeutigen Antworten nebeneinanderzustellen und die „wissenschaftlich korrekte" Antwort zu selektieren. Allein zeigt ein flüchtiger Blick in die Literatur, daß man sich „wissenschaftlich korrekter" Antworten heute vielleicht weniger gewiß ist als je zuvor.
Daher schiene mir drittens aus der lediglichen Aneinanderreihung und Abwägung verschiedener Positionen wenig gewonnen, zumal diese in dem beschränkten Rahmen der vorliegenden Arbeit nicht einmal ansatzweise befriedigend gelingen könnte[473].

---

[473] die Problematik der Herleitung allein dreier verschiedener umweltökonomischer Ansätze, wie sie in den

Da m.E. nun einerseits die Repetition vorliegender Ansichten aufgrund des unbefriedigenden Verhältnisses von umfangmäßiger Leistung zu erzielbarem Output im Rahmen dieser Arbeit weder leistbar noch überhaupt gerechtfertigt, andererseits aber die Frage nach der Marktwirtschaftlichkeit angesichts des in der vorliegenden Untersuchung bisher erzielten Ergebnisses mehr als überprüfenswert erscheint, soll im folgenden versucht werden, unter bewußter Inkaufnahme der damit zusammenhängenden Unvollkommenheiten die Frage nach der Marktwirtschaftlichkeit als vor allem „offene" Frage in den Blick zu bekommen.

1. Die Frage nach der marktwirtschaftlichen Ordnung

Vergleicht man die beiden letzten Überschriften, dann könnte man sich fragen, warum die Frage nach der „Marktwirtschaftlichkeit" eigentlich die Frage nach der „marktwirtschaftlichen Ordnung" mit sich bringt; warum beinhaltet die Frage nach der „Marktwirtschaftlichkeit" eigentlich eine Ordnungsfrage?

M.E. ist das deswegen der Fall, weil die Ordnungsfrage, also die Frage „Wie ist soziale Ordnung möglich?", mit den Anfängen marktwirtschaftlichen Denkens, mit den Anfängen der „politische Ökonomie", auf das engste verknüpft ist; die Ordnungsfrage ergab sich zwangsläufig neu mit dem durch die Aufklärung beschleunigten Abwurf religiös bzw. metaphysisch untermauerter Weltdeutungsmuster, wie sie seit der Antike und durch das Mittelalter hindurch vor allem mittels des klassischen Naturrechts auf die Ordnung des politischen Lebens prägend gewirkt hatten[474].

Eine Antwort auf die so entstandene Ordnungsfrage hat HOBBES formuliert: Unabhängig von den metaphysisch legitimierten Banden der Religion, des Rechts, der Politik und der Moral, also in der Freiheit des sog. „Naturzustandes", sozusagen nur frei, seien die Menschen nicht in der Lage, ein friedliches und gerechtes Zusammenleben zu führen; im Gegenteil herrsche im Naturzustand das Prinzip des „Krieges aller gegen alle". „Um aber eine allgemeine Macht zu gründen, unter deren Schutz gegen auswärtige und innere Feinde die Menschen bei dem ruhigen Genuß der Früchte ihres Fleißes und der Erde ihren Unterhalt finden können, ist der einzig mögliche Weg hierzu der, daß jedweder alle seine Macht oder Kraft einem oder mehreren Menschen übertrage, wodurch der Wil-

---

beiden vorangehenden Teilen angestrebt wurde, deutet schon die Komplexität eines solchen Unterfangens an

474 vgl. auch WAGNER, Gerhard und Heinz ZIPPRIAN, Wie ist soziale Ordnung möglich?, in: Archiv für Rechts- und Sozialphilosophie, 1989, S. 490

len aller gleichsam in einem Punkt vereinigt wird. So entsteht der große Leviathan...der sterbliche Gott"[475].

Die Bedeutung von HOBBES' Staatstheorie, die zu seiner Zeit und auch späterhin immer wieder als Rechtfertigungslehre des totalitären Staates diente, liegt für den hier interessierenden Zusammenhang darin, daß auf diese Weise zunächst auf einer konsequent individualistischen (und vor allem subjektivistischen) Grundlage und lediglich unter Rückgriff auf den von einer metaphysischen Legitimation des Rechts, der Politik und der Moral „befreiten" „Naturzustand" eine soziale Ordnung mit dem Staat als bloßer Zweckeinrichtung begründet wurde; auch moderne Vertragstheorien knüpfen darin zumindest teilweise an die HOBBES'schen Gedanken an.

Die HOBBES'sche Lösung der Ordnungsfrage warf allerdings insbesondere zwei Probleme auf, die wohl auch heute noch unterschwellig in den theoretischen Diskussionen mitschwingen. Zum einen mußte man sich mit der von HOBBES nicht gelösten Frage herumschlagen, wie es Menschen, die „dem Menschen Wölfe" sein sollen, freiwillig zuwege bringen, den Leviathan per einträchtiger Übereinkunft zu inaugurieren. Zum anderen stellte sich die Frage nach den Grenzen des Leviathan. Die erste Frage wurde, platt formuliert, u.a. mit der Annahme ausgehebelt, die Menschen qua Individuen seien gar nicht so schlecht, wie HOBBES sie darstellte[476], sondern hätten bereits auch im „Naturzustand" bestimmte unveräußerliche Eigenschaften, die sie letztlich zur einvernehmlichen Staatsbildung befähigten. Im Zusammenhang mit diesen Eigenschaften, vielleicht diese in gewisser Weise begründend, verfüge jeder Mensch als Mensch auch über bestimmte natürliche, unveräußerliche Rechte[477]; diese Rechte konkretisierten sich etwa ein Jahrhundern nach HOBBES als „Menschenrechte".

Unter dieser Voraussetzung ließ sich die Rechtfertigung des absoluten Staates, wie man ihn den HOBBES'schen Schriften entnehmen konnte, nicht mehr aufrechterhalten; vielmehr machte man sich (im Zuge der Aufklärung) auch theoretisch verstärkt um die Rechtfertigung des Ausmaßes staatlichen Eingreifens Gedanken, wobei der Staat selbst allerdings auf der vertragstheoretischen Grundlage weiterhin gerechtfertigt erschien, zumal die unveräußerlichen Rechte geschützt werden mußten[478]. Die Frage nach den Grenzen des Staates prägte insbesondere die „liberalen" Vertrag-

---

[475] HOBBES, Thomas, Leviathan, oder von Materie, Form und Gewalt des kirchlichen und bürgerlichen Staates, Leipzig, 1936, S. 201 (hier zit. nach: ESCHENBURG, Theodor, Staat und Gesellschaft in Deutschland, Stuttgart, 1960[4], S. 66 f.)

[476] offenbar war das pessimistische Menschenbild des HOBBES nicht zuletzt durch die zu seiner Zeit häufig bürgerkriegsähnlichen Zustände im Gefolge der Glaubensspaltung in Europa geprägt(vgl. ESCHENBURG, ebenda)

[477] diese Wendung markiert den Beginn des sog. modernen Naturrechts, als dessen erster bedeutender Vetreter LOCKE angesehen werden kann

[478] auf ROUSSEAU wird hier deswegen nicht weiter eingegangen, weil er eigentlich eher am Beginn einer

stheorien, die ab ca. Ende des 17. Jahrhunderts u.a. von LOCKE, MONTESQUIEU, KANT oder HUMBOLDT mitentwickelt wurden und sich z.B. über John Stuart MILL bis heute auswirken, wobei sich die genannten Denker allerdings hinsichtlich des befürworteten Ausmaßes der Staatstätigkeit bereits beträchlich unterscheiden.

Dies dürfte u.a. seit Mitte des 18. Jahrhunderts auch auf die Herausbildung der politischen Ökonomie zurückzuführen sein, wie sie insbesondere bei SMITH formuliert worden ist. Denn die SMITH'sche Lehre ist wohl nicht lediglich als Theorie dessen zu verstehen, was auf den privatwirtschaftlichen Märkten unter diesen oder jenen Bedingungen abläuft, sondern vor allem als Legitimation der bürgerlichen Gesellschaft schlechthin[479]. Man kann insofern das von SMITH entwickelte System der politischen Ökonomie auch als eine zweite grundsätzlich vom HOBBES'schen Pessimismus zu unterscheidende Antwort auf die moderne Ordnungsfrage verstehen[480].

Bei SMITH besteht der „Naturzustand" dementsprechend auch nicht aus dem „Krieg aller gegen alle", vielmehr wird die sich unter dem „System der natürlichen Freiheit" einstellende Ordnung wesentlich durch die in jedem Menschen von Natur aus angelegten Eigenschaften der „sympathy" und der „self-love" geprägt[481]. Dabei stellt die „self-love" zwar einerseits eine latente soziale Bedrohung der Freiheit anderer Menschen dar, ist aber andererseits auch der entscheidende Antrieb zum Reichtumserwerb. Je reicher die einzelnen Menschen aber sind, desto geringer ist die Gefahr des unsozialen Überschießens der „self-love" zu veranschlagen, desto geringere Notwendigkeit besteht zur staatlich betriebenen Durchsetzung des „law of justice", zur „defence from violence"[482].

Linie steht, die das letztlich aus dem bei HOBBES unterstellten Indidualismus folgende Ordnungsproblem nach der Seite sozialer Entitäten auflöst (diese Möglichkeit ergab sich nicht zuletzt aus den Widersprüchen in seinem Werk, wiewohl er selbst vom Individualismus ausging); für eine umfassende Würdigung ist hier nicht der Ort; überhaupt wird hier nicht weiter auf die inhaltliche Lehre einzelner Denker tiefergehender bezug genommen; deshalb sei hier einerseits betont, daß andere Auslegungen als die dargebotenen möglich und auch durchaus rechtfertigbar sein mögen, andererseits würde eine dementsprechend notwendige Auseinandersetzung leicht weitere umfangreiche Abhandlungen ausfüllen; die in diesem Abschlußkapitel verfolgte Gedankenlinie scheint mir im übrigen nicht eben spektakulär, weshalb zur Darstellung einzelner Theorien pauschal auf die entsprechenden philosophischen bzw. philosophiegeschichtlichen Handbücher verwiesen sei; die hier angestellten Überlegungen zielen lediglich auf den background der in der vorliegenden Untersuchung behandelten ökonomischen Theorieansätze ab

479 SMITH war ja in erster Linie Moralphilosoph, dessen System ursprünglich aus den vier Abteilungen „natural theology, ethics strictly so-called, jurisprudence und political economy" bestand (vgl. NANIWADA, Haruo, Der Weg der Wirtschaft, abgedruckt u.a. in: Ders., Sozialwissenschaft und Wirklichkeit, Tokyo, 1984, S. 86 f. (orig.: 1964)

480 vgl. ebenda

481 vgl. dazu auch SCHEFOLD, Bertram und Kristian CARSTENSEN, Die klassische politische Ökonomie, in: ISSING, Otmar (Hrsg.), Geschichte der Nationalökonomie, München, 1994[3], S. 67

482 vgl. NANIWADA, Haruo, Der Weg..., a.a.O., S. 88; die hier beschriebene Entwicklung wird m.E. bei NANIWADA in seltener Prägnanz dargestellt (vgl. daher auch im folgenden ebenda); gerade deshalb möchte ich aber auch betonen, daß ich seiner besonderen „Geschichtsmetaphysik" nicht folgen kann

Da Reichtum - bei SMITH (im Gegensatz zum Geldvermögen bei den Merkantilisten) in erster Linie auf Konsumgüter bezogen - durch Arbeit ständig produziert werden muß, ergibt sich das System der Wirtschaftstätigkeiten als der ordnungsbildende Faktor des Gesellschaftssystems allgemein[483]. Wie SMITH nachwies, bewirkt die durch die „self-love" von selbst (von Natur aus) entstehende Marktwirtschaft die größte Reichtumsmehrung und die gerechte soziale Ordnung uno actu. Die soziale Gerechtigkeit wird dabei dadurch sichergestellt, daß der Wert, zu dem am Markt getauscht wird, in etwa den in die Produkte involvierten Arbeitsquanten entspricht. In einem auf diese Weise entwickelten „System der natürlichen Freiheit" besteht keine dringende Notwendigkeit für die Geltendmachung von Moral, Recht oder Politik außer zur oben bereits angeführten Abwehr gewaltsamer Freiheitsbeschränkungen („law of justice")[484].

Das Problem dieser Marktwirtschaftstheorie als gleichzeitig hinreichender Lösung des Problems der sozialen Ordnung liegt, wie es bereits bei SMITH selbst deutlich wird[485], in der Gültigkeit der Arbeitswerttheorie, die allein sicherstellt, daß die Ergebnisse des „Systems der natürlichen Freiheit" von allen prinzipiell als gerecht empfunden werden können. Mit der Arbeitswerttheorie fiel daher auch die Theorie der Marktwirtschaft als allein hinreichende Ordnungstheorie der bürgerlichen Gesellschaft. Dabei ist darauf hinzuweisen, daß zwar einerseits schon SMITH selbst auf die Problematik der Arbeitswerttheorie hinwies, nämlich vor allem im Zusammenhang mit der Ableitung von Kapital- und Bodeneinkommen[486], aber andererseits doch auch an dieser Lehre feshielt[487].

---

483 m.E. ist es deswegen nicht korrekt, dem „klassischen Liberalismus" quasi eine Herauslösung der Wirtschaftssphäre aus der gesamtstaatlichen Ordnung zu unterstellen, welche erst im Verlaufe des 19. Jahrhunderts wieder überwunden worden wäre; dies scheint nichtsdestoweniger eine durchaus verbreitete Meinung zu sein;so sollten z.B. nach WINKEL „(die wirtschaftlichen Zusammenhänge) (a)ls Teiläußerungen des nationalen Lebens dann wieder in die staatliche Ordnung eingegliedert werden, aus der sie die klassisch-liberale Lehre gemäß ihrer Grundanschauung von der Wirtschaft als einer staatsfreien Sphäre herausgelöst hatte" (WINKEL, Harald A., Der Umschwung der wirtschaftswissenschaftlichen Auffassungen um die Mitte des 19. Jahrhunderts, in: COING, Helmut u.a. (Hrsg.), Wissenschaft und Kodifikation des Privatrechts im 19. Jahrhundert, IV, Frankfurt a. M., 1979, S. 3 ff.)

484 wie jeder weiß, leitet auch SMITH bereits Staatseingriffe ab (vgl. dazu unten)

485 vgl. dazu auch SCHEFOLD, Bertram und Kristian CARSTENSEN, Die klassische..., a.a.O., S. 68 ff.

486 vgl. SMITH, Adam, Der Wohlstand der Nationen, München, 1990[5], übersetzt nach der 5. Auflage letzter Hand, London, 1789, S. 56 ff., wo u.a. eine strikte Fassung der Arbeitswerttheorie lediglich „ursprünglich" behauptet wird (in der englischen Fassung „in the original state of things"; vgl. SMITH, Adam, An Inquiry Into the Nature and Causes of the Wealth of Nations, New York, 1937, S. 64 ff.; ebenfalls Text der 1789er Ausgabe)

487 so betont SMITH, ebenda, S. 44: „Der wirkliche Wert aller Bestandteile des Preises, das sollte man beachten, wird mit Hilfe der Arbeitsmenge gemessen, welche man mit jedem einzelnen Teil kaufen oder beanspruchen und einsetzen kann. Arbeit mißt nicht nur den Wert des Bestandteiles eines Preises, welcher sich in Arbeit verwandelt, sondern auch jenen, der sich in Rente und Gewinn auflöst"; auf die nicht ganz klare Position von SMITH bezüglich der Geltung der Arbeitswertheorie in „zivilisierten" Gesellschaften verweist auch STARK, Werner, Die Geschichte der Volkswirtschaftslehre in ihrer Beziehung zur sozialen Entwicklung, Dordrecht, 1960, S. 27 f.

Letzteres widerspiegelt sich auch in den von SMITH angegebenen Staatsaufgaben, welche m.E. hauptsächlich auf die genannte Gefahrenabwehr rekurrieren, und nicht im Sinne aktiver, gerechtigkeitsorientierter „Sozialpolitik" i.w.S. aufzufassen sind[488]; die von SMITH so vorgenommene Begrenzung von Staatsaktivitäten ist m.E. jedoch nur plausibel, wenn die soziale Gerechtigkeit schon durch das „System der natürlichen Freiheit" selbst, d.h. vermittels des Gerechtigkeitsmechanismus der Arbeitswerttheorie, gewährleistet ist. Daraus läßt sich vielleicht auch (mit) erklären, warum später RICARDO „(t)rotz aller offenkundigen Probleme"[489] an der Arbeitswertlehre festhielt.

Nachdem die Arbeitswertlehre sowohl theoretisch unter Beschuß geraten war, als auch praktisch durch die negativen Erfahrungen mit „laissez faire"-Bedingungen zu Beginn des 19.Jahrhunderts, die nicht zuletzt zum Aufkommen der „sozialen Frage" führten[490], ihren Gerechtigkeitsnimbus verloren hatte, zerbrach gewissermaßen zwangsläufig die Kausalverknüpfung von gleichzeitiger Reichtums- und Gerechtigkeitsgewährleistung aus „einer Hand" (nämlich der „unsichtbaren"), und es entwickelten sich verschiedene Ansätze u.a. zur Erklärung und Legitimation des Staates und der Marktwirtschaft.

Für den im Rahmen der vorliegenden Studie interessierenden Zusammenhang besonders wichtig ist die Entfaltung des klassischen Utilitarismus durch BENTHAM und John Stuart MILL einerseits und die sog marginalistische Revolution durch JEVONS, MENGER und WALRAS[491] andererseits.

---

[488] bekanntlich hat der Staat nach SMITH genau drei Aufgaben, nämlich für den Schutz der Gesellschaft vor Gewaltakten des Auslandes zu sorgen, die gewaltsamen und freiheitsbeschränkenden Handlungen der Bürger innerhalb eines Landes gegeneinander durch eine entsprechende Rechtssetzung und Justiz zu verhindern oder zu ahnden und „solche öffentlichen Anlagen und Einrichtungen aufzubauen und zu unterhalten, die, obwohl sie für ein großes Gemeinwesen höchst nützlich sind, ihrer ganzen Natur nach niemals einen Ertrag abwerfen, der hoch genug für eine oder mehrere Privatpersonen sein könnte, um die anfallenden Kosten zu decken, weshalb man von Ihnen nicht erwarten kann, daß sie diese Aufgabe übernehmen"; bei diesen „Einrichtungen" handelt es sich nach SMITH „hauptsächlich um solche, die den Handel erleichtern und die Ausbildung der Bevölkerung fördern" (vgl. SMITH, Adam, Der Wohlstand..., a.a.O., S. 587 ff., hier zit.: S. 612); exakter unterscheidet SMITH Infrastrukturmaßnahmen, Schul- und Hochschulausbildung und (wissenschaftliche) Allgemeinbildung (vgl. ebenda, S. 612 ff.); betrachtet man die letztgenannten Staatsaufgaben genauer (die erstgenannten sind im augenblicklichen Zusammenhang kaum kontrovers), dann möchte SMITH allerdings trotzdem die genannten Staatseinrichtungen weitestgehend durch die dadurch zu bedienenden „Kunden" finanziert wissen; m.E. kann jedenfalls von einer politischen Orientierung im Sinne „öffentlicher Güter" nur schwerlich gesprochen werden

[489] SCHEFOLD, Bertram und Kristian CARSTENSEN, Die klassische..., a.a.O., S. 81; vgl. zur Arbeitswertlehre bei SMITH und RICARDO weiterhin auch STARK, Werner, Die Geschichte..., a.a.O., S. 27 ff.

[490] neben der „sozialen Frage" entstanden auch schwerer wiegende Depressionsphänomene, die zur Ausbildung der verschiedenen Konjunkturtheorien beitrugen; für einen Überblick der sich nach Auflösung der Arbeitswertheorie ergebenden theoretischen Entwicklungen vgl. NANIWADA, Haruo, Der Weg..., a.a.O., S. 95 ff.

[491] „Mittlerweile schob das orthodoxe Lager die Arbeitswerttheorie mit ihrem unangenehmen Geruch beiseite, und die Nutzentheorie trat auf den Plan" (ROBINSON, Joan, Doktrinen der Wirtschaftswissenschaft, München, 1965, S. 60); gedanklich war der „marginalistische Revolution" im Prinzip schon von GOSSEN u.a. vorgearbeitet worden

Die wichtigste Gemeinsamkeit der ökonomischen Lehren der „Marginalisten" und der sozialphilosophisch argumentierenden klassischen Utilitaristen dürfte in dem eudämonistisch verstandenen Nützlichkeitsprinzip zu sehen sein, nach welchem sich Optimalzustände durch das jeweils höchsterreichbare Ausmaß nützlicher Handlungsfolgen unter Abwägung negativer Handlungsfolgen auszeichnen[492]. Eine Unterscheidung der beiden Denkrichtungen kann vielleicht zumindest anfangs darin gesehen werden, daß BENTHAM unmittelbar auf soziale Reformen abstellte, und die Politik zur Bewirkung der „greatest happiness for the greatest number" auf den Plan rief[493], während die ökonomischen Grenznutzentheoretiker wesentlich eine vom Staat unabhängige Gleichgewichtstheorie begründeten, die bei Substitution der Arbeitswerttheorie durch die subjektbezogene Nutzentheorie die Marktwirtschaft als Nettonutzenmaximierungsinstrument nachwies; eine Lösung des sozialen Ordnungsproblems wurde im Rahmen der Grenznutzentheorie eigentlich nicht mehr angestrebt[494]. Im Zuge der Diskussionen um die Meßbarkeit des Nutzens entwickelte sich schließlich die ökonomische Grenznutzenschule zur paretianischen Wohlfahrtsökonomik weiter, und diese liegt in verschiedenen Ausprägungen auch den in dieser Arbeit diskutierten umweltökonomischen Ansätzen zugrunde (wie bereits eingangs von Teil I abzuleiten versucht wurde).

Akzeptiert man den eben sehr grob beschriebenen Gang der Ereignisse, dann läßt sich festhalten, daß letztlich das marktwirtschaftliche Ordnungsproblem danach kaum als in eindeutiger Weise gelöst bzw. sogar lösbar betrachtet werden kann. Im Gegenteil - die Frage nach der Marktwirtschaftlichkeit läßt als Ordnungsfrage durchaus unterschiedliche Antworten zu, die sich auf wohlfahrtsökonomischer Grundlage nicht zuletzt durch die relative Stärke der Inanspruchnahme des utilitaristischen Kalküls qua politischer Eingriffsmaxime unterscheiden. Anders gesagt: Wenn das von Adam SMITH formulierte im wesentlichen vollständige Ordnungssystem der bürgerlichen Gesellschaft als „marktwirtschaftliche Ordnung" bezeichnet wird, dann bleibt die Frage nach der „Marktwirtschaftlichkeit" nach dem Wegfall der Arbeitswertlehre und dem damit verbundenen auseinander- bzw. gegenübertreten von „Markt" und „Staat" notwendig eine offene Ordnungsfrage. Sie bleibt vor allem deswegen aus marktwirtschaftlicher Sicht eine offene Frage, weil sie letztlich ohne Rückgriff auf „philosophische" oder „metaphysische" Kategorien kaum beantwortet werden kann; eine Diskussion dieser letzteren verliert sich jedoch schnell in einer kaum entwirrbaren Grauzone von Glauben, Meinen und Wissen. Dies gilt insbesondere für die Begriffe „Freiheit" und (soziale)

[492] zur Verbindung von utilitaristischem Kalkül und ökonomischer Theorie vgl. u.a. RICHERT, Robert, Eudaimonistische Wirtschaftstheorie, Frankfurt a. M., 1996

[493] vgl. BENTHAM, Jeremy, An Introduction to the Principles of Morals and Legislation, 1789

[494] vgl. dazu NANIWADA, Haruo, Der Weg..., a.a.O., S. 96 ff.

„Gerechtigkeit", die sich in den ökonomischen Debatten um relativ „mehr Markt" oder „mehr Staat" letztlich widerspiegeln.
Zuletzt sollen daher in dieser Arbeit noch einmal die drei umweltökonomischen Ansätze in ihrer diesbezüglich grunsätzlichen Antwort auf die marktwirtschaftliche Ordnungsfrage kurz angesprochen und lediglich mit einigen wenigen Plausibilitätserwägungen bedacht werden.

2. Die Lösung des marktwirtschaftlichen Ordnungsproblems im Sinne der drei umweltökonomischen Ansätze

2.1. Die Lösung im Sinne der Theorie der öffentlichen meritorischen Umweltgüter

Betrachtet man die Theorie der öffentlichen meritorischen Umweltgüter, wie sie in den Teilen I und II der vorliegenden Studie beschrieben wurde, vor dem Hintergrund der Ausführungen des letzten Abschnitts, dann kann ein relativ starker Bezug auf den „sozialeudämonistischen"[495] Ansatz etwa im Sinne des klassischen Utilitarismus BENTHAM'scher Prägung m.E. nur schwer verleugnet werden. Der grundlegende wohlfahrtsökonomische Individualkalkül wird deutlich und bewußt durch den ökologischen Primat überformt (z.B. durch einen „ökologischen Rahmen für die soziale Marktwirtschaft" à la BONUS), und - das setzt eine korrekte Politik im Sinne einer abgewogenen Glücksmaximierung selbstverständlich voraus - die möglichst vollständige Erfassung aller ökologisch relevanter Folgen über eine prinzipiell nach oben offene Anzahl zukünftiger Generationen wird angestrebt.
Im Sinne der Kategorien „Freiheit" und „Gerechtigkeit" könnte man auch sagen: der „marktwirtschaftlichen Freiheit" wird die „ökologische Gerechtigkeit" bezüglich sämtlicher ökologisch relevanter Handlungen vorgeordnet. Und dies wirft u.a. die Frage auf, wie bzw. auf welcher Grundlage der Primat der politischen, kollektiven Entscheidung denn begründet wird. Zugespitzt könnte die Frage auch so formuliert werden: mit welchem Recht kann eigentlich eine ökonomische Theorie, die der „Freiheit" als Ausgangspunkt der Begründung marktwirtschaftlicher Ordnungen gegenüber einer im politischen Raum herbeigeführten ökologiebezogenen Kollektiventscheidung eine bewußt untergeordnete Bedeutung zuweist, das Prädikat „marktwirtschaftlich" für sich in Anspruch nehmen?

---

[495] vgl. dazu RHONHEIMER, Martin, Natur als Grundlage der Moral, Innsbruck u.a., 1987, S. 275 f.

Zur Beantwortung dieser Frage bietet es sich vielleicht an, eine „Freiheitsseite" und eine „Gerechtigkeitsseite" zu unterscheiden.

Betrachtet man zunächst die „Freiheitsseite", dann kann m.E. bei allen (hier nicht mehr zu behandelnden) Schwierigkeiten des Freiheitsbegriffs der Theorie der öffentlichen meritorischen Umweltgüter ein „positiver Freiheitsbegriff" unterstellt werden. „Positive Freiheit" kann dabei zunächst mit den Forderungen nach „Autonomie" oder nach „Selbstverwirklichung" in Verbindung gebracht werden[496], beides Forderungen, die in der Neuzeit mit durchaus liberalen Denkern wie LOCKE oder KANT assoziiert werden können[497]. Die Aussage dieses „positiven Freiheitsbegriffes" der „Freiheit zu" kulminiert für die einzelne Person letztlich in dem Wunsch „das zu tun, was ich wirklich will", und dies wiederum impliziert, daß „das, was ich wirklich will" nicht oder zumindest nicht sicher das ist, was meiner spontanen Lebensäußerung entspricht, sondern daß es vielleicht „vernünftiger" oder „besser" wäre, anders zu handeln. Wenn es aber möglicherweise „für mich vernünftiger" wäre, anders zu handeln, als wie ich auf der Basis der mir allein derzeit zugänglichen Bewußtseinslage handeln würde, dann ergibt sich daraus u.U., daß es „vernünftiger" wäre, auf andere bzw. auf eine „objektivere" Vernunftäußerung zu hören, und zwar genau deshalb, weil „ich als Individuum" dann „freier" wäre[498]. Deshalb ist es ausgehend von einem strikt „positiven Freiheitsbegriff" entscheidend, „wer regiert"[499].

Auf dieser Grundlage eines „positiven Freiheitsbegriffes" ergibt sich die Theorie der öffentlichen meritorischen Umweltgüter als insofern durchaus tragfähiger Ansatz, der (wie im ersten Teil der vorliegenden Arbeit abzuleiten versucht wurde) darum bemüht ist, das Umweltproblem, so wie es „vernünftig" (z.B. auf ökologisch-naturwissenschaftlicher Basis) erkannt worden ist, in entsprechende Politik umzuwandeln. Der daraus sich ergebende Interventionsgrad (etwa so, wie er aus den Überlegungen in Teil II folgt) ist mit dem marktwirtschaftlichen Ideal des positiven Freiheitsbegriffes ohne weiteres kompatibel, wichtig ist allerdings, den Individuen die Möglichkeiten zu geben, sich in die „ökologischen Erfordernisse" so „frei" wie möglich zu fügen; im Rahmen der Theorie der öffentlichen meritorischen Umweltgüter folgen daraus die sog. marktwirtschaftlichen oder „ökonomischen" Instrumente der Umweltpolitik (bis hin zur „gemischt-instrumentellen" Strategie oder zur ökologischen Steuerreform).

---

[496] vgl. dazu GEUSS, Raymond, Auffassungen der Freiheit, in: Zeitschrift für philosophische Forschung, 1995, S. 3; BERLIN, Isaiah, Zwei Freiheitsbegriffe, in: Ders., Freiheit. Vier Versuche, Frankfurt a. M., 1995, S. 211 ff. (orig.: 1958)

[497] vgl. ebenda

[498] „Dieser monströse Trick, die Gleichsetzung dessen, wofür X sich entscheiden würde, wenn er etwas wäre, was er nicht oder noch nicht ist, mit dem, was X tatsächlich anstrebt und wofür er sich entscheidet, steht im Zentrum aller politischen Selbstverwirklichungstheorien" (ebenda, S. 213 f.)

[499] ebenda, z.B. S. 210

Aus dem der Theorie der öffentlichen meritorischen Umweltgüter zugrundeliegenden Begriff von „Freiheit" als „positiver Freiheit" im angedeuteten Sinn ergibt sich - und ich möchte behaupten, daß das generell für die Theorie der öffentlichen Güter oder eine analog dazu aufgefaßte Theorie externer Effekte gilt - weiterhin fast zwangsläufig ein ständig prüfender Blick auf das „freie Marktgeschehen" im Hinblick auf mögliche „unvernünftige" Ergebnisse. Solchermaßen auf das Marktgeschehen fixiert wie das Kaninchen auf die Schlange, wird dieser Theorieansatz ökonomischerseits zur Theorie des „Marktversagens" schlechthin.

Inwieweit politische Eingriffe legitimiert sind, hängt nun, und dies entspricht einer Betrachtung der „Gerechtigkeitsseite", nicht zuletzt davon ab, „wer regiert", d.h. letztlich wer das am besten verkörpert, „was vernünftig ist"[500]. Die Schwierigkeit bei Beantwortung dieser Frage besteht zuallererst darin, daß der Utilitarismus zwar auf die (individuelle und kollektive) „Nutzenmaximiereung" als „Glücksmaximierung" abstellt, aber keine Aussage darüber macht bzw. nach (zumindest behaupteter) Kappung sämtlicher metaphysischer Wurzeln auch kaum eine endgültige Aussage darüber machen kann, worin denn nun das „Glück" besteht. Deshalb läßt die „gerechtigkeitsseitige" Frage eine Vielzahl verschiedener Antworten zu, unter denen die historisch bedeutsamste wohl diejenige war (und ist), daß „das Volk" für eine Beantwortung der „Gerechtigkeitsfrage" zuständig sei. Kollektive Wertsetzungen sollten demgemäß im Rahmen einer „Demokratie", unter Wahrung der „Volkssouveränität" zustande kommen[501]. Die daraus möglicherweise folgenden Fragen nach den „Grenzen der Demokratie" oder der Sicherung iher Wirksamkeit (sowie eine Fülle weiterer bis heute von verschiedener Seite aufgeworfener Schwierigkeiten) können hier allerdings nicht weiterverfolgt werden, und können wohl auch als vielleicht nie gäzlich lösbar bezeichnet werden[502].

---

[500] an dieser Stelle sei auf ein Problem hingewiesen, daß sich aus der im Verlauf der Arbeit bereits an einigen Stellen angesprochenen Machbarkeitsfrage ergibt; wenn nämlich gelegentlich gefordert wird, der ökonomische Ratschlag solle sich auf das „Machbare" richten, dann bekommt man vor dem Hintergrund des hier Gesagten insofern logische Probleme, als das etwa „ökologische Erfordernis" ja bereits in die „rein ökonomischen" Lösungsvorschläge als bindende Restriktion eingegangen ist; dann macht es aber möglicherweise nicht allzuviel Sinn, denen, die „vernünftigerweise" ja gerade diese bindende Restriktion politisch legitimiert haben, eine „schlechtere Lösung" vorzuschlagen; dabei ist zu bedenken, daß aus dem Verständnis der Theorie der öffentlichen meritorischen Umweltgüter als „marktwirtschaftlichem Ansatz" ja gerade folgt, daß die „marktwirtschaftliche Freiheit" unter der „vernunftgemäßen Restriktion" möglichst groß sein sollte; ansonsten wäre es m.E. schwierig, den „Marktwirtschaftlichkeitsanspruch" weiterhin zu rechtfertigen

[501] BERLIN zufolge wiesen bereits „die Liberalen der ersten Hälfte des 19. Jahrhunderts" in diesem Zusammenhang „darauf hin, daß die Souveränität des Volkes die Souveränität der Individuen leicht zertören" könnte (ebenda, S. 245); vgl. dazu bereits die Ausführungen bei TOCQUEVILLE, Alexis de, Über die Demokratie in Amerika, München, 19842, S. 813 f. (frz. orig.: 1835/40)

[502] vgl. allgemein zu dem nicht spannungslosen Verhältnis von Demokratie zu Marktwirtschaft oder klassischem Liberalismus SARTORI, Giovanni, Demokratietheorie, Darmstadt, 1997, bes. S. 374 ff.; vgl. insgesamt auch PRISCHING, Manfred, Bilder des Wohlfahrtsstaates, Marburg, 1996, bes. S. 15 ff. und S. 296 ff.

Insgesamt läßt sich damit zur Theorie der öffentlichen meritorischen Umweltgüter festhalten, daß sich dieser „Marktversagensansatz" durchaus als „marktwirtschaftlich" rechtfertigen läßt. Die „offene Flanke der sozialen bzw. ökologischen Gerechtigkeit" läßt es allerdings zu, daß eine Fülle vorgebrachter Probleme ohne größere Anstrengungen als „Marktversagen" formulierbar sind, was angesichts der weitreichenden Akzeptanz, den dieser Ansatz offenbar unter Ökonomen gefunden hat, zumindest nach meinem Geschmack nicht gerade zu den rosigsten Zukunftsvisionen Anlaß gibt, eher schon zu dem, was HAYEK seinerzeit als „Weg zur Knechtschaft" bezeichnet hat[503].

2.2. Die Lösung im Sinne des neoinstitutionalistischen Ansatzes nach COASE

Ist die im Rahmen der Theorie der öffentlichen meritorischen Umweltgüter implizierte „positive Freiheit" gerade der Aufhänger zur Begründung der „Marktwirtschaftlichkeit" dieser Theorie, so erscheint insbesondere das daraus folgende poltische Ergebnis aus Sicht der Vertreter des neoinstitutionalistischen Ansatzes nach COASE eher als eine Art „konstruktivistisches Horrorszenario". Die grundlegende Position des Ansatzes nach COASE bemüht sich gerade darum, von BENTHAMs Utilitarismus und dem damit verbundenen „positiven Freiheitsbegriff" wegzukommen. Wie im ersten Teil der vorliegenden Studie erörtert wurde, ist daher auch der umweltökonomische Ansatz nach COASE grundsätzlich unter Herbeiziehung eines „negativen Freiheitsbegriffes" konzipiert, was insbesondere durch die Behauptung der „Reziprozität" externer Effekte zum Ausdruck kommt.

Um aber die Grundlage eines „negativen Freiheitsbegriffes" im Sinne einer bewußt nicht weiter qualifizierten „Freiheit von" durchzuhalten[504], führt wohl letztlich kaum ein Weg daran vorbei, auch das politische Geschehen vom Standpunkt der „negativen Freiheit" her zu konzipieren, was im Rahmen des neoinstitutionalistischen Ansatzes nach COASE denn auch zu der geschilderten Betrachtung der gesamten sozialen Ordnung als marktwirtschaftlicher Ordnung führt. In gewisser

[503] es ist in gewisser Weise bezeichnend, wenn diese weitverbreitete „Marktversagenshaltung" den Ökonomen ausgerechnet von naturwissenschaftlicher Seite zum Vorwurf gemacht wird, z.B. durch den Biochemiker KEALEY: „In my experience, economists rarely believe passionately in, or care passionately for, the free market. They are generally more concerned to reveal the market's imperfections, to further their own professional importance" (KEALEY, Terence, The Economic Laws of Scientific Research, Houndmills u.a., 1996, S. 215 (FN)); gänzlich unbegründet scheint mir der Vorwurf nicht zu sein

[504] wohl eine der glänzendsten Verteidigungen des negativen Freiheitsbegriffes bietet die bereits genannte Arbeit von BERLIN (ebenda); daß auch BERLINs Argumentation nicht unangreifbar ist, belegen z.B. die Arbeiten von GEUSS, Raymond, Auffassungen..., a.a.O. oder HABIBI, Don A., The Positive / Negative Liberty Distinction and J. S. Mill's Theory of Liberty, in: Archiv für Rechts- und Sozialphi-

Weise wird damit der Ausgangsgedanke der politischen Ökonomie als Logik und Rechtfertigung der gesamten bürgerlichen Sozialordnung wiederbelebt, wie er weiter oben u.a. für Adam SMITH behauptet wurde. Darin mag auch die Begründung dafür liegen, daß die Vertreter neoinstitutionalistischer Ansätze sich nicht selten als die eigentlichen, legitimen Nachfahren des „klassischen Liberalismus" sehen[505].

Aus dem „negativen Freiheitsbegriff" folgt dementsprechend auch eher eine Staatskonzeption, die den Gedanken der „defence from violence" im SMITH'schen Sinne verfolgt, und nicht in „positiver" Hinsicht auf „Glücks-" oder kollektive „Nutzenmaximierung" aus ist; bekanntlich wird gar der gesamte wohlfahrtsökonomische Ansatz wortstark als „konstruktivistisch" abgelehnt. Aus dem neoinstitutionalistischen Ansatz folgt daher im Gegensatz zur „Glücksmaximierung" eine Politik der „Leidminimierung", wie sie deutlich in POPPER's Ansatz der „offenen Gesellschaft" formuliert wurde. Für umweltpolitische Belange ergibt sich dementsprechend lediglich die Rechtfertigung einer „ökologischen Leidminimierung".

Neben der Tatsache, daß dieser im Prinzip tatsächlich klassisch marktwirtschaftliche Ansatz ohne Arbeitswertheorie letztlich immer wieder aus sich selbst heraus Antworten (und zwar m.E. unumgänglich „positive") auf die andererseits als bereits beantwortet betrachtete Gerechtigkeitsfrage fordern dürfte, besteht das große Problem des in dieser Arbeit abgeleiteten neoinstitutionalistischen Ansatzes jedoch analog zum verschmähten utilitaristischen Ansatz im Rahmen der Theorie der öffentlichen meritorischen Umweltgüter darin, daß aus der Theorie heraus bewußt keine Antwort auf die Wertfrage geliefert werden kann und deshalb auch nicht festgelegt ist, was unter „Leid" verstanden werden soll. Unterderhand ergibt sich deshalb der neoinstitutionalistische Ansatz nach COASE als eine Art „negativer Utilitarismus", der ohne Unterscheidungskriterium von etwa „maximaler Leidminimierung" und „Glücksmaximierung" letztlich hinsichtlich seiner politischen Konsequenzen nahtlos mit den Folgen der Theorie der öffentlichen meritorischen Umweltgüter übereingeht[506].

---

losophie, 1995, S. 347 ff.

[505] auf das Problem der Arbeitswertlehre, das letztlich den Zusammenhang von Freiheit und Gerechtigkeit im SMITH'schen System auflöste, wird hier nicht mehr eingegangen; aber es scheint mir durchaus fraglich, ob der Gerechtigkeitsaspekt im Neoinstitutionalismus (der selbstverständlich nicht auf der Arbeitswertlehre aufbaut) jemals hinreichend begründbar sein wird

[506] die Probleme werden m.E. besonders deutlich bei POPPER's sozialtechnologischem Politikansatz, der ja dann auch in Deutschland begierig von der Sozialdemokratie aufgegriffen wurde; vgl. dazu und insgesamt zum „negativen Utilitarismus" GÜNTHER, Ullrich, Poppers politische Ethik des „negativen Utilitarismus" und seine Folgen, in: Zeitschrift für Politik, 1980, S. 231 ff.; als ein bezeichnendes Beispiel von dezidiert liberaler Seite vgl. SCHWARZ, Gerhard, Marktwirtschaft ohne Wenn und Aber, in:DOERING, Detmar und Fritz FLISZAR (Hrsg.), Freiheit: Die unbequeme Idee, Stuttgart, 1995, S. 117 ff.

Wie im zweiten Teil der vorliegenden Untersuchung aufgewiesen wurde, entgeht daher auch die (ohnehin nur vermeintliche) Lösung des marktwirtschaftlichen Ordnungsproblems auf der Basis „klassisch liberaler“ Vorstellungen kaum demselben Eingriffsvolumen, das dem erklärten „konstruktivistischen Feind“ als „Interventionismus“ vorgeworfen wurde. Und darüber hinaus ist zudem noch fraglich, ob nicht gar die politische Legitimation aus „liberaler“ Sicht durch den mit einem „positiven“ Freiheitsbegriff arbeitenden Utilitarismus BENTHAM'scher Prägung besser abgesichert ist[507].

2.3. Die Lösung im Sinne der umweltökonomischen Theorie externer Effekte

Nach dem bisher Gesagten erscheint es kaum als besonders schwierige Aufgabe, den Stellenwert der in dieser Arbeit besprochenen umweltökonomischen Theorie externer Effekte im Hinblick auf die Lösung des sozialen Ordnungsproblems zu bestimmen. Im Gegensatz nämlich zu der Theorie der öffentlichen meritorischen Umweltgüter und dem neoinstitutionalistischen Ansatz nach COASE, die bemüht sind, das in der Theorie entstandene Spannungsverhältnis von „Markt“ und „Staat“ bzw. „Freiheit“ und „Gerechtigkeit“ im Sinne einer konsistenten Ordnungsvorstellung zu lösen, beschränkt sich die hier in Teil I abgeleitete Theorie externer Effekte weitgehend auf die „Markt-“ oder „Freiheitsseite“; die vollständige Einbindung der „Gerechtigkeitsseite“ wird nicht angestrebt. Die Ordnungsfrage wird somit durch diese Theorie ebenfalls nicht vollständig beantwortet.

Zumindest nach dem Ergebnis, zu dem die vorliegende Untersuchung bezüglich der alternativen umweltökonomischen Ansätze gelangt ist, kann m.E. allerdings durchaus bezweifelt werden, daß der weitgehende fehlende Einbezug der „Gerechtigkeitsseite“ oder des „Staates“ ein so gravierender Nachteil ist, wie häufig behauptet wird. Denn einerseits scheinen mir die Probleme, die für eine halbwegs befriedigende (wissenschaftlich-theoretische)[508] Lösung des Ordnungsproblems bewältigt werden müssen, den genuinen Kompetenzbereich der Ökonomen als Ökonomen zu überschreiten, zumindest soweit, daß sich hier Vorteile wissenschaftlicher Arbeitsteilung bemerkbar machen dürften, und andererseits scheinen die von ökonomischer Seite propagierten Lösungen des Ordnungsproblems nolens volens zu einer systematischen Unterminierung der „Freiheits-“ oder „Marktseite“ zu führen, selbst wenn das genaue Gegenteil bezweckt wird.

---

[507] vgl. zu diesem Problemkreis die Arbeit von LAMBERTZ, Günter, Bessere Wirtschaftspolitik durch weniger Demokratie? Ökonomische Demokratiekritik und die Theorie der Autokratie, Hamburg, 1990

[508] in praxi ist das Ordnungsproblem natürlich immer auf die eine oder andere Weise gelöst

Wie sich im zweiten Teil der vorliegenden Arbeit, insbesondere im Zuge der Diskussion um das Monetarisierungserfordernis, allerdings gezeigt hat, läßt sich allerdings die Trennung von Markt und Staat, wie sie der Theorie externer Effekte eigentlich zugrundeliegt, nicht in für die Umweltpolitik relevanter Weise durchhalten. Die Kompromisse, die durch die Bewältigung des Monetarisierungsproblems erzwungen werden, führen vielmehr zu einer kaum unterscheidbaren Übereinstimmung mit der Theorie der öffentlichen meritorischen Umweltgüter hinsichtlich der praktisch-politischen Konsequenzen.

3. Abschließende Bemerkung

Da bereits die unmittelbar voraufgehenden Abschnitte auch als eine Art Fazit der gesamten hier vorliegenden Untersuchung aufgefaßt werden können, soll an dieser Stelle eine kurze Schlußbemerkung genügen:

Der in der Problemstellung dieser Arbeit anvisierte Zusammenhang von Umweltökonomik, Umweltpolitik und Marktwirtschaft kann auf der Grundlage dessen, was die umweltökonomische Literatur zu diesem Thema anzubieten hat, kaum als bewältigt angesehen werden; ja man kann sogar bezweifeln, ob er aus ökonomischer Sicht jemals bewältigbar sein wird[509]. Die Lösung des sozialen Ordnungsproblems, das sich nämlich hinter dem genannten Zusamenhang verbirgt, weist u.a. auf philosophische und insbesondere moralphilosophische Probleme hin, die sich nach bewußter Abkoppelung der Moderne von allen religiösen oder metaphysischen Begründungsdiskursen (welche wiederum die SMITH'sche Lösung des Ordnungsproblems erst hervorrief) auch philosophisch offenbar nur schwer in den Griff bekommen lassen[510].

Nachdem sich die SMITH'sche Lösung insbesondere wegen der Unzulänglichkeiten der Arbeitswertlehre aber als vollständige Lösung des sozialen Ordnungsproblems im Sinne einer „marktwirt-

509 man betrachte in diesem Zusammenhang insbesondere die hier ausgeklammerten Arbeiten der sog. ordoliberalen Schule im Anschluß an EUCKEN sowie die damit unmittelbar zusammenhängenden der Vertreter der sog. Sozialen Marktwirtschaft im Anschluß etwa an MÜLLER-ARMACK, die sich ja gerade der theoretischen Lösung des Ordnungsproblems verschrieben haben (wobei gerade die „Soziale Marktwirtschaft" als „die" Lösung schlechthin angepriesen wird); m.E. haben jedoch trotz dieser Bemühungen schon die Arbeiten von EUCKEN, MÜLLER-ARMACK etc. bestenfalls zur Klärung, z.T. aber auch eher zur Verwirrung denn zur Lösung des Problems beigetragen, was sich insbesondere in den vielen Versuchen zeigt, das Wesen der „Sozialen Marktwirtschaft" zu bestimmen (vgl. z.B. QUAAS, Friedrun und Thomas STRAUBHAAR (Hrsg.), Perspektiven der Sozialen Marktwirtschaft, Bern u.a., 1995); nichtsdestoweniger besteht aber der große Verdienst der Ordnungstheorie m.E. in der bewußten Aufnahme des grundlegenden Ordnungsproblems

510 vgl. in diesem Zusammenhang TUGENDHAT, Ernst, Die Hilflosigkeit der Philosophie angesichts der moralischen Herausforderungen unserer Zeit, in: Information Philosophie, 1990, S. 5 ff.

schaftlichen Ordnung“ kaum mehr aufrechterhalten ließ, können - zumindest nach dem Ergebnis der vorliegenden Studie - die späterhin ökonomischerseits eingebrachten Versuche, das Ordnungsproblem zu Gänze aufzulösen, die hier in der Theorie der öffentlichen meritorischen Umweltgüter und dem neoinstitutionalistischen Ansatz nach COASE ihren Ausdruck fanden, kaum als gelungene Substitute des SMITH'schen Ansatzes aufgefaßt werden. Wie sich im zweiten Teil der Arbeit gezeigt hat, geht letztlich aber auch die Theorie externer Effekte aus anwendungsbezogenen Gründen mit den politischen Konsequenzen der Theorie der öffentlichen meritorischen Umweltgüter überein und kann daher für die Praxis keine echte Alternative anbieten. Nach den in dieser Arbeit angestellten Überlegungen bedingen alle drei umweltökonomischen Ansätze vielmehr - wenn auch ungewollt, so doch mit gewisser Notwendigkeit - einen Interventionismus, der dem marktwirtschaftlichen Freiheitsgedanken m.E. nicht mehr in zureichender Weise Rechnung trägt.

Ist solchermaßen aber das Ordnungsproblem heute nicht lösbar, dann ist es m.E. eher eine Aufgabe ökonomischer Theorien, sofern sie denn als ökonomische Theorien gelten wollen, sich auf die Untersuchung der „Freiheitsseite“, d.h. auf die Funktionsweise des Marktes zu konzentrieren.

LITERATURVERZEICHNIS

AEBERHARDT, Werner, Die Umweltpolitik im Spannungsfeld politischer und wirtschaftlicher Interessen, Köln, 1985

ALBERT, Hans, Methodologischer Individualismus und historische Analyse, in: ACHAM, Karl und Winfried SCHULZE (Hrsg.), Teil und Ganzes, München,1990

ALBERT, Hans, Modellplatonismus,der neoklassische Stil ökonomischen Denkens, in: TOPITSCH, Ernst (Hrsg.), Logik der Sozialwissenschaften, Köln,1965

ARNOLD, R. A., Hayek and Institutional Reform, abgedruckt in WOOD, J.C. / WOODS, J. (eds.) Friedrich A. Hayek: Critical Assessments,Vol. III, London u.a.,1991, orig. In Journal of Libertarian Studies, 1980

AUSTER, Richard / SILVER, Morris, The State as a Firm, Boston u.a., 1979

BALKS, Marita, Umweltpolitik aus Sicht der Neuen Institutionenökonomik, Wiesbaden, 1995

BARNETT, Andy H., The pigouvian Tax Rule under Monopoly, in American Economic Review, 1980

BARTEL, Reiner, Allgemeine Grundlagen der Umweltpolitik, in BARTEL, R. / HACKL, F. Einführung in die Umweltpolitik, München, 1994

BARTEL, Reiner, Hauptinstrumente der Umweltpolitik, in: Ders. /HACKL, Franz, Einführung in die Umweltpolitik, München, 1994

BATOR, Francis M., The Anatomy of Marcet Failure, in BREIT / HOCHMAN (Hrsg.)

BAUMANN, Bernd, Offene Gesellschaft, Marktprozess und Staatsaufgaben, Baden-Baden, 1993

BAUMOL, William S., Welfare Economics and the Theory of the State, London, 1965, 2.Auflage

BAUMOL, William S., On the Social Rate of Discount, in American Economic Review, 1968

BAUMOL, William S. / OATES, Wallace E., The Theory of environmental Policy, Cambridge, 1988, 2.Auflage

BAUMOL, William S. / OATES, Wallace E., The Use of Standards and Prices for Protection of the Environment, in: Swedish Journal of Economics, 1971

BECKER, Gary S., Crime and Punishment: an Economic Approach, in Journal of Political Economy, 1968

BECKER, H., Artikel „Abfallverwertung, Abfallindustrie, in Handwörterbuch der Staatswissenschaften, 1.Band, Jena 1923, 4. Auflage

BECKERMAN, Wilfred, Economists, Scientists and Environmental Catastrophe, in: Oxford Economic Papers, 1972

BECKERMAN, Wilfred, „Sustainable Development“: Is It a Useful Concept?, in: Environmental Values, 1994

BEDARFF, Hildegard / BERNAUER, THOMAS / JAKOBEIT, Cord / LIST, Martin, Transferzahlungen in der internationalen Umweltpolitik, in: Zeitschrift für Internationale Beziehungen, 1995

BENKERT, Wolfgang / BUNDE, Jürgen / HANSJÜRGENS, Bernd, Umweltpolitik mit Ökosteuern? Ökologische und finanzpolitische Bedingungen für neue Umweltabgaben, Marburg, 1990

BENTHAM, Jeremy, An Introduction to the Principles of Morals and Legislation, London, 1789

BERLIN, Isaiah, Zwei Freiheitsbegriffe, in: Ders., Freiheit. Vier Versuche, Frankfurt a.M., 1995

BEYER, Hans Martin, Das Vorsorgeprinzip in der Umweltpolitik, Ludwigsburg u.a., 1992

BINSWANGER, Hans Christoph/BONUS, Holger/TIMMERMANN, Manfred, Wirtschaft und Umwelt, Stuttgart, 1981

BINSWANGER, Hans Christoph, Wachstum und Umweltschutz, in: JUNKERNHEINRICH, Martin/KLEMMER, Paul/WAGNER, Gerd Rainer (Hrsg.), Handbuch der Umweltökonomie, Berlin, 1995

BLÖCHLIGER, Hansjörg / STAEHELIN-WITT, Elke, „Ökologische Steuerreform“: Die konfliktträchtige Verknüpfung von Umwelt- und Fiskalpolitik, in: Steuerliche Vierteljahresschrift, 1993

BLÖCHIGER, Hansjörg / STAEHELIN-WITT, Elke, Öffentliche Güter, Externalitäten und Eigentumsrechte, in: FREY, Rene L./STAEHELIN-WITT, Elke/ BLÖCHIGER, Hansjörg (Hrsg.), Mit Ökonomie zur Ökologie, Basel, 1991

BOADWAY , Robin / BRUCE, Neil, Welfare Economics, Oxford, 1984

BÖDECKER, Wilhelm, Allokations- und Distributionsprobleme von Kollektivgütern, Meisenheim a.G., 1972

BONUS, Holger, Öffentliche Güter : Verführung und Gefangenen-Dilemma, in: List Forum 1979 / 80

BONUS, Holger, Umwelt und soziale Marktwirtschaft, Köln, 1980

BONUS, Holger, Eine Lanze für den „Wasserpfennig“ - wider die Vulgärform des Verursacherprinzips, in: Wirtschaftsdienst, 1986

BONUS, Holger, Leistungspotentiale marktwirtschaftlicher Umweltpolitik, in: EL SHAGI , El Shagi / KNAPPE, Eckhard / MÜLLER-HAGEDORN (Hrsg.), Umweltpolitik in der Marktwirtschaft, Pfaffenweiler, 1991

BOULDING, Kenneth E., The Meaning of the 20th Century, New York, 1964

BOULDING, Kenneth E., The Economics of the Coming Spaceship Earth, in: JARRET, H. (ed.) , Environmental Quality in a Growing Economy, Baltimore, 1966

BOUILLON, Hardy, Freiheit,Liberalismus und Wohlfahrtsstaat, Baden-Baden, 1997

BRENCK, Andreas, Moderne umweltpolitische Konzepte: Sustainable Development und ökologisch-soziale Marktwirtschaft, in: Zeitschrift für Umweltpolitik und Umweltrecht, 1992

BROMLEY, Daniel W., Environment and Economy, London u.a., 1991

BUCHANAN, James M., Freiheit und Gesellschaftsordnung, in MOLDEN,Otto (Hrsg.), Zu den Grenzen der Freiheit,

BUCHANAN, James M. / FLOWERS, Marilyn, The Public Finances, Illinois 1975, 4.Auflage

BUCHANAN, James M./ STUBBLEBINE, WM. CRAIG, Externality, in: Economica, 1962

BUCK, Wolfgang, Lenkungsstrategien für die optimale Allokation von Umweltgütern, Frankfurt a.M. (u.a.), 1983

BUNDESVERBAND JUNGER UNTERNEHMER (BJU) und BUND FÜR UMWELT- UND NATURSCHUTZ DEUTSCHLAND (BUND), Plädoyer für eine ökologisch orientierte Soziale Marktwirtschaft, (Bonn), 1993

BUNGARTEN, Harald M., Umweltpolitik in Westeuropa, Bonn, 1978

BUTTGEREIT, Reinhold, Ökologische und ökonomische Funktionsbedingungen, Berlin, 1991

CANSIER, Dieter, Nachhaltige Umweltnutzung als neues Leitbild der Umweltpolitik, in: Hamburger Jahrbuch für Wirtschafts- und Gesellschaftspolitik, 1995

CANSIER, Dieter, Umweltökonomie, Stuttgart, 1993

CANTERBERY, E. Ray / MARVASTI, A., The Coase-Theorem as a Negative Externality, in The Journal of Economic Issues, 1992

CARSON, Rachel, Silent Spring, New York, 1962

CHIPMAN, J.S., A Survey of the Theory of international Trade, Part II : The Neoclassical Theory, in Econometrica, 1965

COASE, Ronald H., The Lighthouse in Economics, in: The Journal of Law and Economics, 1969

COASE, Ronald H., The institutional Structure of Production, in The American Economic Review, 1972

COASE, Ronald H., The Nature of the Firm, in: Economica, 1937

COASE, Ronald H., The Problem of Social Cost, in The Journal of Law and Economics, 1960, übersetzt von KIRCHNER, Christian in: ASSMANN, Christian KIRCHNER und Erich SCHANZE (Hrsg.), Ökonomische Analyse des Rechts, Tübingen, 1993[2]

COASE, Ronald H. / BARRET, E., Educational TV : Who should pay ?, Washington, 1968

COMMONER, Barry, The Environmental Costs of Economic Growth, in: DORFMAN, Robert und Nancy S. DORFMAN (Hrsg.), Economics of the Environment , New York, 1972

COOTER, Robert D., Coase Theorem, in EATWELL, Jonathan et al (eds.), The New Palgrave - A Dictionary of Economics, London, 1987

CROCKER, T., The Structuring of Atmospheric Pollution Control Systems, in WOLOZIN, H. (ed.), The Economics of Air Pollution, New York, 1966

CROPPER, M. L. / OATES, Wallace, Environmental Economics: A Survay, in Journal of Economics Literature, 1992

DAHLMAN, Carl J., The Problem of Externality, in Journal of Law and Economics, 1979

DALES, J. H., Land,Water and Ownership, in Canadian Journal of Economics, 1968

DALES, J. H., Pollution,Property and Prices, Toronto, 1968

DASGUPTA, Partha, The Environment as a Commodity, in: Oxford Economic Policy Review, 1991

DEUTSCHES INSTITUT FÜR WIRTSCHAFTSFORSCHUNG (DIW), Beschäftigungswirkungen des Umweltschutzes, Berlin, 1993

DEUTSCHES INSTITUT FÜR WIRTSCHAFTSFORSCHUNG (DIW), Ökologische Steuerreform auch im nationalen Alleingang!, in: DIW Wochenbericht, 1994

DICKERTMANN, Dietrich, Maßnahmen für den Umweltschutz im Rahmen des bestehenden Steuersystems. Eine Bestandsaufnahme, in: SCHMIDT, Kurt (Hrsg.), Öffentliche Finanzen und Umweltpolitik I, Berlin, 1988

DIAMOND, P.A./HAUSMAN, J.A., Contingent Valuation: Is Some Number Better Than No Number?, in: Journal of Economic Perspectives, 1994

DICKERTMANN, Dietrich / GELBHAAR, Siegfried, Umweltnormen mit monetärer Sanktionsandrohung : Geldstrafen als Element rationaler Umweltpolitik ? in Zeitschrift für Umweltpolitik und Umweltrecht, 1995

DIETRICH, Vera, Makroökonomische Wirkungen von Umweltschutz, in: Vierteljahreshefte zur Wirtschaftsforschung, 1994

EBERT, Udo, Pigouvian Tax and Market Structure : the Case of Oligopoly and different Abatement Technologies, in American Economic Review, 1980

EL SHAGI, El Shagi, Umwelt- bzw. Emissionszertifikate, in WISU, 1993

EL-SHAGI, El-Shagi, Die externen Effekte und ihre Wirkung auf das Marktergebnis, in WISU, 11/1982

EL-SHAGI, El-Shagi, Verhandlungsthese und die Notwendigkeit aktiver Umweltpolitik, in List-Forum, 1985/86

EL-SHAGI, El-Shagi, Volkswirtschaft und Umwelt IV : Umweltschutz und Außenhandel, in DREYHAUPT, F.J. / PEINE, F.J. / WITTKÄMPER, G.W., Umwelt-Handwörterbuch, Berlin u.a., 1992

ENDRES, Alfred, Die Coase-Kontroverse, in Zeitschrift für die gesamte Staatswissenschaft, 1977

ENDRES, Alfred, Das Coase-Theorem bei langfristiger Betrachtung, in Jahrbuch für Sozialwissenschaft, 1976

ENDRES, Alfred, Ökonomische Grundprobleme der Messung sozialer Kosten, Konstanz, 1981

ENDRES, Alfred, Umwelthaftung, in: WiSt, 1989

ENDRES, Alfred, Umweltökonomie, Darmstadt, 1994

ENDRES, Alfred, Die pareto-optimale Internalisierung externer Effekte, Frankfurt/Main - Bern, 1976

ENDRES, Alfred, Umwelt- und Ressourcen-Ökonomie, Darmstadt, 1985

ESCHENBURG, Theodor, Staat und Gesellschaft in Deutschland, Stuttgart, 1960[4]

EWRINGMANN, Dieter, Ökologische Steuerreform?, in: Zeitschrift für Umweltpolitik und Umweltrecht, 1994

EWRINGMANN, Dieter, Umweltabgaben, in: JUNKERNHEINRICH, Martin / KLEMMER, Paul / WAGNER, Gerd Rainer, Handbuch der Umweltökonomie, Berlin, 1995

EWRINGMANN, Dieter, Schwachstellen des bisherigen Instrumentariums, in: DEUTSCHE STIFTUNG FÜR UMWELTPOLITIK (Hrsg.), Umweltpolitisches Gespräch: Ökonomische Instrumente der Umweltpolitik - neuer Weg oder Sackgasse? -, Berlin, 1984

EWRINGMANN, Dieter / HANSMEYER, Karl Heinrich, Der Stand der Diskussion bei den marktsteuernden Instrumenten der Umweltpolitik: die Sicht der Wissenschaft, in Informationen zur Raumentwicklung, 1992

FABER, Malte / STEPHAN, Gunther / MICHAELIS, Peter, Umdenken in der Abfallwirtschaft, Berlin u.a., 1989, 2. Auflage

FEESS, Eberhard, Umweltökonomie und Umweltpolitik, München, 1995

FELDMANN, Horst, Eine institutionalistische Revolution?, Berlin, 1993

FRAMBACH, Hans A., Die Evolution moderner ökonomischer Kategorien, Berlin, 1993

FREY, Bruno S., Umweltökonomie, Göttingen, 1985

FREY, Bruno S./SCHNEIDER, Friedrich, Warum wird die Umweltökonomik kaum angewendet?, in: Zeitschrift für Umweltpolitik und Umweltrecht, 1997

FREY, Rene` L., Der Ansatz der Umweltökonomie, in FREY, R.L. / STAEHELIN-WITT, E. / BLÖCHIGER, H.J. (Hrsg.), Mit Ökonomie zur Ökologie, Basel, 1991

FRITSCH, Michael / WEIN, Thomas / EWERS, Hans-Jürgen, Marktversagen und Wirtschaftspolitik, München, 1993

FÜRST, Urs Christoph, Umweltökonomie und deutsche Umweltpolitik, Freiburg/Breisgau, 1996

FURGER, Franco, Ökologische Krise und Marktmechanismen, Opladen, 1994

GAWEL, Erik, Die mischinstrumentelle Strategie in der Umweltpolitik: Ökonomische Betrachtungen zu einem neuen Politikmuster, in: Jahrbuch für Sozialwissenschaft, 1992

GAWEL, Erik, Ökonomie der Umwelt - ein Überblick über neuere Enwicklungen, in: Zeitschrift für angewandte Umweltforschung, 1994

GAWEL, Erik, Umweltpolitik durch gemischten Instrumenteneinsatz. Allokative Effekte instrumentell diversifizierter Lenkungsstrategien für Umweltgüter, Berlin, 1991

GELBHAAR, Siegfried, Ökosteuern: Mit ökonomischen Mitteln zu ökologischen Zielen ?, in Orientierungen zur Wirtschafts- und Gesellschaftspolitik, Heft 4 , 1995

GELBHAAR, Siegfried, Monetäre Sanktionen als Instrumente staatlichen Handelns, Berlin, 1994

GEORGESCU-ROEGEN, Nicholas, The Entropy Law and the Economic Process, Cambridge, 1971

GERKEN, Lüder / RENNER, Andreas, Ordnungspolitische Grundfragen einer Politik der Nachhaltigkeit, Gutachten im Auftrage des Bundeswirtschaftsministeriums, Walter Eucken-Institut, Freiburg, o.J . (1996)

GEUSS, Raymond, Auffassungen der Freiheit, in: Zeitschrift für philosophische Forschung, 1995

GIERSCH, Herbert, Allgemeine Wirtschaftspolitik, Wiesbaden, 1961

GLAGOW, Manfred, Zur Delegation staatlicher Aufgaben im Umweltschutz an Selbstverwaltungskörperschaften : die verordnete Selbststeuerung, in GLAGOW, M.,. (Hrsg.), Gesellschaftssteuerung zwischen Korporatismus und Subsidiarität, Bielefeld, 1984

GLATZ, Harald / MEISSNER, Werner, Verteilungswirkungen der Umweltpolitik, in: Wirtschaft und Gesellschaft, 1982

GOETZ, CH. J. / BUCHANAN, James M., External Diseconomies in competitive Supply, in American Economic Review, 1971

GORONZY, Jörg, Monetary Valuation of Unmarketed Goods, Especially Environnemental Pollution, Vortrag im Rahmen eines Seminars zum Thema „ Environnement and Assurance- Envirance?, Arlon, 22.04.1994

GOTTFRIED, Peter / WIEGARD, Wolfgang, Wunderwaffe Ökosteuern?, in: WiSt, 1995

GRÄBER-SEISSINGER, Ute, Das Verursacherprinzip als Leitgedanke der Umweltpolitik, Frankfurt/Main et.al., 1991

GÜNTHER, Ullrich, Poppers politische Ethik des „negativen Utilitarismus“ und seine Folgen, in: Zeitschrift für Politik, 1980

HABERMAS, Jürgen, Zur Logik der Sozialwissenschaften, in: Philosophische Rundschau, Beiheft 5, 1967

HABIBI, Don A., The Positive/Negative Liberty Distinction and J. S. Mill's Theory of Liberty, in: Archiv für Rechts- und Sozialphilosophie, 1995

HACKMANN, Johannes, Zur wohfahrtstheoretischen Behandlung von Verteilungsproblemen, Berlin, 1972

HACKMANN, Johannes, Die Überlegenheit einer umweltpolitischen Steuerlösung bei besonderer Berücksichtigung von Informationsgesichtspunkten, Universität der Bundeswehr, Hamburg, Institut für Finanzwissenschaft, Diskussionsschrift 9 / 1993

HACKMANN, Johannes, Die normative Basis der paretianischen Wohlfahrtsökonomik, in: MÜLLER, J. Heinz, (Hrsg.), Wohlfahrtsökonomik und Gemeinwohl, Paderborn, 1987

HAGIWARA, Yoshihisa, Zum Verständis von Liberalismus bei Popper und Hayek, in: SALAMUN, Kurt, (Hrsg.), Moral und Politik aus der Sicht des kritischen Rationalismus, Amsterdam u.a., 1991

HAHN, Robert W. / STAVINS, Robert N., Economic Incentives for Environmental Protection: Integrating Theory and Practice, in: American Economic Review, Papers and Proceedings, 1992

HANLEY, Nick und Clive F. SPASH, Cost Benefit Analysis and the Environment, Bodmin, 1993

HANSMEYER, Karl-Heinrich, Marktwirtschaftliche Elemente in der Umweltpolitik - Eine Zusammenfassung der Argumente -, in: Zeitschrift für Umweltpolitik und Umweltrecht, 1988

HANSMEYER, Karl Heinrich, Umweltsteuern und Umweltabgaben, in: EL SHAGI, El Shagi, Eckhard KNAPPE und Lothar MÜLLER-HAGEDORN (Hrsg.), Umweltpoltik, a.a.o.

HANSMEYER, Karl-Heinrich und Hans Karl SCHNEIDER, Umweltpolitik. Ihre Fortentwicklung unter marktsteuernden Aspekten, in Informationen zur Raumentwicklung, 1992

HAYEK, Friedrich August von, Die drei Quellen der menschlichen Werte, Tübingen, 1979

HAYEK, Friedrich August von, Entnationalisierung des Geldes, Tübingen, 1977

HAYEK, Friedrich August von, Evolution und spontane Ordnung, in: Ders., Die Anmaßung on Wissen, Tübingen, 1996

HAYEK, Friedrich August von, Drei Vorlesungen über Demokratie, Gerechtigkeit und Sozialismus, Tübigen, 1973

HAYEK, Friedrich August von, Rechtsordnung und Handelnsordnung, in Ders., Freiburger Studien, Tübingen, 1969

HAYEK, Friedrich August von, Recht, Gesetzgebung und Freiheit, Band II, Landsberg/Lech, 1981

HAYEK, Friedrich August von, Recht, Gesetzgebung und Freiheit, Band III, Landsberg / Lech, 1981

HECK, Volker / SCHIFFER, Hans-Wilhelm, Neue Energie-/Ökosteuern als Patentrezept für den Standort Deutschland?, in Wirtschaftsdienst, 1995

HEINE, Wolfgang, Methodologischer Individualismus, Würzburg, 1983

HEINEMANN, Klaus, Externe Effekte, paretianisches Optimum und Wirtschaftspolitik, in Zeitschrift für Nationalökonomie, 1970

HEINZ, Ingo, Methoden zur ökonomischen Bewertung von Umweltschäden, in BRANDER, Sylvia / ROLOFF, Otto, (Hrsg.) , Beiträge zur Theorie der Umweltökonomie, Regensburg, 1990

HOBBES, Thomas, Leviathan, oder von Materie, Form und Gewalt des kirchlichen und bürgerlichen Staates, Leipzig, 1936

HOLLEIS, Winfried, Das Ungleichgewicht der Gleichgewichtstheorie, Frankfurt / Main, 1985

HOLM-MÜLLER, Karin et al., Die Nachfrage nach Umweltqualität in der Bundesrepublik Deutschland, Berlin, 1991

HOLZINGER, Katharina, Umweltpolitische Instrumente aus Sicht der staatlichen Bürokratie, München, 1987

HORBACH, Jens, Neue Politische Ökonomie und Umweltpolitik, Frankfurt / M., New York, 1992

HUCKE, Jochen, Umweltpolitik: Die Entwicklung eines neuen Politikfeldes, in BEYME, Klaus von / SCHMIDT, Manfred G., (Hrsg.), Politik in der Bundesrepublik Deutschland, Opladen, 1990

JÄGER, Franz, Natur und Wirtschaft, Chur u.a., 1994, 2. Auflage

JARRE, Jan, Verursacherprinzip, in Umwelt und Energie, Freiburg, 1980, Gr.3/100

JASAY, Anthony de, Social Contract, Free Ride, Oxford, 1989

JASAY, Anthony de, Research Note: Taxpayers, Suckers and Free Riders, in Journal of Theoretical Politics, 1993

JOBELIUS, Hans-Joachim, Wirtschaft, Bevölkerung und soziale Sicherung in Entwicklungsländern, Bochum, 1996

KAASE, Max, Die Entwicklung des Umweltbewußtseins in der Bundesrepublik Deutschland, in WLDENMANN, Rudolf, (Hrsg.), Umwelt, Wirtschaft, Gesellschaft, - Wege zu einem neuen Grundverständnis, Gerlingen, o.J.

KABELITZ, Klaus Robert, Eigentumsrechte und Nutzungslizenzen als Instrumente einer ökonomisch rationalen Luftreinhaltepoltik, München, 1984

KAPP, K. William, Soziale Kosten der Marktwirtschaft, Frankfurt / M., 1988, orig.: The Social Costs of Pivate Enterprise, Cmbridge / Mass., 1950

KEALEY, Terence, The Economic Laws of Scientific Research, Houndmills u.a., 1996

KEMPER, Manfred, Das Umweltproblem n der Marktwirtschaft, Berlin, 1989

KIESER, Alfred, Erklären die Theorie der Verfügungsrechte und der Transaktionskostenansatz historischen Wandel von Institutionen ?, in BUDÄUS; D./ GERUM, E./ZIMMERMANN, G., (Hrsg.), Betriebswirtschaftslehr und Theorie der Verfügungsrechte, Wiesbaden, 1988

KIRCHGÄSSNER, Gebhard, Umwelthaftung, in JUNKERNHEINRICH, Martin / KLEMMER, Paul / WAGNER, Gerd Rainer, (Hrsg.), Handbuch... a.a.o.

KLINK, Federico A., Pigou and Coase reconsidered, in Land Economics, 1994

KNAPPE, Eckhard, Möglichkeiten und Grenzen dezentraler Umweltpolitik, Berlin, 1974

KNIGHT, Frank H., On Decreasing Cost and Comparativ Cost, in The Quaterly Journal of Economics, 1925

KNORRING, Ekkehard von, Das Umweltproblem als externer Effekt ?, Institut für Volkswirtschaftslehre, Universität Augsburg, Beitrag Nr. 99, Augsburg, 1993

KÖHLER, Axel, Arbeitslose für den Umweltschutz?, in: Zeitschrift für Umweltpolitik und Umweltrecht, 1995

KOHLHAAS, Michael, Ökonomische Instrumente der Umweltpolitik, in Vierteljahreshefte zur Wirtschaftsforschung, 1994

KOLAN, Iris, Normative Wirtschaftswissenschaft, Sinsheim, 1996

KRÜSSELBERG, Hans Günter, Umwelteffekte in Marktwirtschaften, in List Forum, 1985 / 86

KREIENBAUM, Christoph / WACKER-THEODORAKOPOULOS, Cora, Innovationen unter verschiedenen Umweltregimen, in Hamburger Jahrbuch für Wirtschafts- und Gesellschaftspolitik, 1994

KÜLP, Bernhard, Eckhard KNAPPE et al., Wohlfahrtsökonomik I - Die Wohlfahrtskriterien, Tübingen / Düsseldorf, 1975

LAMBERTZ, Günter, Bessere Wirtschaftspolitik durch weniger Demokratie? Ökonomische Demokratiekritik und die Theorie der Autokratie, Hamburg, 1990

LEE, Dwight R., Effiency of PollutionTaxation and Market Structure, in Journal of Environmental Economics and Management, 1975

LIBECAP, G. D., Distributional Issues in Contracting for Property Rights, in Journal of Theoretical and Institutional Economics, 1985

LICHTENECKER, Ruperta, Umweltinformationssysteme, in BARTEL, Rainer / HACKL, Franz, (Hrsg.), Einführung ...., a.a.o.

LIPSEY, Richard G. / LANCASTER, Kelvin, The general Theory of Second Best, in Review of Economics and Statistics, 1956 / 57

LOHR, Wolfgang, Öffentliche Güter und externe Effekte - eine wohlfahrtstheoretische Analyse, Konstanz, 1989

LÖBBE, Klaus / WENKE, Martin, Beschäftigung und Umweltschutz, in: JUNKERNHEINRICH, Martin / KLEMMER, Paul / WAGNER, Gerd Rainer, Handbuch der Umweltökonomie, Berlin, 1995

LÖCHEL, Horst, Die Integration von Transaktionskosten in die Gleichgewichtstheorie, in WISU, 1996

LYTRRAS, Theodor, Zivilrechtliche Haftung für Umweltschäden, Berlin, 1995

MAIER-RIGAUD, Gerhard, Umweltpolitik mit Mengen und Märkten, Marburg, 1994

MAIER-RIGAUD, Gerhard, Umweltpolitik in der offenen Gesellschaft, Opladen, 1988

MAIER-RIGAUD, Gerhard, Interventionen in Natur oder Wirtschaft - zur Erkenntnislogik eines Konfliktes, in KLAWITTER, Jörg, u.a. (Hrsg.), Natur- und Industriegesellschaft, Berlin, 1990

MALKIN, Jesse / WILDAVSKY, Aaron, Why the Traditional Distinction between public and private Goods should be abandoned, in Journal of Theoretical Politics, 1991

MALUNAT, Bernd M., Die Umweltpolitik der Bundesrepublik Deutschland, in: Aus Politik und Zeitgeschichte, Beilage zur Wochenzeitung Das Parlament, B 49, 1994

MASBERG, Dieter, Konzeptionen einer „ökologischen Marktwirtschaft" - Anmerkungen aus der Sicht einer Politik der Umweltvorsorge, in: HAUFF, Michael von / SCHMID, Uwe (Hrsg.), Ökonomie und Ökologie, Stuttgart, 1992

MAUCH, S. P. / ITEN, R. / WEIZSÄCKER, E. U. von / JESSINGHAUS, J., Ökologische Steuerreform - Europäische Ebene und Fallbeispiel Schweiz, Zürich, 1992

MAURER, Reinhart, Der Ansatzpunkt einer ökologischen Ethik, in KLUXEN, Wolfgang (Hrsg.), Tradition und Innovation, XIII. Deutscher Kongress für Philosophie, Bonn, 24. - 29.09. 1984, Hamburg, 1988

MEADE, James E., External Economies and Diseconomies in a competitive Situation, in Economic Journal, 1952

MEISSNER, Werner / HÖDL, Erich, Positive ökonomische Aspekte des Umweltschutzes, Berlin, 1977

MICHAELIS, Peter, Ökonomische Insrumente in der Umweltpolitik, Heidelberg, 1996

MEYER, Sigrid, Ökonomische Theorie der Umweltpolitik, Köln, 1994

MISHAN, Ezra J., Technology and Growth : The Price We Pay, 1969

MISHAN, Ezra J., Do Economic Evalutions of Allocative Changes have any Validity in the West Today ?, in: Ders., Economic Efficiency and Social Welfare, London, 1981

MISHAN, Ezra J., Second Thoughts on Second Best, in DERS., Economy Efficiency and Social Welfare, London 1981, original in Oxford Economic Papers, NS, 1962

MISHAN; Ezra J., Ein Überblick über die Wohlfahrtsökonomik 1939 - 1959, inGÄFGEN,G., (Hrsg.), Grundlagen der Wirtschaftspolitik, Köln, 1970, 3.Auflage

MISHAN, Ezra J., The Relationship between Joint Products, Collective Goods, and External Effects, in Journal of Political Economy, 1969

MISHAN, Ezra J., Cost- Benefit- Analysis, London, 1975, 2.Auflage

MISHAN, Ezra J., Whatever happened to Progress ?, in: Ders., Economic Efficiency and Social Welfare, London, 1981

MISHAN, Ezra J., The Economic Growth Debate: an Assessment, London, 1977

MISHAN, Ezra J., Pangloss on pollution, in The Swedish Journal of Economics, 1971

MÖBIUS, K., Das Umweltproblem aus wirtschaftlicher Sicht, Kiel, 1971

MONISSEN, Hans G., Externalitäten und Wirschaftspolitik, in WOLL, Artur (Hrsg.), Aktuelle Wege der Wirtschaftspolitik, Berlin, 1983

MÜHLENKAMP, Holger, Kosten - Nutzen - Analyse, München u.a., 1994

MÜLLER, Edda, Innenwelt der Umweltpolitik, Opladen, 1986

MUSGRAVE, R. A. / MUSGRAVE, P.B. / KULLMER, L., Die öffentlichen Finanzen in Theorie und Praxis, Band 1, Tübingen, 1984, 3.Auflage

NANIWADA, Haruo, Der Weg der Wirtschaft, in: Ders., Sozialwissenschaft und Wirklichkeit, Tokyo, 1984

NATH, S. K., A Reappraisal of Welfare Economics, London, 1969

NOWOTNY, Ewald, Wirtschaftspolitik und Umweltschutz, Freiburg, 1974

NUTZINGER, Hans G., Ökologische Ordnungspolitik, in: Ökologisches Wirtschaften, 1995

NUTZINGER, Hans G. / ZAHRNT, Angelika, Nicht der Markt allein. Über die Notwendigkeit einer ökologisch-sozialen Marktwirtschaft, in: ROTH, Karin / SANDER, Reinhard (Hrsg.), Ökologische Reform der Wirtschaft: Programmatik und Konzepte, Köln, 1992

OATES, Wallace E., (ed.) , The Economics of the Environment, Cambridge, 1992

OCKER, Alfred, Wachstum und Wohlfahrt in isolierter Umwelt, Tübingen, 1975

OLSON, Mancur, Umwelt-Unteilbarkeiten und Informationskosten, Fanatismus, Unwissenheit und geistiger Fortschritt, in Ders., Umfassende Ökonomie, Tübingen, 1991 (orig.: Environmental Indivisibilities and Information Costs : Fanaticism, Agnosticism and Interlectual Progress, in American Economic Review, Papers and Proceedings 72, 262 - 266)

OLSON, Mancur /ZECKHAUSER, Richard, The Efficient Production of External Economies, in: American Economic Review, 1970

ORGANIZATION FOR ECONOMIC CO-OPERATION AND DEVELOPMENT (OECD), Managing the Environment: The Role of Economic Instruments, Paris, 1994

OSTERKAMP, Rigmar / SCHNEIDER, Wolfgang, Zur Umweltökonomik, Einführung und Überblick, in MÖLLER,Hans / OSTERKAMP, Rigmar / SCHNEIDER, Wolfgang, (Hrsg.), Umweltökonomik, Königstein/Taunus, 1982

OTT, Konrad, Ökologie und Ethik, Tübingen, 1993

PASOUR, J. R., Pigou,Coase,Common Law and environmental Policy : Implications of the Calculation Debate, in Public Choice, 1996

PÄTZOLD, Jürgen,/ MUSSEL, Gerhard, Umweltpolitik, Berlin, 1996

PFAFFENBACH, Bernd, Theoretsche Studien zur Umweltökonomik, Marburg, 1974

PFLÜGNER, Walter, Nutzen - Analysen im Umweltschutz, Göttingen, 1988

PIGOU, Arthur Cecil, Some Aspects of the Welfare State, in: Diogenes, 1954

PIGOU, Arthur Cecil, The Economics of Welfare, London, 1960, 4.Auflage

PIGOU, Arthur Cecil, Wirtschaftliche Betätigung des Staates und das freie Spiel der Kräfte, in DERS., Praktische Fragen der Volkswirtschaft, Jena, 1937

POPPER, Karl Raimund, Die offene Gesellschaft und ihre Feinde, Band 2, Bern u.a., 1973, 3.Auflage, Band 1, München, 1975, 4.Auflage

POPPER, Karl Raimund, Erkenntnis ohne Autorität, 1960, in DERS., Lesebuch, Tübingen, 1995

PRISCHING, Manfred, Bilder des Wohlfahrtsstaates, Marburg, 1996

PROSI, Gerhard, Umweltressourcen und ihre Nutzungsgrenzen, in WISU, 10/1989

QUAAS, Friedrun / STRAUBHAAR, Thomas (Hrsg.), Perspektiven der Sozialen Marktwirtschaft, Bern u.a., 1995

RADERMACHER, Walter / STAHMER, Carsten, Umweltinformationen, in: JUNKERNHEINRICH, Martin / KLEMMER, Paul / WAGNER, Gerd Rainer, (Hrsg.), Handbuch der Umweltökonomie, Berlin, 1995

RADKE, Volker, Sustainable Development - Eine ökonomische Interpretation -, in: Zeitschrift für angewandte Umweltforschung, 1995

RADNITZKY, Gerard, Wertfreiheitsthese : Wissenschaft, Ethik und Politik, in DERS. / ANDERSON, G. (Hrsg.) Voraussetzungen und Grenzen der Wissenschaft, Tübingen, 1981

RANDALL, Alan, Market Solutions to externality Problems : Theory and Practice, in Journal of Agricultural Economics, 1972

RAT VON SACHVERSTÄNDIGEN FÜR UMWELTFRAGEN, Umweltgutachten 1974, Stuttgart u.a., 1974, Tz. 626

RHEINISCH-WESTFÄLISCHES INSTITUT FÜR WIRTSCHAFTSFORSCHUNG, Ordnungspolitische Grundfragen einer Politik der Nachhaltigkeit, Gutachten im Auftrag des Bundesministeriums für Wirtschaft, Essen, 1995

RHONHEIMER, Martin, Natur als Grundlage der Moral, Innsbruck u.a., 1987

RICHERT, Robert, Eudaimonistische Wirtschaftstheorie, Frankfurt a.M., 1996

RICHTER, Rudolf / FURUBOTN, Eirik, Neue Institutionen-Ökonomik, Tübingen, 1996

RICHTER, Wolfgang, Wandel im Leitbild von Ökosteuern: Vom Standard-Preis-Ansatz zur Makroneutralität, in: Zeitschrift für angewandte Umweltforschung, 1995

RING, Irene , Marktwirtschaftliche Umweltpolitik aus ökologischer Sicht, Stuttgart, 1994

ROBINSON, Joan, Doktrinen der Wirtschaftswissenschaft, München, 1965

RÖMER, Anselm U. / FELD, Lars P., Einstieg in die ökologische Kreislaufwirtschaft: Recycling am Beispiel des Dualen Systems Deutschland, in: BARTEL, Reiner / HACKL, Franz (Hrsg.), Einführung in die Umweltökonomie, München, 1994

SÄLTER, Peter Michael, Externe Effekte : Marktversagen oder Systemmerkmal ? Heidelberg, 1989

SAMUELSON, Paul A., A Note on the pure Theory of Consumers Behaviour, in Economica, 1938

SAMUELSON, Paul A., Diagrammatic Exposition of a Theory of Publik Expenditure, in BREIT,William / HOCHMANN, Harold M. (Hrsg.) , Readings in Microeconomics, Hinsdale, 1971, 2.Auflage

SAMUELSON, Paul A., The Pure Theory of Public Expenditure, in The Review of Economics and Statistics, 1954

SAMUELSON, Paul A., Pitfalls in the Analysis of Public Goods, in The Journal of Law and Economics, 1967

SAMUELSON, Paul A., Pure Theory of Public Expenditure and Taxation, in MARGOLIS / GUITTON, (Hrsg.), Public Economics, London et al., 1969

SAMUELSON, Paul A., Some Uneasiness With the Coase-Theorem, in Japan and the World Economy, 1995

SARTORI, Giovanni, Demokratietheorie, Darmstadt, 1997

SAUER, Hans Dieter, Waldschadensstatistik wissenschaftlich nicht haltbar, in: FAZ, Mittwoch, 29.10.1997, S. N1 (Natur und Wissenschaft)

SCHANZE, Erich, Ökonomische Anlyse des Rechts in den USA, Verbindungslinien zur realistischen Tradition, in ASSMANN, Heinz Dieter / KIRCHNER, Christian / SCHANZE, Erich, Ökonomische Analyse...., a.a.o.

SCHEFOLD, Bertram / CARSTENSEN, Christian, Die klassische politische Ökonomie, in: ISSING, Otmar (Hrsg.), Geschichte der Nationalökonomie, München, 1994[3]

SCHERNIKAU, Frank, Zur Verbindung von Ethik und Ökonomie am Beispiel der Wohlfahrtstheorie, Frankfurt/Main, 1992

SCHLAGE, Wolfgang, Umweltpolitik als dynamisches Problem, München, 1987

SCHLICHT, Ekkehart, Grundlagen der ökonomischen Analyse, Reinbek, 1977

SCHNEIDER, Dieter, Wider den Transaktionskostenansatz, in SCHLIEPER, Ulrich / SCHMIDTCHEN, Dieter, (Hrsg.) Makro, Geld und Institutionen, Tübingen, 1993

SCHRÖDER, Michael, Die volkswirtschaftlichen Kosten von Umweltpolitik, Heidelberg, 1990

SCHÜRMANN, Heinz J., Ökonomische Ansätze zu einer rationalen Umweltpolitik und wirtschaftspolitische Konsequenzen mit besonderer Berücksichtigung der Energiewirtschaft, Köln, Dissertation 1973

SCHWARZ, Gerhard, Marktwirtschaft ohne Wenn und Aber, in: DOERING, Detmar / FLISZAR, Fritz (Hrsg.), Freiheit: Die unbequeme Idee, Stuttgart, 1995

SCHWARZE, Raimund, Haftungsrecht und Auflagen als Policy-Mix, in: Jahrbuch für Wirtschaftswissenschaften, 1995

SCHWERDTFEGER, Fritz, Ökologie der Tiere - Synökologie, Hamburg, 1975

SCITOVSKY, Tbor, Two Concepts of external Economies, in Journal of Political Economy, 1954

SEEL, Andreas, Zur Effizienz der Umweltpolitik : die Sicht der ökonomischen Theorie der Politik, München, 1993

SEN, Armatya K., Approaches to the Choice of Discount Rates for Social Benefit- Cost Analysis, in LIND, R., (Hrsg.), Discounting for Time and Risk, in Energy Policy, Washington, 1982

SENECA, Joseph J. / TAUSSIG, Michael K., Environmental Economics, Englewoods Cliffs, 1974, 2. Auflage

SIEBERT, Horst, Ökonomische Theorie der Umwelt, Tübingen, 1983

SIEBERT, Horst, Analyse der Instrumente der Umweltpolitik, Göttingen, 1976

SIEBERT, Horst, Praktische Schwierigkeiten bei der Steuerung der Umwelnutzung über Preise, in WEGEHENKEL,L. (Hrsg.) , Marktwirtschaft und Umwelt, Tübingen, 1981

SIEBERT, Horst, Economics of the Environment, Berlin u.a., 1992

SIEBERT, Horst / MOHR, Ernst, Die Umwelt als wirtschaftliches Gut, in WISU 7 / 1988

SMITH, Adam, An Inquiry Into the Nature and Causes of the Wealth of Nations, New York, 1937

SMITH, Adam, Der Wohlstand der Nationen, München, 1990[5]

SOHMEN, Egon, Allokationstheorie und Wirtschaftspolitik, Tübingen, 1976

SPRENGER, Rolf Ulrich, Umweltschutz und Wirtschaftswachstum, in GMH, 1994

SPRENGER, Rolf Ulrich / KÖRNER, Josef / PASKUY, Elisabeth / WACKERBAUER, Johann, Das deutsche Steuer- und Abgabensystem aus umweltpolitischer Sicht - eine Analyse seiner ökologischen Wirkungen sowie der Möglichkeiten und Grenzen seiner stärkeren ökologischen Ausrichtung, München, 1994

STARK, Werner, Die Geschichte der Volkswirtschaftslehre in ihrer Beziehung zur sozialen Entwicklung, Dordrecht, 1960

STEPHAN, Gunter / AHLHEIM, Michael, Ökonomische Ökologie, Heidelberg, 1996

STIGLBAUER, Alfred M., Emissionen, Treibhauseffekt und Umweltzustand: Ökologische Steuerpolitik, in: BARTEL, Reiner / HACKL, Franz (Hrsg.), Einführung in die Umweltpolitik, München, 1994

STIGLER, George J., The Theory of Price, New York, 1966, 3. Auflage

STILZ, Anita, Chancen und Risiken marktwirtschaftlicher Umweltpolitik, Freiburg, 1987

STREISSLER, Erich W., Das Problem der Internalisierung, in: KÖNIG, Heinz (Hrsg.), Umweltverträgliches Wirtschaften als Problem von Wissenschaft und Politik, Berlin, 1993

STREISSLER, Erich W., Friedrich August von Hayek als wirtschaftswissenschaftlicher Informationstheoretiker, in: FRANCKE, Hans-Hermann (Hrsg.), Ökonomischer Individualismus und freiheitliche Verfassung. Gedenkakademie für Friedrich August von Hayek, Freiburg i. Br., 1995

TANGHE, Patrick, Wissenschaft als Resultat der unsichtbaren Hand, Berlin, 1987

TIMM; Gerhard I., Die wissenschaftliche Beratung der Umweltpolitik, Wiesbaden, 1989

TISCHLER, Klaus, Umweltökonomie, München u.a., 1994

TOCQUEVILLE, Alexis de, Über die Demokratie in Amerika, 1984[2]

TOFAUTE, Hartmut, Das Steuersystem aus Umweltgründen reformieren oder völlig umgestalten?, in: WSI Mitteilungen, 1994

TOMANN, Horst, Gesamtwirtschaftliche Wirkungen der Umweltpolitik, in Konjunkturpolitik, 1979

TÖPFER, Klaus / NICK, Joachim, Der Stand der Diskussion bei den marktsteuernden Instrumenten der Umweltpolitik: die Sicht der Praxis, in Informationen zur Raumentwicklung, 1992

TUGENDHAT, Ernst, Die Hilflosigkeit der Philosophie angesichts der moralischen Herausforderungen unserer Zeit, in: Information Philosophie, 1990

TUSCHLING, Bernhard/RISCHMÜLLER, Marie, Kritik des logischen Empirismus, Berlin, 1983

VANBERG, Viktor, Wettbewerb und Politik - Anregungen für die Verfassung Europas, St. Augustin, 1994

VANBERG, Viktor / BUCHANAN, James M., Constitutional Choice, Rational Ignorance and the Limit of Reason, in Jahrbuch für Neue Politische Ökonomie, 1991

VOHRER, M., In Brüssel gebremster Umweltschutz, in: FAZ Nr.164 vom 18.07.1994 (Briefe an den Herausgeber)

VOSS, Gerhard, Die veröffentlichte Umweltpolitik, Köln, 1990

WAGNER, Gerhard / ZIPPRIAN, Heinz, Wie ist soziale Ordnung möglich?, in: Archiv für Rechts- und Sozialphilosophie, 1989

WECK-HANNEMANN, Hannelore, Die politische Ökonomie der Umweltpolitik, in BARTEL, Rainer / HACKL, Franz, (Hrsg.), Einführung in die Umweltpolitik

WEGEHENKEL, Lothar, Coase-Theorem und Marktsystem, Tbingen, 1980

WEGEHENKEL, Lothar, Marktsystem und exklusive Verfügungsrechte an der Umwelt in: Ders. (Hrsg.), Marktwirtschaft und Umwelt, Tübingen, 1981

WEGEHENKEL; Lothar, Gleichgewicht, Transaktionskosten und Evolution, Tübingen, 1981

WEGNER, Gerhard, Wirtschaftspolitik zwischen Selbst- und Fremdsteuerung - ein neuer Ansatz, Baden-Baden, 1996

WEGNER, Gerhard, Marktkonforme Umweltpolitik zwischen Dezisionismus und Selbststeuerung, Tübingen, 1994

WEGNER, Gerhard, Kontexsteuerung - Alternative zu Dirigismus und Laissez-Faire?, in: Ordo, 1993

WEIKARD, Hans Peter, Instrumente zur Durchsetzung von Umweltauflagen, in Zeitschrift für Umweltpolitik und Umweltrecht, 1995

WEIMANN, Joachim, Umweltökonomie, München, 1993

WEIMANN, Joachim, Monetarisierungsverfahren aus Sicht der ökonomischen Theorie, in: LINKH, Günther et al. (Hrsg.), Nachhaltige Land- und Forstwirtschaft, Berlin u.a., 1996

WEIMANN; Joachim, Umweltökonomie, in HAGEN, Jürgen / BÖRSCH-SUPAN, Axel / WELFENS, Paul J.J. (Hrsg.), Springers Handbuch der Volkswirtschaftslehre, I., Grundlagen, Berlin, 1996

WEIMANN, Joachim, Prinzipien der Umweltpolitik, in JUNKERHEINRICH, Martin / KLEMMER, Paul / WAGNER; Gerd Rainer, (Hrsg.) , Handbuch der Umweltökonomie, Berlin, 1995

WEY, Klaus Georg, Umweltpolitik in Deutschland, Kurze Geschichte des Umweltschutzes in Deutschland seit 1900, Opladen, 1982

WICKE, Lutz, Umweltökonomie, München, 1993

WICKE, Lutz / DE MAIZIÈRE, Lothar / DE MAIZIÈRE, Thomas, Öko-Soziale Marktwirtschaft für Ost und West, München, 1990

WILHELM, Sighard, Umweltpolitik: Bilanzen,Probleme,Zukunft, Opladen, 1994

WILLIAMSON, Oliver E., Transaktionskosten-Ökonomik, Münster u.a., 1993, in SCHMALENSEE / WILLIG, (eds), Handbuch of Industrial Organization, Vol. I, Amsterdam, 1989

WINDISCH, Rupert, Coase-Paradigma versus Pigou-Paradigma : über Information und Motivation als Grundfragen dezentralisierter Umweltkontrolle, in: Zeitschrift für Nationalökonomie, 1975

WINKEL, Harald A., Der Umschwung der wirtschaftswissenschaftlichen Auffassungen um die Mitte des 19. Jahrhunderts, in: COING, Helmut u.a. (Hrsg.), Wissenschaft und Kodifikation des Privatrechts im 19. Jahrhundert, IV, Frankfurt a.M., 1979

WITT, Ulrich, Bemerkungen zu Hayeks Theorie sozioökonomischer Evolution, in: FRANCKE,Hans H. (Hrsg.), Ökonomischer Individualismus undfreiheitliche Verassung, Gedenkakademie für Friedrich August von Hayek, Freiburg, 1995

WOLL, Arthur, Zur Lehre vom Marktversagen, in BORCHERT,Manfred, et.al. (Hrsg.), Markt und Wettbewerb, Bern u.a., 1987

WULF, Jürgen, Umweltpolitik: Probleme, Phasen , Forschungsstrategien , in: Jahrbuch für Sozialwissenschaft, 1973

ZIMERMANN, Horst / HENKE, Klaus-Dirk, Finanzwissenschaft, München, 1994, 7. Auflage

ZIMMERMANN, Klaus W., Umweltpolitik und Verteilung - Sozio-ökonomische Hintergründe einer „modernen" Verteilungsfrage, in: MÖLLER, Hans / OSTERKAMP, Rigmar / SCHNEIDER, Wolfgang (Hrsg.), Umweltökonomik, Königstein/Ts., 1983

ZIMMERMANN, Klaus W., Verteilung und Umweltschutz, in: JUNKERNHEINRICH, Martin / KLEMMER, Paul / WAGNER, Gerd Rainer, Handbuch der Umweltökonomie, Berlin, 1995

ZIMMERMANN, Klaus W., Zur Anatomie des Vorsorgeprinzips, in Aus Politik und Zeitgeschichte, Beilage zur Wochenzeitung „Das Parlament", 6 / 1990

ZINTL, Reinhard, Individualistische Theorien und die Ordnung der Gesellschaft, Berlin, 1983

ZITTEL, Thomas, Marktwirtschaftliche Instrumente in der Umweltpolitik, Opladen, 1996

Kolibri 360 GmbH
Ferdinand-Jühlke-Straße 7
99095 Erfurt, Deutschland
produktsicherheit@kolibri360.de